# 海南海洋旅游资源

主编 傅 晓

编委（按笔画排序）
马天瑞 李 飞
吴贤贤 陈红颖

东南大学出版社
SOUTHEAST UNIVERSITY PRESS
·南京·

## 图书在版编目（CIP）数据

海南海洋旅游资源 / 傅晓主编. — 南京：东南大学出版社，2024.8

ISBN 978-7-5766-1217-2

Ⅰ.①海… Ⅱ.①傅… Ⅲ.①海洋资源-旅游资源-研究-海南 Ⅳ.①F592.766

中国国家版本馆 CIP 数据核字（2023）第 256869 号

策划编辑：张丽萍　责任编辑：陈　佳　责任校对：张万莹　封面设计：王　玥　责任印制：周荣虎

### 海南海洋旅游资源
Hainan Haiyang Lüyou Ziyuan

| | |
|---|---|
| 主　　编 | 傅　晓 |
| 出版发行 | 东南大学出版社 |
| 出 版 人 | 白云飞 |
| 社　　址 | 南京市四牌楼 2 号（邮编：210096　电话：025-83793330） |
| 网　　址 | http：//www.seupress.com |
| 电子邮箱 | press@seupress.com |
| 经　　销 | 全国各地新华书店 |
| 印　　刷 | 苏州市古得堡数码印刷有限公司 |
| 开　　本 | 787 mm×1 092 mm　1/16 |
| 印　　张 | 18 |
| 字　　数 | 426 千字 |
| 版　　次 | 2024 年 8 月第 1 版 |
| 印　　次 | 2024 年 8 月第 1 次印刷 |
| 书　　号 | ISBN 978-7-5766-1217-2 |
| 定　　价 | 55.00 元 |

本社图书若有印装质量问题，请直接与营销部联系，电话：025-83791830。

# 前言 PREFACE

海洋旅游资源以其独特的魅力,成为旅游业中一颗璀璨的明珠。从深邃的海洋蓝洞到瑰丽的珊瑚礁,从神秘的海洋生物到壮观的海洋景观,海洋旅游资源的多样性和丰富性为人类提供了无尽的探险和体验机会。

2019年4月23日,习近平主席在会见参加中国人民解放军海军成立70周年系列活动的外国海军代表团时,正式提出构建"海洋命运共同体"的倡议。2022年10月,习近平总书记在党的二十大报告中再次提出:"促进区域协调发展。……发展海洋经济,保护海洋生态环境,加快建设海洋强国。"

随着"海洋命运共同体""21世纪海上丝绸之路""海洋强国"等倡议的提出,海南作为我国海域面积最大的省份,携"国际旅游消费中心""中国最大的自贸港"等殊荣,必将为我国海陆统筹发展作出新的贡献。

本书聚焦于海南这一独特的地理区域,通过详尽的实地调研和系统的资料整理,全面展示了海南海洋旅游资源的丰富性和独特性。本书深入挖掘了海南海洋旅游资源的类型、分布和特点,旨在为读者呈现一个全面而深入的海洋旅游资源画卷。同时,本书还深入探讨了海南海洋旅游资源的开发利用现状以及未来发展前景,以期为海南乃至全国海洋旅游业的可持续发展提供有益的参考和借鉴。本书的亮点和创新之处主要体现在以下几个方面:

1. 首创性与深入性:本书重构课程内容,自主开发教学内容的比例高,填补了市面上没有一本省域视角的海洋旅游大类书籍的空缺。编写团队对海南的海洋旅游资源进行了全面而深入的研究。本书并不是停留在表面的描述,而是深入探索了海洋旅游资源的类型、分布、特点以及开发利用情况,为读者提供了丰富而翔实的信息。

2. 地域特色:本书选择海南作为研究的落脚点,凸显了地域特色。作为中国唯一的热带海岛省份,海南的海洋旅游资源具有独特的魅力和价值。通过对海南的海洋旅游资源进行深入研究,本书能够为读者展现一个充满热带风情的海洋世界。

3. 实用性和示范性:本书不仅仅是一本学术著作,更是一本具有实用价值的参考书籍。它详细介绍了海南海洋旅游资源的开发利用情况，为其他地区提供了参考和借鉴。同时，本书还关注海洋旅游资源的可持续开发和保护问题，还对未来海洋旅游资源的发展趋势和前景进行了展望，为未来海洋旅游业的发展提供了有益的思路和建议。

4. 丰富的案例资料：本书在编写过程中得到了多家校企合作单位的支持与合作，他们为本书撰写提供了丰富的案例资料和实践经验。这些案例资料使得本书更加生动和具体，为读者提供更直观的感受和认识。

为了充分展现《海南海洋旅游资源》一书的上述特色和创新之处，海南经贸职业技术学院国际旅游学院的傅晓副教授勇敢地承担了主编的任务。她深知这本书对于推广海南的海洋旅游资源、促进海洋旅游业的发展以及为学生提供实用的学习参考资料具有重要意义。

本书为海南经贸职业技术学院国际旅游学院"海洋旅游资源库建设"项目成果。团队在编写过程中深入研究海南的海洋旅游资源，从多个角度对其进行了全面的分析。团队注重挖掘海南海洋旅游资源的独特魅力和价值，同时积极联系多家校企合作单位，将他们丰富的案例资料和实践经验注入本书。此外，团队还非常注重学生的需求和反馈。编写组通过多次调研和讨论，不断调整和完善书稿的内容，以确保本书能够满足读者的期望和需求。

本书采用项目式编写体例，分为三大部分共十个项目，分别是：第一部分为项目一，从认识海南海洋旅游资源的时代价值、区位价值以及概况三个角度深入认识海南海洋旅游资源；第二部分由项目二至项目九组成，先后编写了海南海洋天象气候、海南海洋地貌、海南海洋水体、海南海洋生物、海南海洋遗址遗迹、海南海洋建筑设施、海南海洋人文活动、海南海洋旅游商品八大类别旅游资源的定义、特点、分类、作用、开发典范、海南代表资源及其利用形式；第三部分为项目十，则从海洋旅游资源开发的基本内容、海洋旅游资源开发的基本程序、海洋旅游资源的调查与评价、海洋旅游资源的保护四大角度概述海洋旅游资源的开发和保护理论。傅晓负责了体例设计、内容和结构的安排，以及全书的统稿和定稿。具体章节的撰写分工为：项目一、十由马天瑞编写，项目二、六、九由傅晓编写，项目三、四由李飞编写，项目五、八由吴贤贤编写，项目七由陈红颖编写。

为了提升学生的使用效果，本书遵循高职学生的认知规律，让知识点接地气、重实际，并开发配套同名在线开放课程供阅读者使用。

此外，本书的编写汇聚了多位海洋旅游资源领域的专家学者的贡献，他们的共同努力使得本书在内容上更加全面、深入，更具专业性和实用性。同时，我们也非常感谢富力海洋欢乐世界、海花岛、三亚亚特兰蒂斯度假区等校企合作单位的支持与合作，他们的参与为本书的编写提供了宝贵的实践经验和案例资料。然而，由于海洋旅游资源的复杂性和多样性以及前期研究的有限性，本书的编写难免存在不足之处。我们诚挚地希望广大读者能够提出宝贵的意见和建议，帮助我们不断完善和提高。

桂林洋<br>2023 年 12 月 30 日

# 目录 CONTENTS

## 项目一　认识海南海洋旅游资源
### 任务一　认识海南海洋旅游资源的时代价值 …………… 002
一、认识海洋命运共同体 …………………… 002
二、认识 21 世纪海上丝绸之路 ……………… 004
### 任务二　认识海南海洋旅游资源的区位价值 …………… 006
一、世界海洋旅游区划 ……………………… 006
二、认识领海及相关知识 …………………… 014
三、我国的海洋旅游区划 …………………… 017
四、海南在我国海洋旅游区划中的位置和角色 …… 018
### 任务三　认识海南海洋旅游资源的概况 ………………… 019
一、海洋旅游资源的概念 …………………… 019
二、海南海洋旅游资源的分类 ……………… 019

## 项目二　海南海洋天象气候旅游资源及其利用
### 任务一　认识天象气候旅游资源 ………………………… 029
一、天象气候旅游资源定义 ………………… 029
二、天象气候旅游资源的特点 ……………… 029
三、天象气候旅游资源的价值 ……………… 031
四、天象气候旅游资源的分类 ……………… 032
### 任务二　海洋天象气候旅游资源和旅游 ………………… 038
一、海洋天象气候旅游资源 ………………… 039
二、海洋天象气候旅游资源和旅游的关系 …… 039
三、海洋天象气候旅游资源开发的典范 …… 041
### 任务三　海南海洋天象气候旅游资源 …………………… 042
一、日出日落 ………………………………… 043
二、月相景观 ………………………………… 044
三、潮汐景观 ………………………………… 045
四、季节迁徙动物景观 ……………………… 045
五、植物物候景观 …………………………… 046
六、康乐气候景观 …………………………… 046

  任务四 海南海洋天象气候旅游资源的利用 ········· 046
    一、海滩日月天体追光旅游 ········· 047
    二、赶海旅游 ········· 047
    三、海洋候鸟摄影旅游 ········· 047
    四、热带植物采摘旅游 ········· 048
    五、康养旅游 ········· 049
    六、海滩星空露营 ········· 049
    七、海上观文昌卫星发射 ········· 050

## 项目三 海南海洋地貌旅游资源及其利用

  任务一 认识海洋地貌旅游资源 ········· 055
    一、海洋地貌旅游资源的定义 ········· 055
    二、海洋地貌旅游资源的特点 ········· 056
    三、海洋地貌旅游资源的分类 ········· 057
  任务二 海洋地貌旅游资源和旅游 ········· 071
    一、海洋地貌旅游资源和旅游的关系 ········· 071
    二、海洋地貌旅游资源开发的典范 ········· 074
  任务三 海南海洋地貌旅游资源 ········· 078
    一、海南海岸地貌旅游资源 ········· 078
    二、海南海岛地貌景观 ········· 080
  任务四 海南海洋地貌旅游资源的利用 ········· 085
    一、小众海岸地貌"猎奇"游 ········· 085
    二、滨海环岛旅游公路自驾游 ········· 086
    三、优良港口文化体验游 ········· 087
    四、海岸带保护区研学游 ········· 087
    五、热带山海风光游 ········· 087
    六、河流入海口观光游 ········· 087
    七、海岸古迹名胜游 ········· 088
    八、周边海岛开荒游 ········· 088

## 项目四 海南海洋水体旅游资源及其利用

  任务一 认识海洋水体旅游资源 ········· 093
    一、海洋水体旅游资源的概念 ········· 093
    二、海洋水体旅游资源的特点 ········· 094
    三、海洋水体景观的类型 ········· 094
    四、海洋水体旅游资源的组成及功能 ········· 096
  任务二 海洋水体旅游资源和旅游 ········· 097
    一、海洋水体旅游资源和旅游的关系 ········· 097

二、海洋水体旅游资源开发的典范 ············································· 097
　任务三　海南海洋水体旅游资源 ················································· 102
　　一、海南沿岸海洋水体旅游资源 ··············································· 103
　　二、海南琼州海峡水体旅游资源 ··············································· 104
　　三、海南南海海洋水体旅游资源 ··············································· 104
　任务四　海南海洋水体旅游资源的利用 ········································· 107
　　一、近海休闲旅游 ································································ 108
　　二、游艇邮轮旅游 ································································ 110
　　三、海洋体育赛事游 ····························································· 111
　　四、环海南岛美丽特色海湾游 ·················································· 111
　　五、滨海奢享高端度假游 ························································ 111

项目五　海南海洋生物旅游资源及利用
　任务一　认识海洋生物旅游资源 ················································· 120
　　一、海洋生物资源 ································································ 120
　　二、海洋生物资源的特点 ························································ 121
　　三、海洋生物资源的分类 ························································ 122
　任务二　海洋生物资源和旅游 ···················································· 124
　　一、海洋生物资源和旅游的关系 ··············································· 124
　　二、海洋生物旅游资源开发的典范 ············································· 125
　任务三　海南海洋生物旅游资源 ················································· 129
　　一、鱼类 ············································································ 130
　　二、贝类 ············································································ 131
　　三、虾蟹类 ········································································· 132
　　四、哺乳动物 ······································································ 132
　　五、珊瑚礁 ········································································· 134
　　六、红树林 ········································································· 135
　任务四　海南海洋生物旅游资源利用 ··········································· 136
　　一、海底观光游 ··································································· 136
　　二、海底潜水游 ··································································· 137
　　三、休闲渔业游 ··································································· 138
　　四、海洋研学 ······································································ 139

项目六　海南海洋遗址遗迹旅游资源及其利用
　任务一　认识海洋遗址遗迹旅游资源 ··········································· 145
　　一、海洋遗址遗迹旅游资源的定义 ············································· 145
　　二、海洋遗址遗迹旅游资源的特点 ············································· 145

三、海洋遗址遗迹旅游资源的分类 …………………………………………… 146
　任务二　海洋遗址遗迹旅游资源和旅游 …………………………………………… 146
　　　一、海洋遗址遗迹旅游资源和旅游的关系 ……………………………………… 147
　　　二、海洋遗址遗迹旅游资源开发的典范 ………………………………………… 147
　任务三　海南海洋遗址遗迹旅游资源 ……………………………………………… 153
　　　一、滨海史前人类活动遗址 ……………………………………………………… 153
　　　二、滨海军事遗址 ………………………………………………………………… 154
　　　三、滨海废弃生产地 ……………………………………………………………… 158
　　　四、海上交通遗迹 ………………………………………………………………… 159
　　　五、海岛聚落遗迹 ………………………………………………………………… 161
　任务四　海南海洋遗址遗迹旅游资源利用 ………………………………………… 161
　　　一、南海沉船遗址旅游 …………………………………………………………… 162
　　　二、海岸线战争遗迹爱国主义教育游 …………………………………………… 165
　　　三、废弃生产地探奇游 …………………………………………………………… 166
　　　四、古港口溯源游 ………………………………………………………………… 167
　　　五、遗址遗迹考古游 ……………………………………………………………… 168

## 项目七　海南海洋建筑设施旅游资源及其利用

　任务一　认识海洋建筑设施旅游资源 ……………………………………………… 173
　　　一、海洋建筑设施旅游资源的定义 ……………………………………………… 173
　　　二、海洋建筑设施旅游资源的特点 ……………………………………………… 173
　　　三、海洋建筑设施旅游资源的分类 ……………………………………………… 174
　任务二　海洋建筑设施旅游资源和旅游 …………………………………………… 175
　　　一、海洋建筑设施旅游资源和旅游的关系 ……………………………………… 175
　　　二、海洋建筑设施旅游资源开发的典范 ………………………………………… 176
　任务三　海南海洋建筑设施旅游资源 ……………………………………………… 181
　　　一、海洋综合人文旅游地 ………………………………………………………… 182
　　　二、海洋活动场馆 ………………………………………………………………… 183
　　　三、海洋景观建筑 ………………………………………………………………… 184
　　　四、海洋居住社区 ………………………………………………………………… 186
　　　五、海洋交通建筑 ………………………………………………………………… 187
　任务四　海南海洋建筑设施旅游资源及其利用 …………………………………… 189
　　　一、海洋主题娱乐设施游 ………………………………………………………… 189
　　　二、南海博物馆海上丝绸之路研学游 …………………………………………… 190
　　　三、滨海摩崖石刻文化游 ………………………………………………………… 191
　　　四、海洋特色建筑观光游 ………………………………………………………… 191

  五、海洋居住社区风情游 ································································ 192
  六、海洋交通建筑探奇游 ································································ 192

## 项目八 海南海洋人文活动旅游资源及其利用

 任务一 认识海洋人文活动旅游资源 ·················································· 197
  一、海洋人文活动旅游资源的定义 ····················································· 197
  二、海洋人文活动旅游资源的特点 ····················································· 198
  三、海洋人文活动旅游资源的分类 ····················································· 199
 任务二 海洋人文活动旅游资源和旅游 ·············································· 201
  一、海洋人文活动旅游资源和旅游的关系 ············································ 201
  二、海洋人文活动旅游资源开发的典范 ·············································· 202
 任务三 海南海洋人文活动旅游资源 ················································· 203
  一、海南海神信仰文化 ···································································· 204
  二、海南海洋民俗文化 ···································································· 204
  三、海南海洋饮食文化 ···································································· 206
  四、海南海洋人事记录 ···································································· 209
  五、海南海洋文学艺术 ···································································· 210
  六、海南海洋现代节庆 ···································································· 212
 任务四 海南海洋人文活动旅游资源的利用 ········································ 215
  一、海洋海神信仰文化游 ································································ 215
  二、海洋民俗体验游 ······································································· 215
  三、海南美食文化游 ······································································· 216
  四、"海上丝绸之路"文化之旅 ························································ 217
  五、海洋科技考察游 ······································································· 218
  六、海洋体育赛事游 ······································································· 218

## 项目九 海南海洋旅游商品资源及其利用

 任务一 认识海洋旅游商品资源 ························································ 222
  一、海洋旅游商品资源的定义 ·························································· 222
  二、海洋旅游商品资源的特点 ·························································· 222
  三、海洋旅游商品资源的分类 ·························································· 223
 任务二 海洋旅游商品资源和旅游 ····················································· 224
  一、海洋旅游商品资源和旅游的关系 ················································ 224
  二、海洋旅游商品资源开发的典范 ··················································· 225
 任务三 海南海洋旅游商品资源 ························································ 227
  一、海南海洋菜品饮食 ···································································· 228
  二、海洋水产品与制品 ···································································· 229

|  | 三、海南海洋中草药材及制品 | 230 |
|  | 四、海南海洋工艺品 | 232 |
|  | 五、海洋文化产品及纪念品 | 233 |
| 任务四 | 海南海洋旅游商品资源利用 | 234 |
|  | 一、文创商品购物游 | 235 |
|  | 二、陵水珍珠产业体验游 | 235 |
|  | 三、海南椰子制品体验游 | 235 |
|  | 四、海南咖啡种植体验游 | 237 |
|  | 五、海南热带水果采摘游 | 238 |
|  | 六、海南热带水产购物游 | 238 |

## 项目十　海洋旅游资源的开发与保护

| 任务一 | 海洋旅游资源开发的基本内容 | 241 |
|  | 一、海洋旅游资源开发的条件和依据 | 241 |
|  | 二、海洋旅游资源开发原则 | 242 |
|  | 三、海洋旅游资源开发内容 | 244 |
|  | 四、海洋旅游资源开发现状 | 245 |
| 任务二 | 海洋旅游资源开发的基本程序 | 246 |
|  | 一、开发项目的确定 | 246 |
|  | 二、开发项目的可行性研究 | 246 |
|  | 三、海洋旅游规划的编制 | 248 |
|  | 四、项目的实施与监控 | 248 |
| 任务三 | 海洋旅游资源的调查与评价 | 249 |
|  | 一、海洋旅游资源调查的内容 | 249 |
|  | 二、海洋旅游资源调查的方法 | 250 |
|  | 三、海洋旅游资源调查的步骤 | 251 |
|  | 四、海洋旅游资源评价的内容 | 257 |
|  | 五、海洋旅游资源评价的方法 | 258 |
| 任务四 | 海洋旅游资源的保护 | 262 |
|  | 一、旅游活动对海洋资源的影响 | 262 |
|  | 二、海洋旅游资源保护的必要性 | 264 |
|  | 三、海洋旅游资源保护的原则 | 265 |
|  | 四、我国海洋资源保护区制度 | 265 |
|  | 五、海洋旅游资源保护的策略 | 267 |

## 附录1：国家级海洋自然保护区（33个）

## 附录2：国家级海洋公园（49个）

# 项 目 一
# 认识海南海洋旅游资源

▶ [学习目标]
- 掌握海洋命运共同体的提出和内涵。
- 分析海洋命运共同体对海南海洋旅游的重要性。
- 掌握"海上丝绸之路"的由来和"21世纪海上丝绸之路"的知识。
- 分析21世纪海上丝绸之路带给海南海洋旅游业的机遇和优势。
- 掌握世界海洋旅游区划及各区典型的开发代表。
- 掌握中国海洋旅游区划。
- 掌握领海及其相关知识。
- 掌握海洋旅游资源的概念及其特点。
- 掌握海洋旅游资源的分类及类型。

▶ [引例]

### 推动全球海洋事业发展不断开启新篇章（命运与共）①

21世纪是海洋的世纪。海洋覆盖地球70%以上的面积，是孕育生命的摇篮、联通世界的纽带、促进发展的平台，对人类社会生存和发展具有重要意义。

"我们人类居住的这个蓝色星球，不是被海洋分割成了各个孤岛，而是被海洋连结成了命运共同体，各国人民安危与共。"2019年4月23日，习近平主席在集体会见应邀出席中国人民解放军海军成立70周年多国海军活动的外方代表团团长时，首次提出海洋命运共同体理念，从全新的维度阐述了海洋发展的本质和趋势，丰富了人类命运共同体理念的科学内涵，为各国共护海洋安全、共促海洋发展、共商海洋治理明确了方向，并贡献了中国方案。

"构建海洋命运共同体"高层研讨会在青岛举行

① 顾万全，张武. 推动全球海洋事业发展不断开启新篇章[EB/OL]. (2023-04-24) [2023-12-30]. https://export.shobserver.com/baijiahao/html/605941.html.

## 任务一　认识海南海洋旅游资源的时代价值

> [任务导入]

（1）查阅近五年"世界海洋日"的发展主题。
（2）班级分组，小组代表说一说对海洋命运共同体的理解。
（3）查阅海上丝绸之路的地图，分组讨论海南独特的地理位置。

### 一、认识海洋命运共同体

#### （一）海洋命运共同体的提出

2019年4月23日，国家主席、中央军委主席习近平在青岛集体会见应邀出席中国人民解放军海军成立70周年多国海军活动的外方代表团团长时，提出了构建海洋命运共同体的新理念。

海洋命运共同体理念超越国家个体利益，着眼于促进各国在海洋治理领域合作，以实现国家间关系的和谐以及人类和海洋间关系的和谐。海洋命运共同体理念所蕴含的叙事逻辑不再是个体理性，而是关系理性，其哲学基础带有鲜明的中国特色和东方特色。

> [相关链接]

#### 海洋命运共同体的内涵

海洋命运共同体是人类命运共同体思想在海洋领域的创新运用，是对人类命运共同体思想的丰富和发展，体现着中国人对待海洋的哲学观点。主要包括：

1. "天人合一"观

人类与海洋如何相处？中华文明历来崇尚天人合一、道法自然，追求人与自然和谐共生。天人合一观体现在海洋命运共同体上，就是要求人类在与海洋的相处中，尊重和顺应海洋生态系统的运转规律，保护海洋的生物多样性，坚持对海洋的有序开发利用，从而实现人类与自然的共同发展。

2. 义利观

"协和万邦"是古代中国对外交往的价值追求，做到义利兼顾，要讲信义、重情义、扬正义、树道义，是中华文明的价值体现。由于海洋"边界"内涵和外延的多种不同、海洋的流动性、海洋的公共区域广等，海洋事务中的是非判断、公私权衡、权责分配问题更多，倡导正确的义利观就显得更加重要。

3. "共同、综合、合作、可持续"的新安全观

在国际海洋事务中，目前最突出的问题是共同安全问题。无论是海洋秩序之争、领土主权之争、海洋权益之争等传统安全威胁，还是海洋灾害、海水污染、海上走私、非法偷

渡等非传统安全威胁，往往是全球、地区或若干国家面临的共同威胁。以共同安全为前提，反映了海洋安全威胁的联动性、跨国性和多样性。

4."共商共建共享"的全球治理观

共商共建共享的全球治理观，坚持"国际上的事要由大家商量着办"。在解决国际海洋纠纷和争端时，要坚持域内国家（地区组织）平等协商、共谋对策。域外国家应当尊重域内国家（地区组织）的共同愿望。

资料来源：吴士存．论海洋命运共同体理念的时代意蕴与中国使命［J］．亚太安全与海洋研究，2021（4）：20-31，2.

### （二）海洋命运共同体理念对海南海洋旅游的重要性

海洋旅游是发展海洋经济的重要组成部分，是建设海洋强国的一部分，也是旅游业的重要组成部分。海南是海洋大省。如何在海洋命运共同体理念下对海南的海洋、海岸与海岛旅游资源进行利用，形成南海海洋旅游合作圈，是海洋旅游研究的重要方向。

1. 引领各方共同确定海洋旅游合作的战略目标

海洋旅游合作整合旅游资源，朝着异质化、多元化、便利化方向发展。海南应加强政府间合作，整合旅游资源，共建协同开发机制。各国政府的旅游区应共享旅游优势、共享旅游利益，以吸引更多游客体验更多区域的异质性海上旅游。

最终，南海海洋旅游合作的目标是形成完整的海上文化线路，提升中国和临海国家的旅游竞争力，促进海洋经济不断繁荣，推动海洋命运共同体的发展，实现合作共赢。

2. 树立海洋旅游资源保护的共同理念

2017年以来，海南海洋经济发展的重要目标是由海洋大省向海洋强省转变。海域资源和土地资源都属于不可再生的稀缺资源，这就要求海南在发展建设海洋强省的过程中，无论在思想上还是在行动上都要加强对海洋环境的保护。海南需要严格控制近海捕捞强度，尽量为海洋生物资源的生息繁衍创造良好条件；努力保护和培植海洋植被资源，维持海洋生态系统的良性循环。此外，还应重视对海南无人海岛的保护、开发与规划。

在这个过程中，海南海洋旅游应树立环保标杆，呼吁南海各国共同保护海洋生态文明。为了我们自己，也为了子孙后代，我们必须共同保护海洋生态环境，有序开发利用海洋资源，留下永续造福人类的"蓝色银行"。

3. 海南海洋旅游建设重点

南海海洋旅游圈合作重点是通过发展滨海旅游业、海岛旅游业、邮轮旅游业等产业吸引中国和南海各国的游客互访。海南海洋旅游业应大力发展可供交流互访的旅游项目，促进南海旅游圈海洋旅游的发展。

（1）着力发展海洋牧场区

在拥有优质旅游资源的海岛附近，结合合理的区位条件开辟海洋牧场区，开发海洋牧场旅游产品，如观潮涌、观鱼群、采摘贝藻等活动，以满足旅游者的观光和休闲需求。

(2) 大力发展海上体育旅游

大力发展海上体育旅游，包括海上极限运动、拓展训练、沙滩徒步、沙滩排球、游艇项目、帆船项目等，无居民海岛荒岛生存等特色旅游产品也可纳入海上体育旅游的范畴。建设"海洋旅游节""帆船赛"等重点海上体育旅游品牌，加强"南海海洋旅游"的联合宣传力度和知名度。

(3) 侧重发展邮轮旅游业

推动港口升级，打造针对不同旅游细分市场的港口：国际性邮轮母港、区域性访问港、沿海邮轮停靠港等，满足不同邮轮的停靠需求。邮轮不仅是海上交通工具，也是中高档旅游产品，应配齐餐饮、住宿、康养健身（如游泳池、健身房、美容SPA）、娱乐休闲（如垂钓、高尔夫）等设施。加快邮轮岸上产品建设，配套建设商贸、旅游、文化和休闲等城市综合体。将南海海洋旅游圈沿线国家纳入海洋旅游路线中，以邮轮旅游业促进海上文化路线活化，以海上文化路线带动邮轮旅游业发展。

4. 率先做好南海海洋旅游圈支持产业

(1) 做好海洋旅游信息建设

海南将以智慧海洋工程先导系统、中国电科海洋信息产业基地、海洋应用大数据中心为核心推进"智慧海洋"建设，构筑海洋科技创新高地，率先做好南海海洋旅游合作信息化。

(2) 加强海洋旅游人才培养

海洋旅游业虽然是旅游业的一个分支，但与一般旅游业存在很大差异。海洋旅游产品对游客的技术性要求较强，尤其是那些具有刺激性和挑战性的海洋旅游项目，旅游者只有通过学习和培训才能参与其中。由于海洋旅游业产品具有特殊性，海洋旅游业要想得到良好的发展，除了需要提供更多的优质旅游产品来吸引源源不断的旅游者之外，还需要大量专业技术人员提供与之相配套的专业化服务。海南的海洋科研机构、普通高等教育点非常少，从事海洋研究和开发的人才极度匮乏。海南应积极学习江苏、山东等海洋强省的人才培养模式，学习东南亚各国的人才培养经验，积极补足海洋旅游发展短板。

## 二、认识21世纪海上丝绸之路

### (一) 21世纪海上丝绸之路

1. 海上丝绸之路

丝绸之路有陆上丝绸之路和海上丝绸之路。

陆上丝绸之路开始于中国古代先秦时期，基本形成于两汉时期，是连接亚非欧的古代陆上商贸路线。通过丝绸之路，东西方第一次开始了文明交融和碰撞，并在以后的经济文化交流中相互汲取各自的养分，从而使得人类文明在征服和被征服中不断向前发展。可以说，丝绸之路是一条友谊之路、商贸之路、文化之路。

海上丝绸之路是我国利用当时处于世界领先地位的航海技术，在海上开辟的一条连接亚非各国的贸易航线，在进行丝绸等商品贸易的同时，也大大促进了西亚、非洲各国之间物质文明与精神文明的交流与融合。

2. 21世纪海上丝绸之路

继往开来，21世纪海上丝绸之路与今天的海洋强国存在着密切的联系。2013年9月和10月，习近平总书记先后提出"丝绸之路经济带"和"21世纪海上丝绸之路"的构想。2015年3月28日，国家发展改革委、外交部、商务部在海南博鳌亚洲论坛上联合发布《推动共建丝绸之路经济带和21世纪海上丝绸之路的愿景与行动》，标志着将对中国发展产生历史性影响的"一带一路"构想进入全面推进建设阶段。21世纪海上丝绸之路强调政治上相互信任尊重、经济上平等互利共赢、文化上开放包容互鉴，是真正意义上的互尊互信之路、合作共赢之路和文明互鉴之路。

同时，21世纪海上丝绸之路也是新形势下中国应对挑战、用开放倒逼改革的重要途径。它可以拓展中国经济的发展空间，有助于中国与海上丝绸之路沿线国家在港口航运、海洋能源、经济贸易、科技创新、生态环境、人文交流等领域开展全方位合作，而且对促进区域繁荣、推动全球经济发展具有重要意义。可以说，21世纪海上丝绸之路体现的海洋文化是自由开放的海洋文化、平等包容的海洋文化、合作共赢的海洋文化。

### （二）21世纪海上丝绸之路带给海南海洋旅游业的机遇和优势

1. 21世纪海上丝绸之路带给海南海洋旅游业的机遇

（1）带来有利的外部发展条件

21世纪海上丝绸之路为海南海洋旅游带来了难得的历史机遇。它以点带线、以线带面，连通东盟、南亚、西亚、北非、欧洲等各大经济板块，增进了国家和地区的交往，为海南旅游带来了十分有利的外部发展条件。

（2）催生强劲的内生发展动力

"国际旅游消费中心""国际旅游岛"等为海南确立了以旅游业为龙头的现代服务业发展方向。国家赋予了海南担当中国旅游改革创新试验区的重任，并给予了海南一系列先行先试的政策支持。这有利于海南进一步深化改革、持续拉动消费、提高旅游品质、促进经济发展，有利于海南走上共同富裕的道路，为海南旅游催生了强劲的内生发展动力。

（3）构建更为广阔的发展平台

海南在以旅游业为优势产业的基础上，通过对区域内的经济社会资源尤其是旅游资源、生态环境、公共服务等进行全方位、系统化的优化提升，实现了资源有机整合、产业融合发展、社会共建共享。这种新的区域协调发展理念和模式为海南旅游构建了广阔的发展平台。

2. 21世纪海上丝绸之路中海南海洋旅游业的发展优势

（1）海洋区位和交通优势

我们已经讨论了很多区位优势，这里，我们着重讲讲交通优势。海南是中国航权开放试点省份，现拥有四个机场，已开通国内外航线四百余条，通往国内外百余个城市和地区，逐步开辟了一条便利的空中走廊。海南地处国际海运航线的主航道上，是太平洋与印度洋之间最为繁忙的海上商业通道之一。海南还是中国以海连接最多东盟国家的前沿要塞。海南可四季通航，目前拥有洋浦、海口等多处深水良港，有着发展海运业得天独厚的优势。近些年，海南正逐步建设成为重要的国际性旅游通道。

（2）海洋资源优势

海南是我国的热带省份，拥有阳光、海水、沙滩、绿色、空气五大度假旅游要素，集中了丰富的自然资源和人文资源，拥有全国少有的热带海岛以及海洋生物等海洋旅游资源。其中，相当一部分是具有稀缺性的资源，拥有独特的旅游观光价值。

（3）海洋生态优势

海洋生态环境是海南可持续发展的最大优势。海南属于热带季风海洋性气候，2023年空气质量优良天数比例达到99.5%，主要海洋生态环境指标处于全国领先地位。海南坚持"生态立省、环境优先"的可持续发展理念和发展观，在海洋环境保护和生态建设、海洋生态产业发展、海洋人居环境改善和海洋生态文化培育等方面取得了显著成效。

（4）人文优势

海南移民海外的历史悠久，是我国最早移民海外的地区。作为中国四大侨乡之一，截至2023年底，海外琼籍华侨华人和港澳台同胞有390多万人，有200多个东南亚华人华侨社团组织与海南保持着经常性友好往来。这为开展对外经贸合作奠定了坚实的交流基础，是海南发展旅游的独特的人文优势。

（5）体制优势

作为中国最大的经济特区，海南持续获得不断放大的政策效应和改革开放红利。海南可以享受的优先纳入中央和地方预算内投资支持对象、优先支持旅游基础设施建设等政策，助力海南旅游产业发展。国家给予海南开通国际海上旅游航线、港口码头和岛礁改扩建等方面的政策服务保障优势及离岛免税政策，为海南海洋旅游业发展和游客人数增加带来莫大支撑力。

## 任务二　认识海南海洋旅游资源的区位价值

▶ ［任务导入］

（1）查阅世界海洋旅游区划地图，谈一谈小组感兴趣的世界著名海洋旅游海域及其旅游资源的特点。

（2）讨论：查阅资料并结合自己的理解，试分析中国海洋旅游区划的划分依据是什么。

### 一、世界海洋旅游区划

海洋是生命的摇篮，风雨的故乡，气候的调节器，交通的要道，资源的宝库。海洋是人类可持续发展的重要基地，是人类共同的希望，是构建人类命运共同体的载体之一。海洋表面积约占整个地球表面积的71%，海洋面积是陆地面积的2.4倍。茫茫的海洋中，散布着大大小小5万多个岛屿，这些岛屿犹如形状各异的玉石镶嵌在蔚蓝的海面上。全世界1 300平方千米以上的主要半岛约44个。目前，全世界约有250个国家和地区，除44个国家和地区属完全内陆国家外，其余200多个国家和地区均有领土与大海相连，均有自己的海岸线。其中，大洋洲是唯一一个没有内陆国的洲。[①]

世界海洋旅游区划分四个区，分别是欧洲地中海区、北美加勒比海区、大洋洲区和东南亚区。每个区域海洋旅游开发典型案例如下：

1. 欧洲地中海区，海洋旅游开发的经典案例——西班牙
2. 北美加勒比海区，海洋旅游开发的典型案例——坎昆
3. 大洋洲区，海洋旅游开发的典型案例——澳大利亚
4. 东南亚区，海洋旅游开发的典型案例——泰国

## （一）各海洋旅游区划概况

1. 欧洲地中海区

（1）地中海区基本状况

地中海区是欧洲、非洲和亚洲大陆之间的一块海域，由北面的欧洲大陆、南面的非洲大陆和东面的亚洲大陆包围着，西面通过直布罗陀海峡与大西洋相连，东西共长约4 000千米，南北最宽处约为1 800千米，面积（包括马尔马拉海，但不包括黑海）约为251.2万平方千米，是世界最大的陆间海。沿岸国家有法国、摩纳哥、意大利、斯洛文尼亚、克罗地亚、黑山、阿尔巴尼亚、希腊、西班牙、马耳他、土耳其、叙利亚、塞浦路斯、黎巴嫩、以色列、埃及、利比亚、突尼斯和阿尔及利亚，沿岸城市有马赛、罗马、巴塞罗那、伊斯坦布尔、开罗、瓦莱塔等。

地中海以亚平宁半岛、西西里岛和突尼斯之间的突尼斯海峡为界，分东、西两部分。地中海是世界上最古老的海之一，其历史比大西洋还要悠久。地中海沿岸还是古代文明的发祥地之一，这里有古埃及的灿烂文化，有古巴比伦王国和波斯帝国的兴盛，更有欧洲文明（爱琴文明、古希腊文明以及公元世纪时地跨亚、欧、非三洲的古罗马帝国文明）的发源。

> 提示：
> ● 地中海区是世界上旅游业最为发达的地区；
> ● 欧洲地中海沿岸国家的旅游业比西亚和北非要发达得多；
> ● 地中海沿岸的西班牙、法国、意大利和希腊均是位居世界前列的旅游强国。

---

① 李溢. 世界热带亚热带海岛海滨旅游开发研究[M]. 北京：旅游教育出版社，1997：2.

(2) 地中海区海洋旅游业发展优势

① 滨海、海岛资源优势

地中海区海岸线漫长曲折、海岸地貌多样、优质沙滩众多、知名海岛众多、环境优美，海岛旅游资源异常丰富。

地中海沿岸有漫长的海岸线，其北部和东部海岸线曲折而多港湾，北非海岸线则较为平直。大多数沿海国家都有可供旅游开发的海滩。其中，最著名的要数西班牙的太平海岸、布拉瓦海岸和突尼斯的珊瑚海岸。地中海有众多岛屿，主要集中在爱琴海。在诸多岛屿中，意大利的西西里岛、撒丁岛及塞浦路斯的塞浦路斯岛为最大的三座岛屿。

那些旅游业颇为发达的岛屿被称为旅游岛，如西班牙的巴利阿里群岛，法国的科西嘉岛，希腊的罗德岛、克里特岛，马耳他岛，塞浦路斯岛等。这些岛屿既有自然资源，又有历史文化资源。其中，意大利卡普里岛是闻名于世的旅游岛，被称为欧洲旅游中心。

② 历史文化遗迹众多，文化底蕴深厚

地中海区有作为四大古人类文明之一的古埃及文明的发源地，也是西方文明的源头，是古希腊文明、古罗马文明的摇篮，是欧洲文艺复兴的主战场，是发现新大陆和开辟新航线的始发地，还是世界著名航海家如哥伦布、达·伽马、麦哲伦等的家乡。

③ 区位及客源优势

地中海区是欧亚非三大洲的交通枢纽，背靠世界最富裕、旅游文化最发达的欧洲。它是西方文化的发源地，它的文化认同度高、知名度高。

④ 气候优势

地中海气候夏季炎热干燥，阳光充足，冬季温暖湿润，气候温和。地中海区是欧洲主要的亚热带水果产区，盛产柑橘、无花果、葡萄和橄榄。欧洲地中海区受大洋影响甚微，无台风海啸。

⑤ 饮食优势

地中海饮食是地球上最健康的饮食搭配。《英国医学杂志》上刊登了意大利学者的一个研究结果，基于150万名参试者的12项研究课题表明：坚持地中海饮食可显著改善健康状况，分别使总死亡率下降9％、心血管死亡率下降9％、癌症病死率下降6％、帕金森病和阿尔茨海默病的发病率降低13％。这里所说的"地中海"，泛指希腊、西班牙、法国、意大利南部等处于地中海沿岸的南欧各国，其饮食风格以蔬菜、水果、鱼类、五谷杂粮、豆类和橄榄油为主。这种高纤维素、高维生素、低脂、低热量的饮食结构素来为营养界人士所推崇。研究数据也表明，该区域居民罹患心血管疾病、糖尿病等富贵病的概率远远低于其他欧美国家。

2. 北美加勒比海区

(1) 加勒比海区基本概况

加勒比海是位于西半球热带大西洋海域的一个海，总面积275.4万平方千米。其西部与西北部是墨西哥的尤卡坦半岛和中美洲诸国，北部是大安的列斯群岛，包括古巴，东部是小安的列斯群岛，南部则是南美洲。

（2）加勒比海区海洋旅游发展优势

与地中海区相比，加勒比海区的人文资源较为逊色，但其自然资源却稍胜一筹。加勒比海区地处热带区，其热带海洋风光别具一格。

① 拥有众多珊瑚礁国家公园和自然保护区

加勒比海有众多珊瑚礁，是开发海洋旅游的宝贵资源。巴哈马的安德罗斯岛有仅次于澳大利亚大堡礁的珊瑚礁，这些珊瑚礁像雕塑、像绘画、像园林，五光十色，美不胜收。为利用丰富的珊瑚资源，巴哈马在安德罗斯岛和拿骚等许多地方建立了海底公园，游客可坐玻璃游艇观看海底珊瑚、鱼类和植物。

② 拥有丰富的热带植物

加勒比海区热带海洋旅游资源丰富，该地植被一般为热带植物，环绕潟湖和海湾有浓密的红树林，沿海地带有椰树林，各岛普遍生长仙人掌和雨林。此外，该地区珍禽异兽种类繁多。明媚的阳光已使该地区成为世界主要的冬季度假胜地。

③ 拥有"反汽车"等保护自然的有力政策

众多的海岛、漫长的海岸线、壮丽的地貌景观、峭壁嵯峨的海湾、未被工业污染的秀丽自然风光，为海上游乐和度假休闲提供了宝贵的资源。为了保护这种工业社会稀缺的"世外桃源"特色，百慕大实行"反汽车"政策，限制岛上汽车的数量。

④ 拥有独特的历史背景

加勒比海区是历史上欧美国家的殖民地，其语言文化和欧洲类似。17世纪，这里是欧洲大陆的商旅舰队到达美洲的必经之地，所以当时这里的海盗活动非常猖獗。海盗不仅攻击过往商人，甚至攻击英国皇家舰队，形成了独特的加勒比海盗探秘文化。此地虽少文物古迹，但种族文化构成复杂且极具特色。

⑤ 拥有优越的地理位置

加勒比海区靠近美国和加拿大，是南北美洲的海运中心、世界邮轮中心。巴拿马运河通过加勒比海将大西洋和太平洋连接起来，腹地拥有庞大的客源市场。

3. 大洋洲区

（1）大洋洲区基本概况

大洋洲是世界上最小的一个大洲，陆地总面积约897万平方千米，约占世界陆地总面积的6%。它位于太平洋中部和中南部的赤道南北广大海域中，在亚洲和南极洲之间，西邻印度洋，东临太平洋，并与南北美洲遥遥相对。

大洋洲由数千个岛屿组成，包括澳大利亚、新西兰、巴布亚新几内亚和许多其他岛国和地区。其中，澳大利亚占据了大洋洲绝大部分的土地面积。

大洋洲的地理特征为具有广阔的平原、高山、火山和珊瑚礁。澳大利亚中部是干旱的内陆地区，而新西兰则是一个多山的国家，拥有壮丽的山脉和湖泊。大洋洲的岛屿和海域也是世界上最丰富多样的生态系统，拥有许多独特的动植物种类。

大洋洲的气候因地区而异。澳大利亚的北部和东部地区气候温暖潮湿，而西部和内陆地区则干燥炎热。新西兰则拥有温带海洋性气候，气候温和湿润。

（2）大洋洲区海洋旅游发展优势

大洋洲是一个地理多样化且充满美丽景观的地区，拥有丰富的自然资源和独特的生态系统，海洋旅游资源极其丰富。

① 丰富的海洋资源

大洋洲地区拥有广阔的海洋和多样化的海洋生态，包括美丽的珊瑚礁、丰富的海洋生物和独特的海底地貌。这些资源为大洋洲提供了丰富的海洋旅游景点和活动，如潜水、浮潜、海钓等。

② 良好的旅游基础设施

大洋洲地区的一些国家如澳大利亚和新西兰等，拥有发达的旅游基础设施，包括酒店、度假村、旅游景点等。这些设施为游客提供了便利的旅游体验，促进了海洋旅游的发展。

③ 独特的文化体验

大洋洲地区的国家拥有独特的文化和传统，如澳大利亚的土著文化、新西兰的毛利文化等。这些文化为游客提供了独特的文化体验，增加了海洋旅游的吸引力。

④ 良好的气候条件

大洋洲地区的气候适宜，适合进行各种海洋活动。在澳大利亚，无论是温暖潮湿的北部和东部地区，还是干燥炎热的西部和内陆地区，都有适合不同季节的海洋旅游活动。

4. 东南亚区

（1）东南亚区基本概况

东南亚位于亚洲东南部，包括中南半岛和马来群岛两大部分。中南半岛因位于中国以南而得名，南部的细长部分叫马来半岛。马来群岛散布在太平洋和印度洋之间的广阔海域，是世界最大的群岛，共有两万多个岛屿，分属印度尼西亚、马来西亚、东帝汶、文莱和菲律宾等国。

东南亚地区共有 11 个国家，包括缅甸、泰国、柬埔寨、老挝、越南、菲律宾、马来西亚、新加坡、文莱、印度尼西亚、东帝汶，面积约 457 万平方千米。

东南亚是地处亚洲与大洋洲、太平洋与印度洋之间的"十字路口"。马六甲海峡是这个路口的"咽喉"，战略地位十分重要。马六甲海峡地处马来半岛和苏门答腊岛之间，全长约 1 080 千米，最窄处仅有 37 千米，可通行载重 25 万吨的巨轮，太平洋西岸国家与南亚、西亚、非洲东海岸、欧洲等沿海国家之间的航线大多经过于此。

（2）东南亚区海洋旅游发展优势

① 富有星罗棋布的海岛

东南亚各国岛屿众多，如千岛之国菲律宾和印尼。印尼的巴厘岛、马来西亚的槟榔屿、泰国的普吉岛，都是著名的海岛。

② 富有曲折的海岸线

东南亚各国都有漫长曲折的海岸线，其中，印尼海岸线最长约有3.5万千米。海岸线上的海岸景观有沙滩、红树林及奇特海蚀石等。其中，菲律宾的海峡景观确为一奇，圣胡安尼海峡曾是世界上最窄的海峡。

③ 富有优质的海滩

东南亚各国都有众多海滩，其中最著名的是泰国的芭堤雅。该海滩被誉为"东方夏威夷""泰国夏威夷"，同西班牙太阳海岸、澳大利亚黄金海岸及美国夏威夷一起被旅游者称为世界上最迷人的海滩，是最理想的度假胜地。

④ 富有壮丽的火山景观

火山景观是许多海岛海滨旅游地共有的旅游资源。地中海、加勒比海及大洋洲多有火山景观分布，但东南亚火山景观资源最为丰富。菲律宾与印尼有许多火山，印尼是世界上火山资源最丰富的国家。

⑤ 富有岛民风情

东南亚地区民族风情绚烂多彩，这里有上百个民族、几百种语言，汇集了世界主要文化类型，被誉为世界民族博物馆和文化博物馆。

⑥ 客源市场广阔

东南亚区背靠亚欧大陆、靠近中国，是东西方汇集之地，客源市场广阔。

## （二）各海洋区划海洋旅游开发经典案例

### 1. 西班牙

（1）旅游环境

西班牙地形以高原和山地为主，高原和山地约占全国面积的89%，平原仅占11%。中部高原为大陆性气候，北部和西北部沿海地带为温带海洋性气候，南部、东南部、东北部为亚热带地中海式气候，一年能保证有250天以上的阳光。

海滨旅游是西班牙旅游的重要组成部分，接待游客占全部接待量的32%。西班牙的海滨旅游在整个世界海滨旅游中占据重要地位。据统计，西班牙70%～80%的回头客是去海滨度假的。

（2）海洋旅游开发特色

① 注重阳光和海滩开发。西班牙全国海岸线总长度约为4 000千米，海滩总长度为1 930千米，并有120个欧洲一流海滩。据西班牙官方最新资料显示，目前，西班牙海滩是世界第一旅游目的地。营销也以"阳光普照西班牙，我们出口的是阳光和海滩""诗人和艺术家所梦想的一切，造物主都在这里创造了出来"为主要宣传语。太阳海岸是世界最著名的海滨海滩之一，也是西班牙四大旅游区之一。

② 注重大量海岛资源开发。西班牙有两大群岛，都是旅游胜地。一个是加那利群岛。该群岛有7个大岛，其中大加那利岛、特内里费岛和兰萨罗特岛等岛屿都陆续被开发为旅游地。大加那利岛南部的白色海滩非常出名，那里的沙子白如雪，沙滩非常宽大，大约有

数百米宽。那里的天特别蓝，万里无云。另一个群岛是巴利阿里群岛。其中，马略卡岛的海滩最为漂亮，被称为"黄金海岸"。

③ 注重名胜古迹开发。西班牙全国到处都有古代遗迹，其中比较著名的人类遗产有：马德里的圣罗兰索·德·埃尔·埃斯科里亚修道院（西班牙王室墓葬所在地）、巴塞罗那的米拉之家（20世纪现代主义建筑之父安东尼·高迪的作品）、托莱多古城等。

④ 注重古代文化和现代体育资源开发。塞万提斯是西班牙最伟大的文学家，其著作《堂吉诃德》自17世纪问世后，被世界各国翻译出版了1 000多次，成为出版量仅次于《圣经》的世界名著。西班牙旅游部门开辟了数条"堂吉诃德之路"的旅游产品。据西班牙官方数字显示，西班牙的文化和城市旅游吸引的外国游客占游客总数的15.2%。

⑤ 注重国际会议和展览开发。西班牙经常举行大型的国际会议和国际展览。首都马德里有一个建筑面积为15万平方米的国际展览中心，每年，这里不间断地举行许多展览。马德里市每年财政收入的13%来自国际会议和展览。据西班牙驻华大使馆提供的数据，2017年西班牙的会议旅游居世界第二位，仅次于法国。西班牙的会议旅游收入占旅游收入总数的10%。巴塞罗那和马德里早已入选世界十大会议旅游目的地。

⑥ 注重民俗民风和节日。西班牙有斗牛、奔牛、弗拉门戈舞蹈和"番茄大战"节等许多民俗民风。全国有斗牛场4 000处，每年春秋举办5 000场斗牛活动。这些活动每年都能吸引大量外国游客。马德里以及南部地区是斗牛活动的集中区域。

2. 坎昆

（1）旅游环境

墨西哥的旅游城市坎昆位于加勒比海北部、尤卡坦半岛东北端海滨，是一座长21千米、宽仅400米的美丽岛屿。整个岛呈蛇形，其西北端和西南端有大桥与尤卡坦半岛相连，并隔尤卡坦海峡与古巴岛遥遥相对。该城市三面环海或湖，风光旖旎。坎昆以白沙滩闻名，20千米长的白沙滩为珊瑚风化而成，柔如毡白如玉，分别冠以"白沙滩""珍珠""海龟滩""龙虾滩"等名称。坎昆全年平均气温27.5 ℃，每年只有雨旱两季，7—10月为雨季，几乎每天都下阵雨，雨后晴空万里，偶或天际出现彩虹。

在玛雅语中，坎昆意为"挂在彩虹一端的瓦罐"，被认为是欢乐和幸福的象征。坎昆的海面平静清澈，因其深浅、海底生物情况和阳光照射等，呈现出白色、天蓝、深蓝、黑色等多种颜色。在坎昆附近，人们还可以游览里维拉玛雅，去发现卡尔门海滩、斯卡雷特、西尔哈以及面对大海、唯一有围墙的玛雅文化城市和引人入胜的考古区图伦。图伦遗址是墨西哥迄今保存得最好的一座玛雅和托尔特克人的古城，吸引着很多游人前往参观游览。尤卡坦半岛东南部的奇琴伊察有闻名世界的卡斯蒂略金字塔，卡斯蒂略在玛雅语中意为"带羽毛的蛇神"，被当地人认为是风调雨顺的象征。

（2）海洋旅游开发特色

① 注重政府整体开发

坎昆市在20世纪只是个仅有300多人的僻静渔村。1972年，墨西哥政府才开始在该岛投资 3.5 亿美元建设旅游区和自由贸易中心，并于 1975 年进行全面规划，强调对玛雅历史区域的保护，并对其进行修复。如今，坎昆已发展成为每年可接待 200 万名游客的国际旅游胜地。其中，1/3 的游客以坎昆为中心到附近尤卡坦半岛的各玛雅古迹参观。

② 注重玛雅文化资源保护

依托世界级的自然资源打造滨海旅游项目，同时通过推广人文历史资源来加强旅游度假地的吸引力，发掘和整合当地历史文化资源，为坎昆旅游发展提供了持续动力。政府于 20 世纪 70 年代开始将岛上原有的圣米盖里托古迹废墟与周边的奇琴伊察、图卢姆等玛雅文化遗迹纳入度假者游览的范围。

③ 注重玛雅文化产品打造

坎昆用玛雅文化打造旅游产品，吸引游客。相关数据显示，30％的游客是受到玛雅文化的吸引前往坎昆的。坎昆依托海滩资源建立多元产品组合，满足各类细分市场需求，并提升游客度假的复合体验价值。

3. 澳大利亚

（1）旅游环境

大洋洲区海洋自然资源丰富，是世界上面积最小、人口最少（南极洲除外）的洲，海岸线长 19 000 千米，有 1 万多个岛屿，绝大部分地区属于热带和亚热带气候。大洋洲最大的国家是澳大利亚，其环境非常优越，拥有丰富的自然和文化景观，无论是旅游资源还是旅游配套设施均良好，更有诸多适合发展海洋旅游的特点。

① 自然环境优良：澳大利亚拥有许多令人惊叹的自然景观，包括大堡礁、乌鲁鲁、悉尼歌剧院等。此外，澳大利亚的国家公园和保护区也非常值得一游，例如大堡礁国家公园、卡卡杜国家公园等，这些地方为游客提供了探索自然之美的绝佳机会。

② 气候环境特别：澳大利亚的气候因地区而异，但总体来说，其气候温和宜人，适合全年旅游。尤其其和北半球正好相反的气候特征，使其成为反季节旅行的重要目的地。

③ 文化特色突出：澳大利亚是一个多元文化国家，拥有丰富的历史和文化遗产。游客可以在博物馆、艺术馆和历史遗址中了解澳大利亚的历史和文化。此外，澳大利亚的美食、音乐、艺术和体育活动也是其文化的重要组成部分。

④ 旅游设施完善：澳大利亚的旅游设施非常完善，包括高质量的住宿、交通和导游服务。游客可以在旅行中享受舒适和便利的服务，使旅行更加愉快和轻松。

（2）海洋旅游开发特色

① 动植物资源特色明显。澳大利亚拥有独特的动植物资源，绝大多数动植物均为特有品种。

② 海洋地貌丰富多样。澳大利亚岛屿众多、种类齐全、各具特色，珊瑚礁、沙滩、火山地貌、海浪等生态环境保护良好。

③ 是重要的中转位置。澳大利亚是亚洲和美洲的中转站，岛屿孤立，私密性好。

④ 反季节海洋旅游大受欢迎。澳大利亚地处南半球，吸引北半球冬季的游客。

4. 泰国

(1) 旅游环境

泰国的旅游环境非常独特和丰富，具有多种吸引力。泰国拥有多样的自然景观，包括热带雨林、海滩、岛屿和山脉。例如，泰国的北部以山地和森林为主，非常适合徒步旅行和自然探险；南部则以美丽的海滩和岛屿著称，如普吉岛、苏梅岛等，是海滩度假和水上运动的热门目的地。

泰国有着悠久而丰富的历史和文化传统，其文化遗产包括古老的寺庙、宫殿、历史遗址和博物馆。例如，曼谷的大皇宫和玉佛寺是泰国历史和文化的象征，吸引了大量游客前来参观。同时，泰国美食以其独特的口味和丰富的多样性而闻名于世。游客可以在泰国各地品尝各种地道的菜肴，如咖喱炒饭、海鲜等。

在泰国，游客可以参加各种活动和体验，如潜水、冲浪、瑜伽、烹饪课程等。和其他许多旅游目的地相比，泰国的旅游成本相对较低，游客可以在这里享受高质量的旅游服务而不必花费太多。

(2) 海洋旅游开发特色

① 多样化的海滩和海岛

泰国拥有众多美丽的海滩和海岛，每一个都有其独特的魅力。例如，普吉岛以其美丽的沙滩和丰富的水上活动而闻名，而苏梅岛则以其宁静的海滩和豪华的度假村而吸引游客。这些多样化的海滩和海岛为游客提供了丰富的选择。

② 结合当地文化

泰国的海洋旅游开发不仅注重自然风光，还注重将其与当地文化结合。游客可以在海滩度假村参加泰式烹饪课程、学习泰拳或参与传统的泰国舞蹈表演。这些活动让游客在享受海洋旅游的同时，也能了解和体验当地的文化。

③ 注重环保和可持续发展

泰国的海洋旅游开发越来越注重环保和可持续发展。许多海滩度假村和海岛都采取措施减少对环境的影响，如使用可再生能源、减少塑料垃圾的使用、保护珊瑚礁等。这些措施旨在保护泰国的海洋生态环境，确保游客能够在一个健康和美丽的环境中度假。

④ 优质的旅游服务

泰国的海洋旅游开发注重提供优质的旅游服务。游客可以在海滩度假村享受一流的住宿、餐饮和娱乐设施。此外，泰国的旅游从业人员普遍具有良好的服务态度和专业素养，能够为游客提供热情周到的服务。

## 二、认识领海及相关知识

纵览几千年的世界历史，绝大多数世界强国的崛起都与海洋事业的繁荣密切相关。正如战国时期著名的思想家、哲学家韩非子所言："历心于山海而国家富。"向海而兴，背海而衰,这包含了无数历经千年的海洋故事。人类历史的发展进程始终伴随着对海洋的认识、利用、开发和控制。

21世纪是海洋的世纪。从国家"十二五"规划、"十三五"规划到"十四五"规划,从党的十六大报告、十八大报告到二十大报告,海洋经济的战略地位不断提升。"海洋强国""陆海统筹"战略,"一带一路""海洋命运共同体"倡议,以及海洋经济实验区示范区、沿海地区自由贸易区、粤港澳大湾区、长江三角洲区域一体化、黄河三角洲国家级自然保护区、海洋牧场、海洋强省等的不断推进,都为我国海洋事业的发展提供了重要契机。

## (一)领海

领海是沿海国主权管辖下与其海岸或内水相邻的一定宽度的海域,是国家领土的组成部分。领海的上空、海床和底土,均属沿海国主权管辖。

根据《联合国海洋法公约》规定,领海是从领海基线量起最大宽度不超过12海里①的一带水域。中国政府于1958年9月4日宣布中国的领海宽度为12海里。12海里范围以内的领海、领空、底土等均为各国主权范围,外国船只、人员、飞行器等未经允许不得进入。

## (二)领海的相关知识

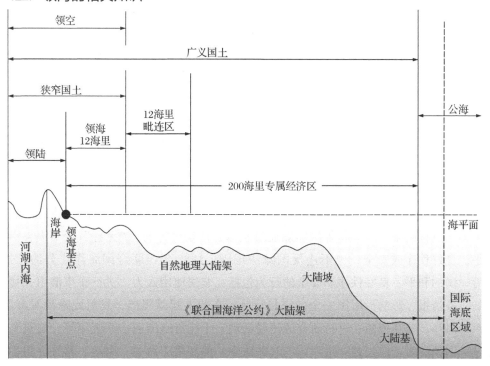

**领海基线宽度示意图**

---

① 1海里≈1.852千米。

1. 领海基线

领海的基线是指"沿海国官方承认的大比例尺海图所标明的沿岸低潮线"。但是,"在海岸极为曲折的地方,或者如果紧接海岸有一系列岛屿,测算领海宽度的基线的划定可采用连接各适当点的直线基线法"。直线基线法就是在岸上向外突出的地方和一些接近海岸的岛屿上选一系列的基点,依次相连各基点,各点间的直线就是沿海岸的基线。

2. 领海基线的宽度

关于基线向外的宽度有个发展过程。18世纪,其以海岸边大炮所能打到的距离为限。那时,大炮射程约为3海里。而后,由于炮的射程增大,各国遂把领海向外扩大到7千米、11千米、22千米或更多,不过采用22千米的占多数。1973年召开了第三次海洋法会议第一期会议。经过9年的艰苦谈判,新的海洋法公约(即《联合国海洋法公约》)于1982年4月30日在第三次联合国海洋法会议第十一期会议上通过。经磋商,根据大多数国家意见通过的《联合国海洋法公约》规定:"每一个国家有权确定其领海的宽度,直至从按照本公约确定的基线量起不超过12海里的界限为止。"但有些拉美国家仍坚持370千米,未签署此公约。

关于领海的宽度,有过各种不同的主张。依照中国政府关于领海的声明:"中国大陆及其沿海岛屿的领海以连接大陆岸上和沿海岸外缘岛屿上各基点之间的各直线为基线,从基线向外延伸十二海里(浬)的水域是中国的领海。在基线以内的水域,包括渤海湾、琼州海峡在内,都是中国的内海。在基线以内的岛屿,包括东引岛、高登岛、马祖列岛、白犬列岛、乌丘岛、大小金门岛、大担岛、二担岛、东椗岛在内,都是中国的内海岛屿。" 1982年,《联合国海洋法公约》对群岛国的领海基线也作了规定。

3. 领海无害通过权

领海是沿岸国领土的一部分,属于沿岸国的主权,但在一国领海内,外国船舶享有无害通过权。"通过"指为下列目的通过领海的航行:一是穿过领海但不进入内水或停靠在内水以外的泊船处或港口设施。二是驶往或驶出内水或停靠这种泊船处或港口的设施。"通过"时应继续不停和迅速进行。"通过"包括停船和下锚在内,但以通常航行所附带发生或由于不可抗力或遇难所必要或为救助遇险或遭难人员、船舶或飞机的目的为限。

无害通过权的条件:一是外国船舶通过领海必须是无害的。"无害"指不损害沿岸国的和平、良好秩序或安全,也不违反国际法规则。1982年《联合国海洋法公约》规定,损害沿岸国的和平、良好秩序和安全的行为包括:非法使用武力、进行军事演习、搜集沿岸国的防务情报、影响沿岸国安全的宣传行为、在船上起落飞机、发射或降落军事装置、故意污染海洋、非法捕鱼、进行研究或测量活动、干扰沿岸国通信系统等等。二是外国船舶通过一国领海时,应当遵守沿岸国的有关法令,例如关于海关、财政、移民、卫生、航行安全、养护海洋生物资源、环保、科研与测量等事项的法律规章。中国政府发表的领海声明就明确规定:"任何外国船舶在中国领海航行,必须遵守中华人民共和国政府的有关法令。"

1958年的《领海及毗连区公约》和1982年的《联合国海洋法公约》都没有规定军舰不享有无害通过权,但许多国家都对军舰在领海通过作出一定限制性的规定,如限制每次通过的舰只或吨位,或要求事先通知,或经事先许可。中国政府的领海声明和1992年的《中华人民共和国领海及毗连区法》都指出,一切外国飞机和军用船舶,未经中华人民共和国政府的许可,不得进入中国的领海和领海上空。

4. 领海的司法管辖

根据国家的属地优越权,各国对在本国领海内发生的一切犯罪行为,包括发生在外国船舶上的犯罪行为,有权行使司法管辖。但在实践中,对领海内外国商船上的犯罪行为是否行使刑事管辖权,各国大都从罪行是否涉及本国的安全和利益考虑。对驶离内水后通过领海的外国船舶,沿海国得行使较为充分的刑事管辖权。沿海国对仅仅通过其领海的外国船舶上的民事案件,通常采取不干涉态度。

## 三、我国的海洋旅游区划

我国海域面积约470万平方千米,大陆海岸线长1.8万千米,岛屿海岸线长1.4万千米,滩涂资源总面积217.09万公顷,拥有7 372个面积500平方米以上的岛屿,总面积约7.3万平方千米,海洋旅游资源开发空间极大。目前,我国海洋区划有好几种划分方法。

### (一)按一级海洋功能划分

一级海洋功能大区主要反映全国海洋区域开发利用与保护的重大区域问题、海洋产业结构调整的区域差异和重大的区域性海洋开发保护战略。通过对我国海洋生态、海洋环境、海洋水文及海洋开发利用地域分异及与之对应的海洋功能区域差异进行分区,我国习惯将我国海域划分为四大海洋功能区,即渤海区、黄海区、东海区和南海区。

我国四大海域中,南海最大,渤海最小,具体如下:渤海面积约为7.7万平方千米,黄海面积约为38万平方千米,东海面积约为77万多平方千米,南海面积约为350万平方千米。其中,渤海与黄海分界线为辽东半岛南端老铁山角与山东半岛北岸蓬莱角的连线,黄海与东海分界线为长江口北岸的启东角与韩国济州岛西南角的连线,东海与南海分界线为广东南澳岛与台湾岛南端的鹅銮鼻连线。

### (二)按旅游区域划分

根据旅游资源的特色及其地域分布可将我国的海洋旅游地分为五大区域,即渤海湾区域、黄河三角洲区域、长江三角洲区域、珠江三角洲区域、海南岛五大海洋旅游区。

1. 渤海湾区域:包括天津、河北、辽宁等省市的海域,以港口航运、工业与城镇用海、矿产与能源开发为主要功能。

2. 黄河三角洲区域:包括山东、河北等省市的海域,以渔业、港口航运、工业与城镇用海、旅游休闲娱乐为主要功能。

3. 长江三角洲区域:包括上海、江苏、浙江等省市的海域,以港口航运、工业与城镇用海、旅游休闲娱乐为主要功能。

4. 珠江三角洲区域：包括广东、香港、澳门等地区的海域，以港口航运、工业与城镇用海、旅游休闲娱乐为主要功能。

5. 海南岛区域：海南岛的海域非常广阔，拥有丰富的海洋资源和美丽的海滨风光。海洋旅游种类多样，度假休闲、体育竞技、观光游乐、南海牧场均得到深度开发。

## 四、海南在我国海洋旅游区划中的位置和角色

### （一）特殊的地理位置

海南是中国海域面积最大的省份，位于中国最南端，北面以琼州海峡与广东划界，西面濒临北部湾与广西壮族自治区和越南相对，东面濒临南海和台湾省相望，东南和南方在南海中与菲律宾、文莱、马来西亚、印度尼西亚、新加坡等为邻，是往来"两洲"（亚洲和大洋洲）和"两洋"（太平洋和印度洋）的必经之地，也是通往"两亚"（东南亚、东北亚）的"十字路口"。海南处于泛珠三角"9+2"、东盟自由贸易区"10+1"的交汇点，可以便捷高效服务国际国内市场；《推动共建丝绸之路经济带和21世纪海上丝绸之路的愿景与行动》明确了海口为南线上的重要节点，海南是规划发展的重要枢纽地带。可以说，海南就是南海的咽喉，是我国海洋旅游区划中重要的交通枢纽。

### （二）独特的时代角色

1. 南海航运与物流枢纽

南海海域自古以来就是东西方经贸文化交流的主要通道，也是目前国际海上航运最繁忙的交通线之一。位于南海枢纽的海南，要积极推动海上互联互通建设，打造畅通、快捷、便利、高效的海上大通道，建设面向东南亚、背靠华南腹地的南海航运与物流枢纽，实现与南海周边国家和地区海运、物流以及贸易等方面的深度融合，进一步扩大海南在南海航运方面的重要影响，为维护我国南海航道畅通和安全提供坚实保障。

2. 南海资源开发与合作基地

南海海域的自然资源十分丰富，包含生物资源、矿产资源、动力资源、海水资源、空间资源、旅游资源等。

作为管辖南海广阔海域的海洋大省，站在建设自贸港新的历史起点上，海南需要进一步配合国家海洋强国战略的实施，加大海上油气、渔业、旅游等资源的开发力度，完善海洋科研、科普和服务保障体系建设，建立健全相关配套服务机制体制，为21世纪海上丝绸之路的建设提供坚实稳定的资源与服务保障。

3. 环南海经贸合作连接点

在区域经济合作和地区一体化过程中，海南置身于"泛珠三角"经济圈、"泛北部湾"经济圈等区域经济合作圈内，享有中国—东盟自由贸易区的各种优惠政策，既可以内地经济腹地为依托，挖掘内需型经济发展潜力，又能充分发挥辐射东南亚、面向港澳台等经济发达地区的联动优势，进一步夯实外向型经济基础。在自身发展方面，通过挖掘"海洋"和"热带"两大主线，海南已经逐步形成较好的产业基础优势，打造了一批能够支撑海南

经济社会长远发展的支柱产业和新兴工业项目。因此，海南在促进"泛珠三角""泛北部湾"以及中国—东盟自由贸易区这三个区域的经贸合作、协同发展方面具有得天独厚的优势，是推动环南海经贸合作的天然连接点。

4. 环南海公共外交先行区

经过多年的积累和发展，海南已经形成了以博鳌亚洲论坛为代表的系列公共外交服务平台，成为我国开展多边外交活动的重要载体。同时，海南还拥有博鳌公共外交基地、三亚首脑外交和休闲外交基地、万宁"中非合作交流促进"基地和海口侨务交流示范区。海南应进一步发挥好三大基地和一个示范区的引领作用，将海南打造成为我国的环南海公共外交先行区，真正实现"国之交在于民相亲"。

5. 生态环境保护示范区与海上丝路旅游特区

一方面，海南坚持生态立省、环境优先，推进资源节约型和环境友好型社会建设，探索人与自然和谐相处的文明发展之路，这使海南成为生态环境保护示范区。

另一方面，海南地方文化特色浓郁、历史文化积淀厚重，与东南亚各国地缘相近、人缘相亲、文化相融，具有无可比拟的诸多优势。因此，海南应深入挖掘沿线的历史与文化资源，并因地制宜地开发出相应的旅游产品和线路，形成具有海南元素与中国特色的精品旅游项目，广泛吸引中外游客前来参观体验，实现以旅游带动文化交流、以文化交流促进经济发展的良性循环。

## 任务三　认识海南海洋旅游资源的概况

### ▶ [任务导入]

（1）小组分工，调查你所在地区的海洋旅游资源类型，并形成调查报告；

（2）小组合作，调查附近海域的海洋旅游资源开发现状。

### 一、海洋旅游资源的概念

海洋旅游资源是海洋旅游的基础，各种海洋旅游活动都必须以其为依托。但目前，海洋旅游研究领域还没有形成标准的海洋旅游资源概念与分类。2017年发行的《旅游资源分类、调查与评价》（GB/T 18972—2017）这样定义旅游资源：自然界和人类社会凡能对旅游者产生吸引力，可以为旅游业开发利用，并可产生经济效益、社会效益和环境效益的各种事物和因素。本书沿用上述定义，认为海洋旅游资源是指海洋环境中能够吸引旅游者，为旅游业开发利用，并可能产生社会、经济和环境效益的自然、人文、历史文化资源，以及以发展海洋旅游为目的而建造的基础服务设施。

### 二、海南海洋旅游资源的分类

参考2017年版的《旅游资源分类、调查与评价》（GB/T 18972—2017）对于旅游资源的分类方法，本书将海洋旅游资源分为两大类：海洋自然旅游资源和海洋人文旅游资源（见下表）。海南作为我国海域面积最大的省份，海洋旅游资源丰富多彩，拥有所有类型的海洋旅游资源。

海洋旅游资源分类

| 旅游资源类型 | 具体类别 |
| --- | --- |
| 海洋自然旅游资源 | 1. 海洋地文景观旅游资源（海岸地貌旅游资源、大陆架地貌旅游资源、深海与大洋底地貌旅游资源、海岛旅游资源）<br>2. 海洋水域景观旅游资源（观光游憩海域、潮涌现象和击浪现象、小型岛礁）<br>3. 海洋生物景观旅游资源：植物类（红树林、椰树、槟榔树、棕榈树），动物类（海洋鱼类、鸟类）<br>4. 海洋天象与气候景观旅游资源（海市蜃楼、海上日出、海火） |
| 海洋人文旅游资源 | 1. 海洋建筑与设施旅游资源<br>2. 海洋历史遗迹旅游资源<br>3. 海洋旅游购物旅游资源<br>4. 海洋人文活动旅游资源 |

## （一）海洋自然旅游资源

依据《旅游资源分类、调查与评价》（GB/T 18972—2017），海洋自然旅游资源包括地文景观、水域景观、生物景观、天象与气候景观四种类型。

1. 海洋地文景观旅游资源

（1）海滨沙滩

海滨沙滩是由被海流搬运的泥沙在水深最小、波浪作用最弱的海湾顶部堆积而形成的。随着堆积作用的不断进行，海滨沙滩逐渐变宽，海岸不断向海推进。沙细滩平、阳光充足的沙滩是开展以水浴为主的水上体育运动的好地方。世界上许多海滨沙滩都具备这些条件，经大规模开发，成为当今世界最有吸引力的海滨浴场、游乐基地和避暑、避寒旅游活动中心。

此外，海滨的砾石滩、滩涂也具有较高的旅游开发价值。砾石滩上的石头通常奇形怪状、形态各异，可供开展海洋旅游观光项目。滩涂则由于其淤泥中含有对人体有益的微量元素和矿物质，适合开展泥浴、滑泥等海洋旅游活动项目。

（2）海蚀岩石

海蚀岩石是指海岸带或海中的岩石受到波浪、潮汐、海流等长年累月的侵蚀作用，所形成的形状各异的景观岩石。根据其形状不同，海蚀岩石可以分为海蚀穴、海蚀崖、海蚀柱、海蚀平台、海蚀拱桥等。

海蚀穴：是海崖裂缝受海浪侵蚀作用留下的洞穴，舟山群岛普陀山的潮音洞、梵音洞为典型的海蚀穴。

海蚀崖：波浪打击海岸主要集中在海平面附近，使海岸形成凹槽，凹槽以上的岩石悬空。当波浪继续作用时，悬空的岩石就会崩落，促使海岸步步后退，从而形成壁立的海蚀崖。山东半岛成山头、崂山头险峻的峭壁悬崖都是这样形成的。

海蚀柱：其形成有多种原因，有的是由于大型岩石、岩层崩落，再在海水中接受海水侵蚀，形成孤立的柱状景观；有的是耸立在海蚀崖前的柱状岩石，形态直立而陡峭，这是海岸岬角遭受海浪冲击掏蚀而完全与基岸分离，残留在水下海蚀台地上的石柱。

海蚀平台：是海蚀崖受到海浪日夜不停地冲刷，久而久之形成的和海平面近乎同高度的平坦岩石。

海蚀拱桥：当波浪从两侧打击凸出的岬角时，岬角两侧可同时形成海蚀穴，洞穴不断扩大，最后可贯通在一起，形成拱门状，被称为海蚀拱桥。

（3）岛礁

岛礁是海中的"陆地"，根据其成因，可以分为大陆岛、冲积岛、火山岛、珊瑚岛、岩礁。

大陆岛：是指那些地质构造和形成动力与附近大陆基本一致的岛屿。因气候回升、海水上涨，其与大陆间的陆地被淹没，四周被海水包围，形成了现在的大陆岛。我国比较大的海岛，除崇明岛外几乎都是大陆岛。

冲积岛：是河流入海时，携带的泥沙受海水顶托、水流分散及坡度降低等多种原因的影响而逐渐沉积、堆积形成的。典型的有我国长江口的崇明岛、长兴岛。

火山岛：是指由海底火山喷发物质堆积而成的岛屿。有的火山岛是耸立在海面上的单一火山，如济州岛；有的则是成群的火山，如夏威夷群岛。印度尼西亚、菲律宾及冰岛是火山岛非常多的国家。

珊瑚岛：是由一种叫珊瑚虫的骨骼逐渐堆积而成的岛屿。这种造礁珊瑚的生长条件要求十分高，海水温度必须为25~29 ℃，海水盐度必须为27‰~40‰，且要求海水洁净透明。从形态上划分，珊瑚礁可分为岸礁、堡礁和环礁三种基本类型，最著名的堡礁是澳大利亚的大堡礁。

岩礁：是指海中隐现于水面上下的岩石及由珊瑚虫的遗骸堆积而成的岩石状物。海中有许多岩礁，它们形态各异，凸显于海上，似一座座岩石盆景。

（4）海底震迹

海底震迹是指遭强烈的地震活动破坏又被保存在海底的建筑遗址等景观，世界上很多地方都有。震迹奇观可供人参观、游览、凭吊和进行科学研究。如1605年7月13日，琼州发生7~8级地震，有72座村庄陷入海底。至今，琼州海峡南岸东寨港一带，沉陷的村庄在退潮时就会显现出来。那些锅碗盆罐、石臼、墓碑时隐时现，向人们诉说着当年那次灭顶之灾。

**2. 海洋水域景观旅游资源**

（1）观光游憩海域

观光游憩海域是指可供观光游憩的海上区域。水质好的海域不但本身是一种具有观赏性的景观，还可供人们在此开展各种水上活动，如游泳、潜水、滑水等。

（2）潮涌现象

潮涌现象是外海潮波传播到喇叭形河口或海湾时由于受到两岸的约束及海底地形的影响而发生激烈变形的现象。潮涌多伴随涨潮而发生，潮差越大，潮涌现象越强烈。我国浙江钱塘江大潮最为著名。金秋大潮期间，钱塘江口的涌潮最为闻名。对此，宋代诗人苏东坡有"八月十八潮，壮观天下无"的赞美。

（3）击浪现象

击浪现象是指海浪向岸边推进时拍打海岸造成水花卷起的景象。击浪不但可以满足视觉上的享受，也可以满足听觉上的享受，两者最终使心灵得到享受。

3. 海洋生物景观旅游资源

海洋或海岸带中，尤其是在热带和亚热带地区，植物种类繁多而且有特色，如红树林、椰树、槟榔树、棕榈树等，都有较好的观赏价值。海域、鸟岛、沙滩等是海洋动物常年或季节性栖息的地方。

4. 海洋天象与气候景观旅游资源

（1）海市蜃楼

海市蜃楼是晴朗、无风或微风条件下，光在折射率不均匀的空气中连续折射和全反射而产生的一种光现象，是海上最为著名的奇景之一。由于空气折射率变化不均匀，物象变形，再加上微风的扰动，仙境随之消散，这就更使它蒙上了一层神秘色彩。靠近海面的空气由于海水温度较低和水蒸气潮湿的缘故，折射率较大，而上方的空气受较高温度阳光的照射，折射率较小。也就是说，海面上的空气层折射率由下而上逐渐减小。光线穿过该空气层时，经连续折射向下弯曲。海面远处的景物隐匿于地平线以下，人们不能直接看到。当这些景物射向空中的光线连续弯向地面而到达人眼时，人们逆着光线看去，就会看到海面上空出现了从未见过的奇景，好似仙阁凌空。

（2）海上日出日落

在海滩上或乘船观赏日出日落的胜景，是自古以来人们都喜爱的。朝阳初露海面，霎时海面和陆地霞光万道，一片辉煌；海水湛蓝，与阳光交相辉映，更衬托出阳光的耀眼夺目。日落如同日出，也短暂突然。太阳逐渐接近海面，海天相映，晚霞更令人惊叹。自古至今，常有人对海上日出日落的惊艳情景进行咏叹，如马萧萧的《海上日出》："大地沉沉初醒时，睡眸乍启露微曦。海涂柔吻三重绦，天抹芳腮一片脂。浅晕娇潮山带醉，轻纱椒罩树含痴。东方跃起赤光汉，烂漫乾坤焕欲迷。"

（3）海火

海火是一种海发光现象。发光体为海洋生物，从结构简单的细菌到结构比较复杂的无脊椎动物和脊椎动物，种类繁多。海火可以分为三类：火花型（闪耀型）、弥漫型和闪光型（巨大生物型）。海发光现象在我国沿海地区广泛分布，其中，火花型发光到处都有分布，弥漫型发光只有闽、粤少数地区出现过，闪光型发光只出现在闽、粤、琼、桂沿海地区。海火有季节性变化，因为发光生物的生长发育具有季节性。大体上，杭州湾以北的沿海地区，秋季发光现象最显著，发光亮度极高；杭州湾以南沿海地区的发光现象几乎终年皆有，但以夏秋两季最明显、亮度最大。

（4）避暑避寒地

多数海洋旅游地冬暖夏凉，是避暑、避寒的好地方，主要集中在热带和亚热带地区。夏季，由于海洋的调节，热带和亚热带滨海地区比大多数高纬度的内陆地区凉爽；冬季，当温带、寒带绝大部分地区白雪皑皑时，热带和亚热带滨海地区仍然温暖如春。

我国海洋自然旅游资源丰富。截至2019年，我国共有国家级海洋自然保护区33个（见附录1），国家级海洋特别保护区23个，国家级海洋公园49座（见附录2）。

## （二）海洋人文旅游资源

依据《旅游资源分类、调查与评价》（GB/T 18972—2017），海洋人文旅游资源包括建筑与设施、历史遗迹、旅游购物和人文活动四种类型。

### 1. 海洋建筑与设施旅游资源

海洋建筑与设施旅游资源在海洋旅游地比较丰富，是海洋人文旅游资源的重要组成部分。海洋旅游地有许多闻名世界的建筑，如悉尼歌剧院、贝宁阿波美王宫、圣米歇尔山及其海湾、挪威卑尔根、斯凯利格·迈克尔修道院，以及我国的东海大桥、杭州湾跨海大桥、舟山跨海大桥、上海长江隧桥等。

### 2. 海洋历史遗迹旅游资源

历史上，人类的活动在地球上留下了众多的痕迹，这些痕迹如遗址、遗迹等有的还会被史书记载。许多遗留下来的痕迹在海洋旅游地有丰富的蕴藏，有些史前人类活动场所在一些海滨和海岛还被完整地保留着，如著名的宁波市河姆渡遗址、舟山市马岙新石器时代遗址等。我国目前开展得如火如荼的红色旅游，也是以历史事件发生地、军事遗址与古战场等遗迹作为主要资源来进行旅游开发的。

### 3. 海洋旅游购物旅游资源

海洋资源丰富，可开发成旅游商品的资源也很多：有可供直接进行加工的海洋产品，如鱼类、贝类、珊瑚、礁石、沙等；也有以海洋为主题进行艺术创作的绘画、雕塑等。海洋高新技术的发展，使得海洋旅游商品更加丰富。一些新开发的旅游商品科技含量高，实用价值、观赏价值等也都得到了提高，如海洋药物、海洋化妆品、精深加工的鱼虾等。

旅游购物是构成旅游消费活动的六大要素之一。在一些国家，旅游商品收入占整个国家旅游收入的一半以上，如新加坡、法国、西班牙、美国、泰国等。我国香港地区以"购物天堂"著称，是国内外旅游者向往的理想购物地区，其旅游商品收入占旅游总收入的50%~60%。由此可见，旅游购物对发展海洋旅游经济具有十分重要的意义。

### 4. 海洋人文活动旅游资源

（1）地方风俗与民间礼仪

由于特殊的地理区位条件，海洋旅游地的地方风俗与民间礼仪与内陆地区有较大的差异。由于交通的阻碍，一些远离大陆的海岛基本上与世隔绝，到了近现代才与外界有较多的联系。这些地区至今仍保持着自己独特的、原始的地方风俗与民间礼仪，吸引着众多旅游者前去体验。由此，相应的旅游项目应运而生，如渔家乐就是体验渔民风俗的一种。渔家乐项目是一项迎合现代人回归自然、返璞归真的旅游新形式，是融旅游、烧烤、垂钓、观海、听潮为一体的综合性休闲旅游活动。

(2) 海洋节庆

海洋节庆有传统节庆和现代节庆之分。传统节庆也称民间节庆，历史文化底蕴深厚，是当地民间习俗的一种表现形式。参与这种节庆活动，人们能够感受当地古老而浓厚的习俗风情。现代节庆大多数是针对旅游需求而产生的，具有主题突出、配套设施完善、宣传面广、可参与性强等特点。我国现代海洋节庆的主要主题有海洋、海洋文化、海洋民俗、开渔、海鲜、沙雕、沙滩等，影响力较大的现代海洋节庆有青岛国际海洋节、宁波的中国（象山）开渔节、舟山国际沙雕节、中国海洋美食文化节、中国普陀山南海观音文化节、中国海洋文化节、海南岛欢乐节等。

## ▶ [复习思考题]

### 一、选择题

1. 2019年4月23日，习近平主席在会见参加中国人民解放军海军成立_____系列活动的外国海军代表团时，正式提出构建"海洋命运共同体"的倡议。 （ ）
   A. 60周年　　　　B. 70周年　　　　C. 75周年　　　　D. 80周年

2. 海洋旅游业虽然是旅游业的一个分支，但与一般旅游业存在很大差异，是因为_____。 （ ）
   A. 海洋旅游产品对游客的技术性要求较强
   B. 海洋旅游产品对游客的体力要求较强
   C. 海洋旅游产品对游客的文化程度要求较强
   D. 海洋旅游产品对游客的出游意愿要求较强

3. 丝绸之路开始于中国古代，其线路基本形成于_____时期，是连接亚非欧的古代陆上商贸路线。 （ ）
   A. 隋　　　　　　B. 唐　　　　　　C. 两汉　　　　　D. 秦

4. 中国管辖的海域面积有多大？ （ ）
   A. 260万平方千米　B. 300万平方千米　C. 200万平方千米　D. 350万平方千米

5. 世界著名的海滨旅游胜地——坎昆属于哪个国家？ （ ）
   A. 墨西哥　　　　B. 西班牙　　　　C. 印尼　　　　　D. 意大利

6. 地中海区主要的旅游资源有_____。 （ ）
   A. 人文资源　　　　　　　　　　　B. 自然资源
   C. 生物景观资源　　　　　　　　　D. 天象与气候景观资源

7. 加勒比海区主要的旅游资源有_____。（　　）
   A. 人文资源　　　　　　　　　B. 自然资源
   C. 生物景观资源　　　　　　　D. 天象与气候景观资源

8. 海洋节庆属于下列哪种旅游资源？（　　）
   A. 海洋人文旅游资源　　　　　B. 海洋自然旅游资源
   C. 海洋生物景观资源　　　　　D. 天象与气候景观资源

## 二、判断题

1. 海南就是南海的咽喉。从古代海上丝绸之路，到21世纪"新丝绸之路"，海南作为海上丝绸之路中重要的交通枢纽的地位愈发突出。（　　）
2. 海南是全国唯一的亚热带省份，拥有阳光、海水、沙滩、绿色、空气五大度假旅游要素。（　　）
3. 地中海沿岸的西班牙、法国、意大利和希腊均是位居世界前列的旅游强国。（　　）
4. 地中海区海岛海滨旅游资源异常丰富。（　　）
5. 西班牙的"太阳海岸"位于地中海区。（　　）
6. 地中海有众多岛屿，主要集中在爱琴海。（　　）
7. 加勒比海是世界著名的航海家如哥伦布、达·伽马、麦哲伦等的家乡。（　　）

## 三、问答题

1. 请谈谈海南区位的重要性。

2. 请简述海洋命运共同体的内涵。

## 四、材料题

1. 　　历史上，从来没有一个国家间统一的领海宽度。世界上所有国家的领海宽度都是由各国自行确定的。中华人民共和国代表团于1973年7月14日向第3次联合国海洋法会议提出："沿海国有权根据自己国家的地理特点、经济发展和国家安全的需要，并照顾到邻国的正当利益以及国家航行的便利，合理地确定领海的宽度和范围。"事实上,各国宣布的领海宽度有3海里(英国、比利时、荷兰等24国)、4海里(挪威、芬兰2国)、6海里(土耳其、希腊等4国)、12海里(中国、俄罗斯、法国、美国、印度、印度尼西亚、巴基斯坦、泰国、阿尔及利亚、埃及、扎伊尔、苏丹、摩洛哥等77国)、20海里(安哥拉)、30海里(尼日利亚、多哥2国)、50海里(马达加斯加、坦桑尼亚、喀麦隆、冈比亚4国)、70海里(毛里塔尼亚)、100海里(塞内加尔)、200海里(阿根廷、巴西、秘鲁、塞拉利昂、贝宁等14国)等不同的宽度。同时,还有国家使用不同海里宽度的情况,如芬兰一般适用3海里,但法律有规定处可为12海里;日本在北海道附近的宗谷海峡、津轻海峡,以及邻近韩国的对马海峡等处适用3海里;土耳其在黑海适用12海里,在爱琴海适用6海里;英国在本土与马恩岛、马尔维纳斯群岛适用12海里,在维尔京群岛等海外属地适用3海里。

请同学们试着思考:为何历史上从来没有一个国家间统一的领海宽度?领海对一个国家有多重要?

2. 悉尼歌剧院位于澳大利亚悉尼,是20世纪最具特色的建筑,也是世界著名的表演艺术中心、悉尼市的标志性建筑。该歌剧院设计者为丹麦设计师约翰·伍重。悉尼歌剧院设计、建设工作于1959年开始,至1973年正式完成。2007年6月28日,这栋建筑被联合国教科文组织列为世界文化遗产。悉尼歌剧院坐落在悉尼港的便利朗角,其特有的帆船造型,加上作为背景的悉尼港湾大桥,与周围景物交相辉映,每天都有数以千计的游客前来观赏这座建筑。

贝宁南部的阿波美城曾是西非海岸以贩卖奴隶而繁荣一时的达荷美王国的首都。这个地区在历史上与"象牙海岸""黄金海岸"并列,被称为"奴隶海岸"。阿波美王宫的历史可以追溯到17世纪。

位于法国北部芒什省的圣米歇尔山教堂于1979年被列为世界遗产。教堂在诺曼底地区的一个小岛上,高出海面150米,退潮时小岛则变成与陆地相连的山丘。教堂的诞生有段神奇的传说。8世纪初,主教欧勃尔按照梦中大天使米歇尔的授意在山丘上修建了这所教堂。奇特的是,完工后不久,山丘被海水淹没,从而形成了今日可见的海中浮岛。11世纪起,教堂被扩建,逐渐新添了罗马式、哥特式、文艺复兴式等风格各异的建筑。

卑尔根市位于挪威西海岸,不仅是著名的古建筑集中地,也是 13 世纪"汉萨同盟"中最重要的贸易联系城市,留下了许多城市发展初始阶段和北欧木建筑的宝贵遗迹。卑尔根市是挪威第二大港湾城市。1070 年,挪威国王在此建都。

斯凯利格·迈克尔修道院于 1996 年被列为世界遗产。其位于爱尔兰西南部 12 海里外的一座仅 0.18 平方千米的远海孤岛上,为欧洲现存古老的修道院之一,是反映基督教初期修道院建筑风格的重要史迹。岛上房屋形如蜂窝,沿凸凹不平的岩地而建,没有丝毫的修饰痕迹,唯有十字架显示着这是基督教建筑。从出土文物和菜地遗迹可了解当时修道士们在这远海孤岛上艰辛的生活状况。由于孤岛与陆地隔绝,修道院鲜有人造访,故而至今保存着原始状态。此外,岛上还是野鸟栖息的乐园。

请思考:这些沿海地区的建筑属于何种海洋旅游资源?这些资源能为当地的海洋旅游起何种作用?

## 参考文献

[1] 吴士存. 论海洋命运共同体理念的时代意蕴与中国使命 [J]. 亚太安全与海洋研究,2021(4):20-31,2.

[2] 邓峻枫. 国际饭店集团管理 [M]. 广州:广东旅游出版社,2006.

[3] 全国旅游星级饭店评定委员会办公室. 星级饭店经典服务案例及点评 [M]. 北京:中国旅游出版社,2008.

[4] 范玉红. 高职管理类学生顶岗实习管理的探索与研究 [J]. 中国成人教育,2013(17):45-47.

[5] 李韵,苏晓彤. 去故宫,上一堂思辨式研学课 [EB/OL]. (2020-11-30) [2021-02-09]. https://epaper.gmw.cn/gmrb/html/2020-11/30/nw.D110000gmrb_20201130_4-08.htm.

[6] 李韵,苏晓彤. 上一堂思辨式研学课 [N]. 光明日报,2020-11-30(8).

# 项目二
# 海南海洋天象气候旅游资源及其利用

▶ [学习目标]

- 掌握天象气候旅游资源的概念、特点和分类。
- 熟悉海南天象气候旅游资源的分类、布局。
- 理解海南天象气候旅游资源和旅游的关系及意义。
- 掌握对海南天象气候旅游资源的评价。
- 了解海南天象气候旅游资源的利用现状。
- 掌握海南天象气候旅游资源的新业态。

▶ [引例]

"2022 年广西十大天象与气候景观打卡地"出炉①

近日,由广西气象灾害防御技术中心主办的"2022 年广西十大天象与气候景观打卡地"网络征集评选结果发布,北海涠洲岛、北海海丝首港景区、融水尧告牧场、阳朔如意峰索道、广西大明山、柳城红枫长廊、全州龙井村、玉林大容山、靖西通灵大峡谷和大新德天瀑布等 10 个景区上榜。

据了解,本次评选征集的景区需具有日出、日落、云海、雾凇、宝光、彩虹、发芽、开花、落叶、变色叶等气象学现象或者物候景观。

广西十大天象与气候景观打卡地之一(涠洲岛)

---

① 孟萍. "2022 年广西十大天象与气候景观打卡地"出炉 [EB/OL]. (2022-08-23) [2023-04-11]. http://wlt.gxzf.gov.cn/zwdt/mtsy/t12983113.shtml.

# 任务一　认识天象气候旅游资源

## [任务导入]

(1) 开展班级讨论：天象气候能成为旅游资源吗？

(2) 向班级展示一张你最喜爱的能反映某处气候特点的图片。

## 一、天象气候旅游资源定义

《中国气象事业发展战略研究》指出：我国气象事业发展的"三气象"包括公共气象、安全气象和资源气象。其中，"资源气象"的提出，体现了气象事业和科学发展观的必然要求。

本书中认为，天象气候旅游资源是指具有能满足人们正常的生理需求和特殊的心理需求功能的天象景观和气候条件。其中，天象旅游资源包括吸引旅游者的各种大气物理现象及其过程。气候旅游资源一方面指能吸引旅游者的宜人气候条件，另一方面指以气候为背景，与其他景物结合共同形成的具有吸引力的某一地区的整体环境景观。

相关的学术概念包括：

1. 气候

气候是指一个地区多年的天气平均状况。气候既是人类生活和生产的环境要素之一，又是供给人类生活和生产的重要资源。气温、降水、湿度等气候要素的多年平均值是用来描述一个地区气候状况的主要参数。

2. 天气

天气是指一定的区域在某一瞬间或短时间内所观测到的各种气象要素所综合的大气状况及其变化的总称。如人们生活中所遇到的阴、晴、冷、暖、干、湿等天气状况，都是温度、气压、湿度、风、云、降水等各种气象要素综合的结果。

3. 气象

人们把大气中的各种物理现象和过程统称为气象。大气层在不停地运动变化着，发生着各种不同的物理变化。冷、热、风、云、干、湿、雨、雪、霜、雾、淞、雷、电、光等，都是大气中各种物理过程的结果。

4. 天象

天象指天文现象，天文现象则是日月星辰等天体在宇宙间的分布、运行等变化现象。

## 二、天象气候旅游资源的特点

1. 瞬变性

海洋天象气候旅游资源的第一个特点就是瞬变性。大气景观不是固定不变的，而是飘忽不定、变化万千的，体现出多变性及动态性的特点。这种变化又包括两类变化，一类是有规律的变化，另一类是瞬息万变。

[例 2-1] 天象气候旅游资源的瞬变性

蓬莱属于山东烟台，该地被渤海黄海环绕，拥有非常优美的自然环境，而此地也是海市蜃楼的高发地带。古人认为，海市蜃楼是蛟龙吐气形成的神奇景象，乃是祥瑞之兆。因此，蓬莱自古便有许多奇妙的传说，且有"蓬莱仙岛"之称。

但从科学的角度来看，海市蜃楼乃是一种光学现象。平静的海面具有很好的折射性，因此，蓬莱独特的地理位置为该地频现的海市蜃楼创造了很好的条件。在漫长的历史过程中，蓬莱曾多次出现过海市蜃楼的景象。

每年的 6 月到 9 月，都是蓬莱海市蜃楼的高发时段。在此期间的雨后，往往会出现海市蜃楼这一奇妙的自然景象。在外国人看来，海市蜃楼是恶魔留下的幻影，会给人间带来更多的苦难。但在中国人看来，这是神仙留给普通人的馈赠，人们可以借此看到更加精彩的世界。

2. 季节性

天象气候旅游资源受温度、日照时长等因素的影响，呈现出明显的季节性特征，这是天象气候旅游资源的显著特点。在大自然的世界里，大气中存在一种变化多端、无法预测的物理过程和现象。常言道：一山有四季，十里不同天。这反映出了气候和气象具有多变性特征，主要体现在雨、光、闪电等要素的变化上。对于常见的景象如霞光、夕照和日出等，要想观赏，必须把握时机，方能如愿。

[例 2-2] 北京香山，赏枫的"鼻祖"

北京香山红叶以黄栌树叶为主，这些黄栌树是清代乾隆年间栽植的，经过 200 多年的发展，逐渐形成拥有 94 000 株黄栌树的林区。这些黄栌红叶从初期至尾声分为初红、红透、落叶三种景观，给人不一样的感受。

3. 地域性

由于各地的地理纬度、海陆分布、地形起伏等影响气候的因素各不相同，所以各地的天象、气候旅游资源具有鲜明的地域性特点。

4. 借景性

千变万化的气象景观、天气现象以及不同地区的气候资源与岩石圈、水圈、生物圈旅游景观相结合，加上人文景观旅游资源的点缀，即构成丰富多彩的天象气候旅游资源，如海上日出要借助海景等。

5. 背景性

背景性是指有些景观需借助天象、气候为背景，才更完美，如在蒙蒙薄雾中欣赏秀美的山峰、在蓝天白云下欣赏草原等。

6. 科普性

雨、雪、风、霜、光、雷、电形成的气象景观，日、月、星、辰分布和运行的天文现象，在远离城市喧闹的地质公园观赏效果极佳。天象不仅景观壮美，而且其所包含的科学知识无不让人想一探究竟。例如，云海是山岳型地质公园的重要景观之一，人们站在高山之巅俯首，会看到如大海般漫无边际、风起浪涌、惊涛拍岸的云层。人们欣赏了美景，同时又希望获得知识，这无疑是一种精神享受。通过对天象气候旅游资源的学习，人们也能掌握我国天象气候旅游资源的总体特征。

7. 景观性强，趣味性强

天象气候旅游资源往往难得一见，令人大感兴奋，且景观独特少有。这些天下奇观具有独特性、神秘性和不可预测性，正好能够满足游客的求奇求异心理，所以对游客具有很强的吸引力，成为一种特殊的旅游资源，如北极光就是景观性和独特性都很强的天象气候旅游资源。

## 三、天象气候旅游资源的价值

1. 观赏价值

独特的天象气候与天象要素构成的奇异自然景观，本身就是旅游资源，对旅游者有着很大的吸引力。闻名世界的旅游风景区黄山吸引着无数中外游客前来观光游览。游客在赞叹黄山的奇松、怪石的同时，更为神奇多彩的天象景观所陶醉。无论是白云滚滚、银浪滔滔的黄山云海，飘忽不定、变幻无穷的黄山雾，美妙绝伦的黄山日出、日落，鲜为人见的黄山奇景宝光，还是冬日里的"玉菊怒放""梨花盛开"的雾凇奇观和雪后初晴的黄山银白色世界，都会使游人流连忘返。

2. 体验价值

除了观赏功能外，天象气候还有体验功能，这是由于温度、湿度、风、光照等都能给人带来直接的身体体验、感觉。坐在海边的礁石上，感觉海风轻轻拂面，嗅着有淡淡咸味的空气，看远处落日余晖、归帆点点，听身边浪涛拍岸、海鸥啼鸣。这种亲身体验的感觉往往能给游客留下深刻的印象，是更高层次的旅游形式，也成为旅游者进一步追寻的主要内容。再以冰雪资源为例，冰雪以它的洁白给人纯洁无瑕、冰清玉洁的美感。同时，借助于地形、树木、建筑等因素，冰雪可供人们开展滑雪、冰上运动等活动，体验感极强。

3. 休闲度假价值

人们对气候最敏感的是气温、湿度和风的状况，所以，一般多以气温、湿度和风的配合状况来表示一个地区的气候舒适度。下垫面（地面、植被、水体等）结构、性质及周围环境的不同，会引起近地面层热量与水分状况的差异，这种差异使得一些区域的气候条件具有相对的优越性，有利于开展避暑消寒等度假活动。如地中海沿岸、加勒比海沿岸、夏威夷、阿尔卑斯山地、我国的庐山和北戴河，这些地方要么夏季凉快清爽，要么冬季温暖湿润，或有充足的阳光，成为著名的度假胜地。

由于地表状况影响而出现的一些局部小气候，也为休闲活动提供了条件，如湖滨地带受湖泊调节，与远离湖面的区域相比具有气温温差小、相对湿度较大的特点，加之有优美的水景和亲水环境,成为人们四季乐于前往的休闲场所。山谷、河谷地带,常形成山谷风,夏夜凉风习习,可供人们消暑、纳凉。乡野、农村由于地表植被覆盖度高、水面较多、空气污染少,形成与城市不同的气候条件,是近年来我国乡村旅游、郊区度假休闲旅游盛行的原因之一。

4. 疗养健身价值

气候条件是疗养活动所必需的一个重要环境条件,许多气候宜人的地区适合开展疗养旅游活动。一般来说,洁净的空气,适宜的温度、湿度状况,充足的阳光及宜人的景色,对人的身体保健和病体康复有积极作用。森林覆盖好的山区,湖滨、海滨往往成为主要的疗养场所,如滨海区域四季温和,日照充足,空气清新、湿润,柔和的海陆风昼夜交替,十分宜人。

在滨海风景区,海浪拍岸使水被分裂为无数雾珠,导致空气中负离子的数量增多。生物学家研究证实,负离子具有消毒、杀菌和净化空气的作用。富含负离子的空气进入人体,还具有镇痛、止咳、镇静、催眠、降低血压和减轻疲劳的功效。我国滨海地区如北戴河、烟台、青岛、大连等地,分布着许多著名的气候疗养胜地。近年来,我国北方出现的所谓"候鸟型"老人,夏季居住于北方城市,凉爽干燥,易于避暑;冬季则栖身于厦门、海南等海滨地区,温暖湿润,利于防寒。

## 四、天象气候旅游资源的分类

由于纬度分布、距海远近、地形地势以及在大气环流中所处位置的不同,我国各地气候差异很大。我国是世界上气象气候景观最为丰富多样、立体气候景观最为显著多彩的国家。"一山有四季,十里不同天""南枝向暖北枝寒""人间四月芳菲尽,山寺桃花始盛开"等,都是描述气候特征的。

《旅游资源分类、调查和评价》(GB/T 18972—2017)将天象气候资源分为:

**天象气候资源的分类**

| | | | |
|---|---|---|---|
| D 天象与气候景观 | DA 天象景观 | DAA 太空景象观赏地 | 观察各种日、月、星辰、极光等太空现象的地方 |
| | | DAB 地表光现象 | 发生在地面上的天然或人工光现象 |
| | DB 天气与气候现象 | DBA 云雾多发区 | 云雾及雾凇、雨凇出现频率较高的地方 |
| | | DBB 极端与特殊气候显示地 | 易出现极端与特殊气候的地区或地点,如风区、雨区、热区、寒区、旱区等典型地点 |
| | | DBC 物候景象 | 各种植物的发芽、展叶、开花、结实、叶变色、落叶等季变现象 |

根据此国家标准,我国主要的天象气候旅游资源类型丰富、种类多样。

## (一) 天象景观

### 1. 太空景象观赏地

**(1) 日出与晚霞**

日出成为许多风景名胜区的重要景观。游客去北戴河度假，必登鹰角亭观日出。上泰山、黄山观日出，也是多数游客安排的活动项目。

霞是日出日落时，阳光透过云层发生散射作用，使天空的云层呈现出黄、橙、红等色彩的自然现象。霞光就是阳光穿过云雾射出的色彩缤纷的光芒，主要形式有朝霞、晚霞、雾霞等。霞景的持续时间较短，瞬息万变，五彩迸发，对游人有很大的吸引力。鸡公山十景之一的"晚霞夕照"，江西彭泽八景中的"观客流霞"，贵州毕节八景中的"东壁朝霞"等都很有名。观赏落霞余晖是一种极易情景交融的美的享受。在黄山等地看晚霞，游人能感悟"夕阳无限好"的美妙。

**(2) 月相**

在我国，月亮的别称有玉兔、夜光、素娥、冰轮、玉轮、玉蟾、桂魄、蟾蜍、顾兔、婵娟、玉弓、玉桂、玉盘、玉钩、玉镜、冰镜、广寒宫、嫦娥等，足见先辈们对月的喜爱。月亮每天呈现的不同形状都有既定的名字，如朔月等等。月相是指天文学中对在地球上看到的月球被太阳照明部分的称呼。月相和海洋的潮汐有关，因为潮汐和月球的引力作用有直接关系，比如满月的时候会引起大潮。

潮汐变化直接影响着人们的生活与生产活动，如军事、旅游、远洋航海、海洋渔业、海水养殖、海洋工程、科学实验等。

**(3) 日食、月食、彗星奇观**

所谓"食"就是指一个天体被另一个天体或其黑影全部或部分掩遮的天文景象。简单来说，日食是月球遮掩太阳的一种天象；月食是地球遮掩太阳，导致月球没有可以被反射的阳光，从而失去光亮的一种天象。

在中国历史上，很早就有专门的部门和人员进行天象的观测了。其目的：一是了解日、月的运行规律，制定尽可能精密的历法以满足农业社会农耕的需要；二是中国古代占主导地位的思想是"天人合一"观念，这种观念认为，"天"是一个有意志、有人格的神，天帝支配着人间，并且通过星象上的变化给人间以预兆和警告。由此可见，日、月奇观是很受先辈们重视的。

太阳系中有数量极其众多的彗星。彗星的特征同它们的轨道有关，有些彗星的轨道呈椭圆状，但多数彗星的轨道几乎呈抛物线状，远远伸展到9大行星轨道以外。它们大部分时间是在极其遥远的地方运行，很少出现，如著名的哈雷彗星的公转周期为76年，且也有彗星有史以来只出现过一次。

不论是日食、月食还是彗星出现，都是一种罕见的天象奇观，因此引起人们的普遍关注和广泛兴趣。1986年的哈雷彗星、1987年的日环食、1997年的海尔-波普彗星，都吸引着成千上万的天文爱好者。

（4）极光

极光出现于星球的高磁纬地区上空，是一种绚丽多彩的发光现象。极光是由于太阳带电粒子流（太阳风）进入地球磁场，在地球南北两极附近地区的高空夜间出现的灿烂美丽的光辉，在南极被称为南极光，在北极被称为北极光。极光常常出现于纬度靠近地磁极地区的上空，一般呈带状、弧状、幕状、放射状，这些形状有时稳定，有时作连续性变化。这美丽的景色是太阳与大气层合作表演出来的"作品"。极光产生的条件有三个：大气、磁场、高能带电粒子，三者缺一不可。

极光被视为自然界中最漂亮的奇观之一。早在2000多年前，中国就开始观测极光，有着丰富的极光记录。极光多种多样，五彩缤纷，形状不一，绮丽无比，自然界中，还没有哪种现象能与之媲美。任何彩笔都很难绘出那在严寒的两极空气中嬉戏无常、变幻莫测的炫目之光。极光有时出现的时间极短，犹如节日的焰火在空中闪现一下就消失得无影无踪；有时却可以在苍穹之中辉映几个小时；有时像一条彩带，有时像一团火、像一张五光十色的巨大银幕，仿佛要上映一场球幕电影，给人以视觉上美的享受。

2. 地表光现象

（1）蜃景

蜃景又叫海市蜃楼，这种自然景象是由大气的折射和反射作用造成的，一般出现在海面、沙漠等地势开阔的地方。在一定的下垫面、天气条件下，空气的密度会出现不均匀现象。不同密度空气间可形成界面，这一界面对光线有折射和反射作用，会使远处的冰山、岛屿、城郭或船只出现于空中。

在我国山东蓬莱一带，每当春夏之交或夏末秋初，平静的海面上有时会出现一种奇幻的景象：一座座亭台楼阁，一片片山村村舍，时隐时现，如同仙境一般。这种景象，在我国古代被称为海市蜃楼。

蜃景的出现有两个特点：一是在同一地点重复出现，比如美国的阿拉斯加上空经常会出现蜃景；二是出现的时间相对固定，如我国蓬莱的蜃景大多出现在每年的5月、6月，俄罗斯齐姆良斯克的蜃景往往在春天出现，而美国阿拉斯加的蜃景则在6月20日以后的20天内出现。

（2）宝光

宝光又称为佛光，是山岳中特有的一种美景。它的神奇之处在于观赏者对面的天空有五彩光环出现，且光环中央有人形影像，仿佛佛祖降临人世。宝光实际上是太阳光通过空气中悬浮的小水滴发生的光学衍生现象。庐山、泰山、峨眉山等名山都可观赏到佛光佳景，尤以峨眉山金顶观赏佛光最为著名，也是峨眉十景之一。

## （二）天象与气候现象

### 1. 云雾多发区

（1）云雾景

云雾是由空气中的水分凝结形成的。由于空气的流动性强，云雾的浓淡、形态多变，配以山水林泉，形成优美的景色。我国的许多地方有云雾景，如"双峰插云"为西湖十景之一，"狮洞烟云"是蓬莱十景之一，而"罗峰晴云"构成峨眉山的主要景观。"山无云不秀"，在山地风景区，云雾常构成绝妙的景观，是山地景物的重要组成部分。"黄山自古云成海"是黄山四绝之一。庐山的云更是堪称一绝，有人这样形容："庐山之奇莫若云，或听之有声，或嗅之欲醉，团团然若絮，蓬蓬然如海。"洞庭湖的雾景极富情趣。多雾还构成一些独特的地方景观特色，如英国的伦敦和我国的重庆都以多雾出名，是有名的"雾都"。

（2）雨景

降雨不仅是江河湖泊等水体的主要补给来源、滋养世间万物的重要水源，而且还可形成可欣赏的自然美景。人们观赏的雨景往往指小强度降水所形成的景致。每年春季，我国南方地区常常有持续时间较长的阴雨天气，故形成了独特的雨景。除了来自雨本身所具有的扑朔迷离的朦胧美以外，雨景的观赏性主要还体现在它与地貌、植被等其他景观要素的相互配合上。所谓"破雨游山也莫嫌，却缘山色雨中添""残荷听雨""雨打芭蕉"，说的就是这种配合产生的视觉、听觉效果。我国许多地方都有雨景胜迹，如蓬莱十景之一的"漏天银雨"、峨眉十景之一的"洪椿晓雨"、"漓江烟雨"等。一些特有的降雨现象也成为吸引游客的因素，如巴山夜雨、雅安天漏（多雨）、台北的冬雨。

（3）雾凇、雨凇景

**雾凇**又名"树挂"，是一种聚集在地面物体表面的呈针状、颗粒状的乳白色凝结物。它的形成是因为冬季多雾天气时，空气中的雾滴在运动中触及树枝、电线、房顶等，便急速冻结成冰粒，如此层层冻结下去，即形成茸毛状蓬松的白色冰粒层。松枝、树丛易结满毛绒状的树挂。我国的雾凇景观以吉林松花江畔最为有名。

初冬或冬末，有时会出现一种奇怪现象：从空中掉下来的液态雨滴落在树枝、电线或其他物体上时，会突然冻成一层外表光滑且晶莹剔透的冰层，这就是"雨凇"。这种滴雨成冰现象的原因是，当靠近地面的空气温度较低（稍低于 0 ℃）而其上又有温度高于 0 ℃的空气层或云层存在时，从上层温暖空气中掉下来的雨滴进入靠近地面的冷气层时会迅速冷却形成过冷雨滴。这些雨滴的直径很小，温度虽然降到 0 ℃以下，但还来不及冻结便掉落下来，形成"雨凇"。

### 2. 极端与特殊气候显示地

（1）风区

中国季风区和非季风区分界线：大兴安岭、阴山、贺兰山、巴颜喀拉山、冈底斯山，以东为季风区，以西为非季风区。

按锋面的季节位置以东作为季风区的划分原则，我国可划分为赤道季风区、热带季风区、副热带季风区、西藏高原季风区和常年西风区。这些不同的季风区都可以给人带来不同的气候水文感受，成为旅游的动力之一。

但在我们今天的课程中，作为风区景观的，是不同于季风区的某一处以风为特色的特定区域。新疆的达坂城、哈密等地，有很多以风闻名的区域，形成了各种各样的"魔鬼城"。我们以哈密十三间房附近为例看看风区的魅力。每年3月至5月，这里风最大，能够把火车窗户玻璃悉数打坏，把几节火车厢刮翻。如今，为了防止风大带来的危险，铁路两侧已加了防护墙，火车的平安有了保障。据介绍，十三间房古称"黑风川"或"鬼谷口"，这里的风速年均为9.3米/秒，是全疆之冠、全国第二，被人们称为百里风区。为什么十三间房附近的风这么有力量？这是一个有意思的自然地理问题。准噶尔盆地的气流从天山突围到了这里，经过狭窄的山谷时，宛如决堤的大水或脱缰的野马一发不可收，这便是气象专业人员所说的"狭管效应"。

大风形成的妖怪城，实则是古湖泊干枯之后地面龟裂，并经历风蚀后形成的由垄脊和沟槽构成的土台，也便是雅丹地貌。一个个土台，光怪陆离，形象各异，有的像城堡、殿堂、碑塔，有的似猛兽、怪禽，这些土台凹凸巨细、形态纷呈，看得人直呼震撼，不禁惊叹大自然的巧夺天工。"妖怪城"一年四季都在起风，最小3级、4级，沙尘暴是常事。沙尘暴常常光顾"妖怪城"，孕育了神秘又有特色的雅丹地貌。而独特的雅丹地貌，近几年又吸引了好多疆内外旅客前来探险，以享受大自然的风带来的神秘。这使"妖怪城"越来越著名。

现在，一个伟大的三塘湖工业园区在哈密市巴里坤哈萨克自治县三塘湖乡建起。随着一支支煤田勘察队加紧现场作业，一个个测风塔直立在沙漠风中，好像一个个抬头挺胸的巴里坤人，时刻笑迎着来自全疆、全国的眼光。10多家全国知名大企业、大集团在这里开发风电项目，让这里成为"疆电东输"的基地之一。

（2）雨区

雨的类型主要有锋面雨、对流雨、地形雨、台风雨。

台风雨具有强大破坏力，对流雨和地形雨对旅游的安全也有一定的隐患，故真正能形成旅游资源的只有锋面雨。锋面雨是各类锋面活动形成的雨。所谓"锋面"，是指冷、暖性质不同的气团之间的交界面。锋面和地面的交界线叫"锋线"。锋面和锋线合称"锋"。我国的春雨、秋雨和梅雨多属锋面雨。

而梅雨季节的江南地区，就是"江南春雨润如玉，往来不湿行人衣"。烟雨蒙蒙的天气，倒是与水乡景致相得益彰。古镇中，一条市河穿镇而过，古老的石拱桥、沿河而建的街头小巷、依水而筑的古朴民居，一幕幕都是诗意的梦中家园，吸引了无数游客前往。

对流雨发生的地方，海南是一个代表。热带雨林地区的对流雨表现为降雨强度大，时间短，降雨范围小。对流雨有明显的地域性、季节性和日变性。热带雨林区，每天午后都有对流雨。我国对流雨最多的地区是海南岛和南岭山地。对流雨可为热带雨林地区提供持续的水汽。

我国最出名的雨区为位于青藏高原东麓、四川盆地西部的雅安市,因为多雨而被称为"雅安天漏""华西雨屏"。雅安雨多,可追溯到远古时代。

(3) 热区

酷热和干燥是吐鲁番引人注目的气候特点。盆地中心,7月份的平均气温达40 ℃,曾出现过49.6 ℃的极端气温,沙表气温记录最高达82.3 ℃,为全国之冠。吐鲁番市平均年降雨量仅16.6毫米,托克逊县只有3.9毫米,降雨量最多的鄯善县也不过25.5毫米。但该地蒸发量极大,有时雨滴在降落过程中即被蒸发,地面不见滴水,因而有"干雨"的现象。

炎夏,横亘于盆地北部的火焰山,赭色的砂岩在烈日映照下,红光耀目,烟云蒸腾,远远望去,颇似熊熊燃烧的火山。火焰山是中国最热的地方,夏季最高气温高达47.8 ℃,地表最高温度高达70 ℃以上,这里的沙窝里可烤熟鸡蛋。吐鲁番的特点是热而不闷,难有大汗淋漓、浑身湿腻的感觉。这主要是因为该地相对湿度小,一般湿度小于30%的时间长达120~140天,又加日温差大,平均达15 ℃以上。因此,即使大热天,市面上依然行人如织、人声鼎沸,人们生活如常。

(4) 寒区

我国气温最低的地方在黑龙江的漠河市,该地曾出现过零下五十多摄氏度的极端寒冷天气。漠河属于寒温带大陆性季风气候。由于受大陆及海洋季风交替影响,该地小气候变化多端,局部气候差异显著。在极地大陆气团控制下,漠河的冬季寒冷、干燥而漫长。漠河市年平均气温约为-5.5 ℃,各月平均气温在0℃以下的月份长达8个月之久。

由于纬度高,冬季太阳光斜射,地面获热很少;漠河地区又是发源于俄罗斯鄂霍茨克海一带强冷空气南侵的必经之路,冬季一直处于东亚冷空气控制之下;而且漠河位于河谷低地之中,夜间高山上的寒冷空气下沉,造成了"冷库"效应。纬度位置与地形的影响,是漠河地区成为我国气温最低处的主要原因。漠河还是北极光的最佳观测地,这是大自然恩赐给漠河人的眼福。北极光虽然一年四季都有可能出现,但在漠河,极光唯有在每年夏至前后9天左右的时间内容易看到。因夏至前后,漠河常出现万里晴空的天气,当北极与漠河之间没有云层阻隔时,人们就可以看到壮观至极的北极光了。

(5) 旱区

我国的沙漠主要分布在广袤的西北地区,约占全国总面积的13%。从西安出发的丝绸之路上就或多或少地闪现它们的身影,从河西走廊延伸到西域三十六国,串联着我国著名的八大沙漠。

其实,沙漠的分类有很多,有还在迁移的沙漠,世界上最高的沙山,和湖泊伴生的沙漠、颜色奇特的沙漠……仔细看下来,每个沙漠都有自己的脾性和特色,沙漠景观的丰富也从这里体现出来,比如塔克拉玛干沙漠(最大)、古尔班通古特沙漠(位置较远)、巴丹吉林沙漠(中国最美沙漠)、腾格里沙漠(新人首选)、乌兰布和沙漠(成为绿地)、库布齐沙漠(最接近北京)、柴达木盆地沙漠(远离人烟)、库木塔格沙漠(越野车旅行)。

我们以腾格里沙漠为例，它的一边就是大名鼎鼎的沙坡头景区。随着旅游业的开发，宁夏中卫市的沙漠旅游更加充满惊喜，无论是沙漠里的火车旅馆还是星空帐篷，都注重旅行品质的提升。如果你想接近温顺的沙漠，不如去沙坡头看看，这里黄河蜿蜒而过，最适合沙漠游玩和沙漠小清新的拍摄。而沙漠的另一种魅力，在于征服。这里黄沙漫漫，是户外徒步的好地方。不同于高山徒步，沙漠徒步最重要的就是辨别方向，因此选择专业的向导尤其重要。腾格里沙漠徒步最近越发进入大家的视线，适合普通人。接近沙漠不如出发去腾格里，感受黄沙的魅力。

(6) 康乐气候资源

气候学上用候均温来划分四季：候均温低于10 ℃为冬季；高于22 ℃为夏季；在10~22 ℃间为春秋季，这也是旅游的环境季节。山地气温随高度上升而递减，而且山地空气中含有大量的负氧离子，能提供疗养避暑的康乐气候环境。海滨空气清新、尘埃少，也同样具有避暑、避寒和疗养的气候条件。我国云南的昆明有"四季如春"的美称，海南无寒冬，青藏高原无酷暑，这些地方都具备康乐气候特征。康乐气候是引发人类旅游动机的重要因素。三亚、昆明、北戴河、青岛、大连、北海、厦门、西双版纳等都是我国的康乐旅游胜地。

3. 物候景象

主要指动植物的生长、发育、活动规律与非生物的变化对节候的反应。例如，植物的冬芽萌动、抽叶、开花、结果、落叶，动物的蛰眠、复苏、始鸣、交配、繁育、换毛、迁徙等，均与节候有密切关系。非生物现象，例如始霜、始雪、结冻、解冻等，也称物候现象。

物候现象的来临取决于四个因素：纬度、经度、海拔、古今。远在春秋时期，中国古代先贤就定出仲春、仲夏、仲秋和仲冬等四个节气，并不断地改进和完善。到秦汉年间，二十四节气已完全确立。随着物候学的发展，二十四节气所体现的价值也越来越重要。与二十四节气有关的物候景观也越来越受到重视，比如樱花、香山红叶、银杏树林、油菜花海、候鸟等等，都是物候景观的典型代表。

## 任务二　海洋天象气候旅游资源和旅游

### ▶ [任务导入]

开展班级讨论：天象气候能成为游客出发旅行的重要吸引物吗？请举例说明。

## 一、海洋天象气候旅游资源

海洋天象气候旅游资源是指滨海地区和海域中具有满足人们正常的生理需求和特殊的心理需求功能的天象景观和气候条件。其中，天象旅游资源包括吸引旅游者的各种海上大气物理现象及其过程。气候旅游资源一方面指能吸引旅游者的宜人的海洋气候条件，另一方面指以气候为背景，与其他景物结合共同形成的具有吸引力的某一地区的海洋环境景观。海洋天象气候旅游资源主要包括：

1. 海洋气候旅游资源

海洋气候是指海洋上多年天气和大气活动的综合状况。某个滨海区域的气温、降水、湿度等气候要素的多年平均值是用来描述该地区气候状况的主要参数。良好的海洋气候是人们度假、避暑、避寒、养身的重要条件。

2. 海洋天气旅游资源

海洋天气是指一定的海域在某一瞬间短时间内所观测到的各种气象要素所综合的大气状况及其变化的总称。

3. 海上气象旅游资源

大气层在不停地运动变化着，发生着各种不同的物理变化，海上大气层更是变幻无穷。冷、热、风、云、干、湿、雨、雪、霜、雾、凇、雷、电、光等，都是大气中各种物理过程的结果。

4. 海上天象旅游资源

海上天象是指海域或滨海区域的日、月、星辰等天体在宇宙间的分布、运行等变化现象。

## 二、海洋天象气候旅游资源和旅游的关系

气象气候无处不在，地球万物都受其影响。在景观审美中，气象气候被誉为"风景的妆容""风景的化妆师"，跟旅游关系密切。

1. 天象气候决定地域景观和旅游资源分布的地域差异

天象、气候条件的差异，引导各地形成不同的自然旅游景观。如东部季风区降水充沛，日照充足，是我国森林、淡水湖泊、江河、大海、瀑布、沙滩等旅游资源分布地。西北非季风区降水少，为干旱、半干旱气候，主要分布着沙漠、砾石滩、寒漠、草原、咸水湖等旅游资源。东北地区冬季漫长、寒冷，降雪期和积雪期都长，形成林海雪原等各种冰雪景观。而江南地区则降水丰富，雨季长，薄雾蒙蒙，烟云变化，植被茂盛，形成江南山水秀美景色。

同时，天象气候影响各地的建筑、民族服饰等人文景观和地域文化。一些特殊的气候条件可用于开展独特的旅游活动，如山东潍坊的风筝节、哈尔滨的冰灯节、吉林的雾凇

节等。

2. 天象气候影响自然景观的季相变化

气候的季节变化使其他景观也相应地发生季相变化，使同一风景区在不同的季节呈现不同的景观。

3. 气候条件是旅游区开发的基础条件

构成气象气候的各种要素，如冷、热、干、湿、风、云、雨、雪、雾等，不仅具有直接造景、育景的功能，而且是人类旅游活动的基本条件。一方面，气候因素影响一个区域自然景观的形成。另一方面，气象条件是重要的构景要素，如云、雾、雨、霞等总是与山、林、水等要素相结合才形成优美的景观。所谓"山无云则不秀""黄山自古云成海""山色空蒙雨亦奇"等，就是对这种构景作用的具体写照。

4. 天象气候影响客流的时空变化分布

旅游活动除了受社会、经济条件影响外，还受自然条件的影响，而气候是造成旅游流周期性变化的重要因素。在世界范围内，为什么旅游热点多在地中海沿岸和加勒比海一带，因为那里气候温暖且有充足的阳光和适宜的海水，为欧洲寒冷、潮湿、少阳光地区的人们提供了避寒、娱乐的佳境。在我国，夏季游客集中在海滨、湖滨和山区，以及海拔1000米以上的高山地，如庐山、泰山、黄山、五台山、华山等地，因为这些地区的气候相对凉爽宜人；冬季气候寒冷，我国低纬地区的海南岛、北海、昆明、广州等地成为北方游客所向往的地方。

5. 天象气候影响游客的观赏效果和舒适度

气象气候是影响旅游活动的重要因素，主要表现在：第一，气象气候是旅游活动的基本条件，影响其能否顺利进行。第二，气象气候影响游览效果和气氛，如观日出、日落、彩霞、极光、高山宝光、鸟群等特定观赏项目，都要靠天气条件来决定是否能顺利进行。第三，气象气候条件还可影响游人的舒适度，如连续闷热无雨会使游客烦躁不安。

## ▶ [相关链接]

### 海洋天象旅游资源的鉴赏方法

由于天象景观具有自身的特点，其鉴赏的方式和方法与其他景观有着显著的不同，主要有以下几点：

1. 选择观景地点

观赏位置是审美活动中不容忽视的要素之一。视点、角度、方位、距离等几个因素连接起来，会对旅游者的审美经验产生直接的影响。登高观赏是人们在观赏天象景观景点时最常采取的方式。

2. 捕捉观赏时机

天象景观瞬息万变，只有在一定的时机才能为观赏者所捕捉、所领略。不同的时机下，人们会领略不同的景致。天象景观的形态变异,不仅受朝暮光照的影响,而且受季节的影响,往往呈现不同的色彩和形象,这是因为导致变异的光照、植被、云雾、雨雪等等自然因素具有明显的季节性,从而使同一景观按时令顺序表现为春景、夏景、秋景和冬景。

3. 培养个人观景心理要素

人类对美有一种永恒追求。作为一种审美刺激物,天象景观总是激发游客的审美动机。尽管旅游者对美的感觉不尽相同,但都有积极获取美感和接受教育的愿望,而审美素质在此情况下最能得到培养。

4. 寓文于景

天象景观的鉴赏活动是与中国的传统文化紧密相关的,是蕴涵在对中国源远流长、脍炙人口的诗词歌赋的理解与感悟中的。诗词歌赋的相关描写,不仅让美丽的天象景观更加富有内涵,而且会使在平常看起来平凡的天象景观有非同一般的意义。

5. 移情景观

在鉴赏天象气候旅游景观的过程中,游人在审美感知和知识理解的基础上展开审美想象的翅膀,将自己的思想意趣投射到外在的景观中去,达到"情景交融"的境界。

## 三、海洋天象气候旅游资源开发的典范

1. 北欧的海上极光之旅

北欧的海上极光邮轮之旅是世界范围内海洋天象气候旅游资源开发的典范。北欧的冰岛、挪威、芬兰等国家,是开展极光欣赏的最佳地点。在这些地方,极光的持续时间长、出现概率大、发生频次高、颜色变化多、观赏条件好。北欧多国推出的海上极光游轮之旅游走于北极圈、峡湾、冰岛等地,带领人们探索历史悠久的城镇与白雪皑皑的峡湾,目睹北极光迷人的"旋转芭蕾",体验不受陆地光源污染的最纯粹的欧若拉女神。同时,这些邮轮还开设其他特色项目,如贝洛特号配备了先进的水下多感官休息室——蓝眼(Blue Eye),它将海底景色、海洋生物的声音实时传送到休息室,带给旅客最不一样的北欧之旅。

目前,极光邮轮之旅已成为北欧旅游的一张王牌。

2. 山东长岛斑海豹洄游观赏之旅

长岛县属山东省烟台市,是山东省唯一的海岛县。长岛县位于胶东半岛与辽东半岛之间,由大小32个岛屿组成,像一串璀璨的明珠大致呈"1"字形南北排开,划黄海渤海于东西,担胶州辽州于南北,其南面与全国四大名楼蓬莱阁隔海相望。在这里,人们可朝看黄海日出,暮观渤海日落。这里有山东省最大的风力发电场,有全国闻名遐迩的月亮湾,有万鸟翱翔的万鸟岛,有与西半坡齐名的东半坡"北庄古村落遗址",而且还有体验渔家生活、做一天渔民的"渔家乐"特色旅游项目,更有趣的要算在长岛九丈崖景区西侧可以观赏成群结队的自然繁殖的海豹或在水中游或懒洋洋地躺在礁石上享受阳光浴。长岛每年3—6月份推出的"海豹之旅"成为乡村旅游的新亮点,吸引成千上万游客参与。

自2000年开始,每年进入3月份,成群的太平洋斑海豹从俄罗斯经白令海峡到达鄂

霍茨克海和日本海并迁徙到山东省长岛海域栖息、繁衍。它们三五成伙、几十成群，在长岛珍珠门水域的钓鱼岛周围或九丈崖景区西侧或游弋或趁涨潮时登陆岛礁，充分享受"日光浴"。它们个个憨态可掬，形成了一道靓丽的自然风景线。据相关部门统计，每年来长岛海域的太平洋斑海豹大约为300～400头，丰富了长岛海洋生物多样性和旅游资源。2001年9月，经长岛县政府申请，山东省政府批准成立了"庙岛群岛省级海豹自然保护区"并挂牌。保护区周围设置了海上浮标和瞭望台，以禁止非保护区工作人员和机动船只的进入。为方便游人能观赏大自然与如此之多的斑海豹，长岛县旅游局和省级海豹自然保护局在九丈崖景区西侧和钓鱼岛景区设置了多处"观豹"台供游人使用，游客也可选择人工摇橹划船到保护区边缘近赏海豹。

6月份以后，成批的海豹便携儿带女洄游到鄂霍茨克海和日本海。然而最有趣的是，大批海豹走后仍然留有10头左右的海豹在长岛海域留守，以防他人入侵属于自己的"家园"。如果您错过最佳观赏季节并想要观赏海豹的话，那么您可用舢板没海豹保护区边缘等待，最多不超过10分钟，便会有海豹三三两两或独自从水中窜出，在船的周围游弋或爬到礁石上享受阳光。

3. 汕尾的海上星座探寻之旅

汕尾是一个美丽的海滨城市，拥有丰富的海洋资源和独特的海上文化。在这片广袤的海域中，隐藏着一个神秘的海上星座。

汕尾海上星座是一种独特的文化现象，它是由海洋中的各种天象组成的，包括海浪、海鸟、海豚、海星等等。它们在海洋中形成了各种形状和图案，就像是一幅巨大的海洋画卷。其中，最为著名的是"海豚座"。这是一群游弋在汕尾海域的海豚，它们的活动轨迹形成了一个独特的星座。这些星座都是由海洋生物的活动轨迹形成的，是汕尾海域独有的自然景观。

这些海上天象不仅美丽，还富有神秘色彩，被当地人视为吉祥的象征。在汕尾，人们常常会用这些海上天象来预测天气、预测渔获，甚至还有人相信它们能够带来好运。

除了海上星座，汕尾海域还有许多神秘的海洋天象等待你来发现。其中，最为著名的是"海市蜃楼"，这是一种由大气折射现象形成的奇特景观。在特定的天气条件下，你可以看到远处海面上出现的城市、山峰等景象，这些景象都是汕尾海域独有的自然奇观。

## 任务三　海南海洋天象气候旅游资源

▶ ［任务导入］

（1）开展班级讨论，分享自己家乡的天象气候旅游资源。

（2）班级分组，分享小组作业：天象气候旅游资源摄影展。

海南海洋天象气候旅游资源类别众多，但受天象气候瞬变性的影响，能开发成固定旅游项目的类别不多,但都极具代表性。可以利用的资源包括康乐气候区、代表性动植物的物候现象等,如候鸟、木棉花、凤凰木、荔枝等变化过程。

**海南海洋天象气候旅游资源**

| 主类 | 亚类 | 海南拥有的基本类型 | 海南海洋天象气候旅游资源 |
|---|---|---|---|
| D 天象与气候景观 | DA 天象景观 | DAA 太空景象观赏地 | 日出日落、月相景观、潮汐景观 |
| | DB 天气与气候现象 | DBC 物候景象 | 候鸟、鱼类迁徙现象,热带植物物候景观 |
| | | DBE 避寒气候地 | 海南全境海岸,尤其中部以南海岸 |

# 一、日出日落

海南被大海环绕。在海南的各个海湾海面上,人们都能欣赏太阳的造景手法。可以说,整个海南岛的东侧都是欣赏日出的好地方,而海南岛的西侧则是欣赏日落的绝佳观赏地。下面,给大家介绍一些声名远播的日出日落欣赏地。

1. 日落欣赏地

(1) 棋子湾

棋子湾是位于海南西部地区昌江县昌化镇的海湾。初次到棋子湾,你会被这里奇特的天然海岸地貌景观吸引,如碧海蓝天、阳光洒满金色的海岸。棋子湾的日落之所以被称为"销魂日落",正是因为晚霞金光闪闪、红彤火烧、耀眼斑斓。

(2) 西岛

位于三亚市三亚湾的西岛是仅次于大洲岛(万宁市)的第二大岛。有着"海上桃源,动感天堂"美誉的西岛是众多游客向往的地方。虽然西岛只是一个小渔村,但它已经有500多年的历史。整个渔村不仅保留着纯净的生活环境,而且还保存着很多古老的风貌。

(3) 龙沐湾

如果在海南想要观赏最美日落,那么龙沐湾可能就是你的首选之地。龙沐湾被称为"中国最美的落日海滩",位于海南西部乐东县境内。海南多处有海湾的地方必然会居住着很多世世代代以捕鱼谋生的渔民,龙沐湾也是如此。

(4) 龙门山

儋州市峨蔓镇的龙门激浪是全海南鼎鼎有名的落日景观之一,周边自然环境优美,是探寻浪漫、亲密之旅的地方。站在观景悬崖上,红霞掩映在海岸的火山礁石之中,流露着令人窒息的原始艺术美感。火山礁石黝黑古朴,极尽生态特色。

(5) 鱼鳞洲

东方鱼鳞洲的落日堪称东方最棒的落日。鱼鳞洲的落日,有时恬静如羞涩的东方少女,令人赏心悦目,有时又热烈如赶海汉子的眼眸,让人心潮澎湃。鱼鳞洲观落日的绝佳之地非灯塔或海滩莫属。

2. 日出欣赏地

（1）蜈支洲岛

蜈支洲岛四面环海，最大的好处就是无论拍摄日出还是日落，这里都能找到最佳的角度。岛上有一个观日岩，是观看日出的最佳地点。站在岩上凭海临风、俯瞰全岛，可将辽阔的南海尽收眼底。

（2）海棠湾

海棠湾距离三亚市区约 30 千米。绵延 20 千米的银沙海岸线，使日出景观一览无遗。

（3）皇后湾

皇后湾古称"琼南湾"，现称后海，它不仅是我国南海海岸线生态资源保护最完美之地，同时也是海南最佳的海钓、潜水观光、沙滩拓展等户外活动的理想休闲度假胜地。在皇后湾，人们能拍到无遮挡的海上日出的"曙光海滩"。2000 年，中央电视台在皇后湾向全球直播了千禧年照亮中国的第一束阳光。

（4）清水湾

海南的东南海岸，有一个湛蓝的清水湾。这里拥有世界顶级的天然海滨浴场，一边为银滩，一边为礁岩。

（5）铜鼓岭

这里是海南岛最先看到日出的地方，所以每到黎明时分，铜鼓岭山顶总是游人如织，他们等待着日出的来临，景色美不胜收。

## 二、月相景观

2019 年，海南省旅游和文化广电体育厅（简称"海南省旅文厅"）推出了海南岛的中秋赏月地图。

1. 海口湾，将海上生明月的自然之美与海口城市之美融为一体。

**海口湾夜景**

2. 在文昌侨乡，高隆湾、清澜港、月亮湾等海湾都是赏月好去处。当地最好的赏月地要数铜鼓岭，在这里，人们既可登高望远，又可面朝大海欣赏海上生明月的壮观景象。

3. 到琼海，则首选潭门和博鳌两个靠海明星小镇。如果要体验渔家风情，就到潭门港与那些守望祖宗海的潭门渔民们过一个不一样的中秋。

4. 西线可以循东坡寻古赏月。儋州当地每年都会在中秋举办调声艺术节，参观调声活动的人数超过十万。尤其是每年的"万人调声赛歌会"，吸引越来越多的游客专程赶来欣赏。在中和古镇，人们盛装而来，广场外、大街上人头攒动，各自然村的近百支调声队伍将广场点缀得五彩缤纷。

5. 洋浦千年古盐田是海南岛另一有名的人文景观，这里被誉为最早采用日晒的制盐场。1000多个形态各异的砚式火山石盐槽密布海滩，盐田村30多户盐工每天都在这片盐田上沿袭着1200多年来的古老制盐工序。中秋月圆，在月光的映衬下，在古老的火山石盐槽旁，人们可以度过一个不一样的中秋之夜。

## 三、潮汐景观

海南岛四周都是海，潮汐景观丰富。到海南岛玩水、赶潮是游客必备的打卡方式。在这里，我们仅给大家介绍一个潮汐景观胜地，即博鳌玉带滩。

玉带滩横卧在万泉河与南海之间，把万泉河与南海隔开。其南北走向全长2.5千米，东西最宽处约300米，最窄处涨潮时仅10多米，被认为是分隔海、河最狭窄的沙滩半岛。也就是说潮汐前后，玉带滩从宽300多米至10多米慢慢变化，着实壮观。

## 四、季节迁徙动物景观

海南的季节迁徙动物景观观赏的主要是候鸟。海南得天独厚的自然生态环境以及退塘还林、退塘还湿等保护生物多样性的举措，给越冬候鸟创造了良好的生境，吸引众多候鸟前来越冬、繁殖。其中，记录到的水鸟达70多种、3万多只。候鸟主要观赏地有：

1. 海口三江湾

在海口三江湾，越冬的上千只须浮鸥整齐地排列在电线上，成为一道靓丽的风景。

2. 昌江海尾湿地公园

数百只国家二级保护野生动物栗树鸭在这里栖息。它们停歇时身体挺直，常有几只不时引颈四望，遇人或敌害临近就首先起飞，随之，其他栗树鸭也跟着飞走，非常机警。国家二级保护野生动物棉凫被称为"世界上最小的鸭子"，上一次在海南监测到棉凫要追溯到1904年。

3. 海南东寨港国家级自然保护区

在海南东寨港国家级自然保护区塔市片区，潮水退去，滩涂上鱼虾蟹众多，成了水鸟觅食的天堂。傍晚时分，成群结队的灰背椋鸟、丝光椋鸟还有八哥等觅食归来，出现"万鸟归林"的鸟浪景观。它们时而聚集，时而散开，在空中变换着各种姿态，在天海之间描绘出宏大的"鸟浪"画卷，场面壮观。

### 五、植物物候景观

植物的季相变化是植物对气候的一种特殊反应，是生物适应环境的一种表现。如大多数植物会在春季开花，发新叶；在秋季结实，且叶子也会由绿变黄或变成其他颜色。植物的季相变化成为园林中最为直观和动人的景色。植物物候变化在我国北方更为明显。在海南，植物落叶和变色情况不那么明显，但胜在瓜果结实各种各样。海南的植物物候景观主要有：

1. 木棉花开花期

每年春节前后，海南木棉花恰好盛开。满树红红火火，为中华传统节日助兴添彩。海南昌江一带，是木棉花树较多的地方。昌江木棉观景台把木棉花和梯田两种景观结合在一起，蔚为壮观，给海南增加一处富有乡村特色的田园风光旅游地。

2. 凤凰木开花期

凤凰木因鲜红或橙色的花朵配合鲜绿色的羽状复叶，被誉为世上最色彩鲜艳的树木之一。凤凰木由于树冠横展而下垂、浓密阔大而招风，在热带地区担任遮阴树的角色。凤凰木树冠高大，花期花红叶绿，满树如火，富丽堂皇，由于"叶如飞凰之羽，花若丹凤之冠"，故取名凤凰木，是著名的热带观赏树种。

3. 荔枝等热带水果成熟期

海南的气候是热带季风气候，适合种植椰子、菠萝、芒果、菠萝蜜、荔枝、香蕉、龙眼、杨桃、木瓜、红毛丹等热带果树。这些果树喜温暖，在海南长势非常好，而且易于丰产。

这些水果成熟时，会吸引大量游客前往采摘，是最常见的物候景观。

### 六、康乐气候景观

整个海南岛的沿海地区都属于康乐气候的范围之内。海南岛属热带季风海洋性气候，基本特征为：四季不分明，夏无酷热，冬无严寒，气温年较差小，年平均气温高；干季、雨季明显，冬春干旱，夏秋多雨，多热带气旋；光、热、水资源丰富，年平均气温 $22.5 \sim 25.6\ ℃$，年日照时数 $1\ 780 \sim 2\ 600$ 小时，太阳总辐射量 $4\ 500 \sim 5\ 800$ 兆焦耳/米$^2$，年降水量 $1\ 500 \sim 2\ 500$ 毫米（西部沿海约 $1\ 000$ 毫米）。海南是一个岛屿，四面环海，夏天一到，微风从四面吹向岛内，气候舒适温暖。迷人浪漫的热带风情，绝美广阔的无敌海景，人们吹着自然的海风，瞭望远处的风景，养神又养心。

## 任务四　海南海洋天象气候旅游资源的利用

### ▶ ［任务导入］

中国旅游研究学院副研究员吴普认为，气象对旅游的影响仅次于对农业的影响，宏观意义上的淡季、旺季与微观上酒店等配套设施的布局都受到气象的影响。请你分析一下这句话的深刻含义。

## 一、海滩日月天体追光旅游

海南天高云淡，全景适合进行日月天体观赏。优中选优，海南省旅文厅不间断地推出中秋赏月、新年赏日出等活动，并推荐赏月观日的旅游地图，成为克服天象景观瞬变性的有利举措。

有一些海洋旅游目的地，打出了"最美日落海滩""最美赏月地""最美日出景观"的概念，如乐东县的龙沐湾用"最美日落海滩"打响了名气，海角天涯也利用了"海上生明月，天涯共此时"的情怀。

但总体而言，海南日月天体观赏旅游资源的开发还处在起步阶段。

## 二、赶海旅游

海南岛全域各地的潮汐催生赶海旅游资源的开发。赶海由于其独特的潮汐性、高度的参与性、生活的反差性，越来越受到海南旅游者的青睐。很多海域都被旅游公司、旅游酒店设计成赶海体验活动场所，以海口北港岛、文昌木兰湾和冯家湾、儋州光村、昌江海尾、琼海潭门、高县临高角等退潮时海滩宽阔的地带为主。其中，开发得最有影响力的当数潭门赶海节。

海南潭门每个月的农历十五前后，潮水退得最远，能有3千米长，人们可以走在滩涂上去赶海（打捞或采集海产品）。而赶海本身，便是潭门人生活的一部分。这一既久远又新鲜的玩海方式，成为潭门镇近年来旅游的重要标志。近年来，赶海节围绕南海博物馆、休闲渔业码头、排港村的旅游"新品"推出多项精彩活动：在南海博物馆可以逛最潮的"赶海集市"；在休闲渔业码头可以体验出海捕鱼的乐趣；排港村靠海公路旁的赶海艺术角，也是一处不可错过的潭门新"网红打卡点"。

赶海和节庆相结合，是海南潮汐旅游资源开发的典范。

## 三、海洋候鸟摄影旅游

近年来兴起的"观鸟游"，正是因为海口位于"东亚-澳大利西亚"候鸟迁飞线路上。每年秋冬季节，数以万计的候鸟为了新生命的繁衍与生命的延续，往返于繁殖地与越冬地，会在海南中转停留。海南重视生态环境，对沿海生物地貌景观给予严格保护，保护红树林景观和河流入海口湿地景观，为鸟类的繁衍生息提供场所。

海南拥有超过1900千米的海岸线，拥有丰富的红树林海岸景观和湿地景观，吸引众多越冬的鸟类栖息于此。每到海南的秋季，北方的候鸟就开始迁来，成为海南最典型的生物物候景观。

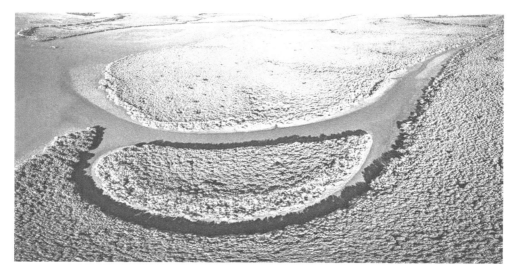
海口东寨港红树林

海南湿地资源众多,位于海南岛东北部铺前湾东寨港出海口处的北港岛,生长着大片被誉为"天然绿肺"的红树林,是水鸟、白鹭、海鸥等鸟类的栖息地。还有昌江海尾国家湿地公园、万宁大洲岛金丝燕保护区等,每年都吸引大批观鸟爱好者前来拍摄。

有些湿地已被旅游机构开发成旅行产品,如东寨港红树林湿地。2022年秋天,由阿拉善SEE自贸岛项目中心、海南观鸟会、松鼠学堂、海口畓榃湿地研究所联合组织的"全民观鸟节"海口站活动在夏塘湿地保护小区举行。观鸟热潮也带热了湿地周边的旅游。

### 四、 热带植物采摘旅游

一些观赏性比较强的植物物候景观,如昌江木棉花已经被作为旅游资源进行开发。每年2—3月,昌江木棉花观赏区游人如织,成为当地旅游的亮点。但从全省来看,植物物候景观的开发相当有限,且规模不大。

除了椰风海韵让人心动,飘香的热带水果采摘也是海南旅游产品开发的重要组成。海南生产的水果按收获季节来说,1—3月产草莓,3—5月产荔枝,6—7月产龙眼,3—7月产莲雾,5—10月产芒果,6—7月产黄皮,7—10月产火龙果,5—12月产杨桃,10月前后产红毛丹……这还不包括随处可见的木瓜、椰子、香蕉、甘蔗、菠萝、菠萝蜜等等。

以芒果为例,来看看相关产品的开发。昌江素称"中国芒果之乡",截至2024年5月,其芒果种植面积约26平方千米。昌江芒果好吃在于沐浴阳光,养分充足。其他地方的芒果一般冬天开花结果,春天上市。而昌江的芒果春天开花结果,夏天上市。经过3、4、5月长时间的吸收阳光养分,昌江的芒果肉质口感好,味道更香甜,有美容养颜的功效。

推荐旅游线路：（1）品芒香，赏黎乡，"森"呼吸——探奇之旅；（2）品芒香，游古城，行海湾——文化之旅。

在海南，果树类物候景观开发已经形成规模，常常和附近的旅游景点一起形成旅游线路。

## 五、康养旅游

海南的气候舒适度指数主要为舒适、暖和和闷热3种类型，11月至次年3月较为舒适，4—11月则略显闷热，但这一时期恰逢海南的雨季，降水较多，还有沿海的海陆风、山区的山谷风，都可有效缓解闷热带来的不适。海南全年旅游气候条件优良，非常适合旅游业的发展。

经过多年开发，海南康乐气候区的观光旅游、度假旅游、养老旅游、海上运动旅游等均形成一定的规模。海南应进一步发展康养旅游，在交通条件便利、住宿接待设施完善、医疗救护设施齐全、康复护理条件较好、旅游服务能力完备、生态资源品牌众多、康养发展规划明确的区域积极进行康养旅游建设。

## 六、海滩星空露营

近年来，露营受到年轻人群、家庭人群的宠爱，是人们走进自然、亲近自然的重要方式。专业的露营基地也成为旅游业的重要新业态。

**万宁日月湾的极乐净土营地**

海南借助优异的气候条件，在常规露营项目的基础上，将露营基地设置于山海之间、滨海区域，在海滩上开展露营项目，让游客在大海边欣赏日月星辰等天体的变化和美景，这成为海南海洋天象气候旅游资源利用的新型业态的代表。

目前，海南开展海边露营的项目有万宁日月湾极乐净土营地、万宁太阳河日出营地、陵水清水湾伯曼奢野海边露营、乐东龙沐湾 Questing 越野沙滩营地、木兰湾海滩露营等。

## 七、海上观文昌卫星发射

文昌航天发射场，是我国最年轻的现代化航天发射场，也是我国唯一的海边发射场。因为文昌具有出色的天象气候条件，空中可见度高。在海边观赏火箭发射，成为海南海洋旅游的新亮点。

2007年8月，为满足新一代大推力运载火箭和新型航天器发射任务需求，我国在海南文昌建设新一代航天发射场。文昌航天发射场独具优势，可堪当重任：一是纬度低、发射效费比高，同等条件下，能够使地球同步轨道运载能力提升15%以上；二是射向宽、安全性好，火箭射向1000千米范围内均为海域，残骸落区均在海上；三是海运便捷、可行性强，能够解决铁路、公路和空运均无法运输大尺寸火箭的难题；四是无毒无污染、绿色环保，是我国首个全面采用液氢、液氧、航空煤油等新型推进剂的发射场。

**海上观文昌卫星发射**

天象气候资源独特浪漫且变化性强。目前，海上天象气候旅游资源的开发还比较有限，但随着科技的发展、天文学的探索、气象学的进步，人类利用海上天象气候旅游资源的能力将越来越强。

> [复习思考题]

一、选择题

1. 2000 年,央视在_____向全球直播了千禧年照亮中国的第一束阳光,赋予了后海村非凡的意义。 (　　)
    A. 皇后湾　　　　B. 龙沐湾　　　　C. 棋子湾　　　　D. 海棠湾
2. 我国对流雨最多地区是_____和南岭山地。 (　　)
    A. 台湾岛　　　　B. 广东　　　　　C. 海南岛　　　　D. 广西
3. 我国最出名的雨区是位于青藏高原东麓、四川盆地西部的_____,因为多雨而被称为"天漏"。 (　　)
    A. 成都市　　　　B. 德州市　　　　C. 自贡市　　　　D. 雅安市
4. 气候学上用候均温来划分四季。候均温低于 10 ℃为冬季,高于_____为夏季。 (　　)
    A. 25 ℃　　　　 B. 22 ℃　　　　 C. 30 ℃　　　　 D. 28 ℃
5. 到_____年间,二十四节气已完全确立。 (　　)
    A. 隋朝　　　　　B. 秦汉　　　　　C. 唐朝　　　　　D. 先秦

二、判断题

1. 我国气温最低的地方在黑龙江的漠河市。漠河还是观测星空的最佳地点,这是大自然恩赐给漠河人的眼福。 (　　)
2. 气候学上用日均温来划分四季。 (　　)
3. 整个海南岛的沿海地区都属于康乐气候的范围之内。 (　　)
4. 旅游资源特征和特色是该区旅游资源区别于其他地区旅游资源的独到之处。 (　　)
5. 海南的气候舒适度指数主要为舒适、暖和和闷热 3 种类型,11 月至次年 1 月较为舒适。 (　　)

三、问答题

1. 为什么天象气候被誉为"风景的化妆师"?

2. 天象气候与旅游有什么关系?

3. 举例说明海南海洋主要的天象、气象旅游资源。

4. 如何鉴赏气象气候与天象旅游资源？

5. 根据本项目所学内容，谈谈你对海南省旅游业如何利用天象气候资源优势同时又克服气候季节性制约的策略思考。

### 四、案例分析题

1. 刮风下雨让游客害怕湿了相机又得了风寒；太阳紫外线太强让爱美的女士对户外游玩望而却步；突如其来的恶劣天气让旅客滞留机场，心情从旅程刚开始就大打折扣；雷击、局地暴雨引发的山洪更是可怕杀手，威胁着游客的生命。但同时，雨、太阳等又带来了诸如"江南烟雨""晴岚叠嶂"等风景。请分析一下天象气候旅游资源应该如何合理利用。

2. 案例分析：以海南省为例，在 97.6% 的监测日里，其环境空气质量均为国家一级水平，省内绝大多数监测城市（镇）的空气质量达到国家自然保护区、风景名胜区质量要求的国家一级水平。因此，海南打出了"要想身体好，常来海南岛"的口号。再看五指山市。以前，人们戏称五指山旅游只有一份老年人的情怀。不过如今，五指山打出了"避暑"的旗号，很多旅行社都推出了避暑五指山旅游的线路，避暑的游客络绎不绝。请你列举海南省其他的海洋天象气候旅游资源。

### 参考文献

[1] 邓峻枫. 国际饭店集团管理 [M]. 广州：广东旅游出版社，2006.

[2] 全国旅游星级饭店评定委员会办公室. 星级饭店经典服务案例及点评 [M]. 北京：中国旅游出版社，2008.

[3] 范玉红. 高职管理类学生顶岗实习管理的探索与研究 [J]. 中国成人教育，2013 (17)：45-47.

[4] 李韵，苏晓彤. 上一堂思辨式研学课 [N]. 光明日报，2020-11-30 (8).

# 项目三
# 海南海洋地貌旅游资源及其利用

▶ [学习目标]
- 掌握海洋地貌旅游资源的概念、特点和分类。
- 熟悉海南海洋地貌旅游资源的分类、布局。
- 理解海南海洋地貌旅游资源和旅游的关系及其意义。
- 了解海南海洋地貌旅游资源的利用现状。
- 掌握海南海洋地貌旅游资源的新业态。

▶ [引例]

## "2023年中国十大最美海滨海岸"出炉

近日,深圳市重点支持发展的互联网企业买购网依据风景特色、面积规模、观赏价值、经济价值、科学价值、荣誉评价、质量等级、运营管理等多项指标,并综合参考互联网相关排行榜进行总结,发布了"2023年中国十大最美海滨海岸"排行榜。三亚大小洞天·南山文化旅游区、大连金石滩滨海国家地质公园、漳州滨海火山岛自然生态风景区、江门那琴半岛地质海洋公园、大乳山滨海旅游度假区、兴城滨海风景区、石岛赤山·滨海

三亚南山文化旅游区

**西岛海洋文化旅游区**

公园、威海成山头国家重点风景名胜区、三亚天涯海角·西岛旅游区、深圳大鹏半岛国家地质公园等 10 个景区上榜。其中，三亚大小洞天·南山文化旅游区位列榜首，三亚天涯海角·西岛旅游区排在第 9 位。

同时公布的"中国十大滨海旅游度假区"中，三亚亚龙湾旅游度假区也位居榜首。"十大最美沙滩海湾"中，三亚蜈支洲岛海滩和三亚亚龙湾海滩位居第 3、4 名。

# 任务一　认识海洋地貌旅游资源

## ▶ [任务导入]

(1) 开展班级讨论，分享自己所知道的海洋地貌旅游资源。

(2) 班级分组，每组利用网络收集一幅海洋地貌旅游资源图并配图介绍。

## 一、海洋地貌旅游资源的定义

学术界把海水覆盖下的固体地球表面形态统称为海洋地貌。海底跟陆地一样，海山海岭众多，海丘海沟纵横，深海平原辽阔坦荡。大洋中脊绵延 8 万千米，宽度能达到数百至数千千米，贯穿整个大洋中部，总面积堪与全球陆地相比。位于太平洋的马里亚纳海沟深达 11 034 米，是大洋的最深点，超过陆上最高峰珠穆朗玛峰的海拔（8 848.86 米）。但是深海平原的坡度小于 1‰，比大陆平原还要平坦。整个海底可分为大陆边缘、大洋盆地和大洋中脊三大基本地貌单元。

海洋地貌旅游资源是在地质构造运动、海浪潮汐的冲刷堆积以及生物气候等多种因素共同作用下形成的对旅游者有吸引力的地貌类型，是对旅游者有吸引力并能为旅游业所利用的与海洋有关的各种地貌旅游资源的总称,包括海岸地貌、大陆架地貌、深海与大洋底地貌、海岛地貌等。

## 二、海洋地貌旅游资源的特点

在世界范围内,历史悠久的海洋旅游业在现代旅游业中同样扮演着重要角色且发展潜力巨大,它和海洋石油、海洋工程并列为海洋经济三大新兴产业。随着经济社会的不断发展,海洋经济在国民经济中所占的比例日益加大。我国管辖着约300万平方千米的海洋国土面积,巨大的"蓝色国土"成为我国可持续发展的重要战略资源。海洋旅游业是海洋经济发展的重要一环,是海洋文化含量较高的经济产业。海洋旅游资源的开发利用既适应现代休闲需求,同时又在创造着需求。它为人类社会提供产品和服务,以新型体验化产品创造出更多健康的休闲方式,不断提高人们闲暇时间的生活质量。与此同时,它也催生出许多旅游新业态,以迎合人们的需求。

海洋地貌旅游资源的开发是海洋旅游业发展的重要组成部分。海洋地貌旅游资源具有以下几个特点。

1. 海洋性

海洋地貌旅游资源分布广泛,深受海洋影响,在海洋及海岸带地区都有分布。海洋地貌旅游资源包括自然和人文资源,如海洋性气候、海岸地貌、适宜于海洋及海岸带环境的生物旅游资源以及建筑、宗教、民风民俗等。

2. 综合性

海洋地貌旅游资源是一个综合体,自然旅游资源彰显海洋文化的底蕴,海洋文化旅游资源又有海洋自然景观的衬托。旅游区开发时应重点把握这一特点,充分凸显海洋地貌旅游资源吸引游人的优势。多种类型的海洋地貌旅游资源分布于同一海域及海岸带空间,它们相互影响,共同构成一个综合的海洋旅游点或综合的海洋旅游区。

3. 季节性与地域性

海洋地貌旅游资源和其他旅游资源一样,会受到纬度、水文、气候以及与陆地关系的影响,呈现出季节性和地域性差异。

4. 神秘性

海洋的波澜壮阔和变幻莫测,为海洋地貌旅游增添神秘色彩,能大大增强旅游者的猎奇心理,吸引更多旅游者到来。

5. 可持续利用性

绝大多数海洋地貌旅游资源在规划和开发时都遵循可持续利用原则。旅游者在旅游活动中只把对海洋地貌旅游资源的美感享受与体验带走,很大程度上更好地保护了海洋地貌旅游资源,因为合理开发海洋地貌旅游资源所带来的经济效益会为海洋地貌旅游资源的保护提供经济支持。但是,不合理的开发也会破坏海洋地貌旅游资源。

## 三、海洋地貌旅游资源的分类

### （一）海洋地貌

1. 大陆边缘

大陆边缘约占海洋总面积的22%，分布在大陆与洋底两大台阶面之间的过渡地带，通常分为大西洋型大陆边缘（又称被动大陆边缘）和太平洋型大陆边缘（又称活动大陆边缘）。前者由大陆架、大陆坡、大陆隆3个单元构成，地形宽缓，见于大西洋、印度洋、北冰洋和南极周缘地带。后者陆架狭窄，陆坡陡峭，大陆隆不发育，而被海沟取代，可分为两类：海沟—岛弧—边缘盆地系列和海沟直逼陆缘的安第斯型大陆边缘，主要分布于太平洋周缘地带，也见于印度洋东北缘等地。

2. 大洋盆地

大洋盆地是海洋的主体，约占海洋总面积的45%，分布于大洋中脊与大陆边缘之间，一侧与中脊平缓的坡麓相接，一侧与海沟或大陆隆相邻。水深约4000～5000米的开阔水域的大洋盆地，又称深海盆地。大洋盆地底部宽度较大、两坡较缓的长条状海底洼地叫海槽。海盆底部又发育有深海平原、深海丘陵等地形。海底高地又分三种，长条状的海底高地称海岭或海脊，宽缓的海底高地称海隆，顶面平坦、四周边坡较陡的海底高地称海台。

3. 大洋中脊

大洋中脊约占海洋总面积的33%，是地球上最长最宽的环球性大洋中的山系。大洋中脊分脊顶区和脊翼区。脊顶区由多列近于平行的岭脊和谷地相间组成。脊顶为新生洋壳，上面覆盖的沉积物极薄或无覆盖物，地形十分崎岖。脊翼区随洋壳年龄增大和沉积层加厚，岭脊和谷地间的高差逐渐减小，有的谷地可被沉积物充填成台阶状，远离脊顶的翼部可出现较平滑的地形。

海底地貌与陆地地貌一样，是内营力和外营力作用的结果。海底地形通常是内力作用的直接产物，与海底扩张、板块构造活动息息相关。大洋中脊轴部是海底扩张中心。深洋底缺乏陆上那种挤压性的褶皱山系，海岭与海山的形成多与火山、断块作用有关。外营力在塑造海底地貌中也起一定的作用。较强盛的沉积作用可改造原先崎岖的火山构造地形，形成深海平原。海底峡谷是浊流侵蚀作用最壮观的表现。但除大陆边缘地区外，在塑造洋底地形的过程中，侵蚀作用远不如陆上重要。波浪、潮汐和海流对海岸和浅海区的地形有深刻的影响。

### （二）海岛地貌

海洋旅游是海洋产业群的重要组成部分，而海岛旅游则是海洋旅游"皇冠"上的"明珠"。按成因来分，海岛地貌分为以下四种。

1. 大陆岛

大陆岛是指大陆向海洋延伸的区域受地壳和板块运动等影响发生相对上升时因海拔较高而露出水面的岛屿。大陆岛主要有两个特征：（1）大陆岛由于是大陆延伸的部分，所以其位置往往离大陆比较近;(2)大陆岛是受巨大的地壳运动影响而产生的,所以往往面积较大。世界上那些大面积的岛屿大多是大陆岛,比如格陵兰岛、日本本州岛、大不列颠岛、台湾岛、海南岛、苏门答腊岛、纽芬兰岛、马达加斯加岛等。

2. 冲积岛

冲积岛是指大江大河的入海口,由于海水的顶托作用,河流携带的泥沙在某些区域沉积,最终堆出海面而形成的岛屿。所以,冲积岛都在大江大河的入海口。比如我国最大的河流,每年携带超过5亿吨的沙子到入海口,这些泥沙年复一年不断地沉积,最终形成了1269.1平方千米(2022年数据)的崇明岛,是我国仅次于台湾岛和海南岛的第三大岛。冲积岛往往地势低平,海拔不高。

3. 火山岛

火山岛是指海底火山活动喷发的岩浆冷却后不断堆积,最终高出水面而形成的岛屿。火山岛的形成需要有火山喷发条件。火山岛在海底多火山分布的区域较为常见,在海底板块的生长边界附近和环太平洋区域分布较广。火山岛是火山喷发而成的,往往由于火山的持续喷发而越来越高。火山岛的地形往往比较崎岖,和大陆岛相比,面积要小得多。火山岛有单个的,也有群岛式的。世界上著名的火山岛群有阿留申群岛、夏威夷群岛等。

4. 珊瑚岛

珊瑚岛是指海洋中的生物珊瑚虫的遗骸不断堆积,最终露出水面而形成的岛屿。因为珊瑚虫的生长速度极其缓慢,所以每一座珊瑚岛的形成时间都很漫长。有珊瑚虫生长的地方才会形成珊瑚岛,所以珊瑚岛只会形成在适宜珊瑚虫生长的热带海区,主要以南太平洋和印度洋为主。珊瑚岛往往海拔很低,面积也很小,有的只高出海面一两米。世界上著名的珊瑚岛群岛有马尔代夫群岛、南沙群岛、澳大利亚大堡礁等。

(三)海洋环境地貌和沉积物

海洋环境地貌有滨海、浅海、深海和半深海(见下图)。

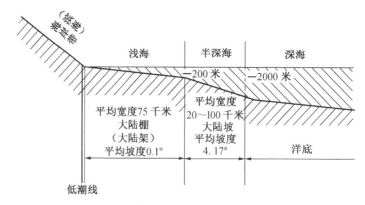

海洋环境地貌示意图

1. 海岸地貌

海洋与陆地相互作用的地带称为海岸地带，通常又称海滨。海岸带是海洋动力活跃的地带，通常分布在平均海平面上下 10～20 米左右，宽度数千米到数十千米。

现代海岸带分为海岸（后滨）、潮间带（前滨）及水下岸坡（外滨）3 部分。

海岸（后滨）是高潮线以上的狭窄的陆上地带，其陆上界限是破浪作用的上限，仅在风暴期间或大潮高潮时被海水淹没。海岸也叫潮上带。

潮间带（前滨）是高低潮海面之间的地带，高潮时被海水淹没，低潮时出露海面，是随着潮水涨落而每日上下变化的地带。

水下岸坡（外滨）是指从低潮线一直到波浪有效作用的下界（其深度大约等于 1/2 波长的水深处），波浪作用是形成海岸地貌最为活跃的外营力之一。风对海面作用，使海水质点做圆周运动，水体随之发生周期性起伏，形成波浪。波浪由波峰、波谷、波长、波高和振幅组成（见下图）。波浪的传播是波形沿着水平方向前进，水质点上下移动。

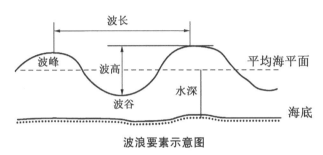

波浪要素示意图

海岸线指海洋与陆地的交界线。由于潮汐和风暴的影响，海岸线随海平面波动而变化。平均海平面又称基准面或零面，为多年观测潮水位的算术平均值，是地面测量高度和海洋中测量深度的基准面。我国规定，以 1956 年青岛验潮站观测的 1950—1956 年的黄海平均海平面作为零面。

2. 我国海岸类型

在海岸发育过程中，除波浪作用外，其他如潮汐、海流、海水面的变动、地壳运动程式、地质构造、岩石性质、原始地形、入海河流以及生物等因素都具有一定的影响。按照成因分，我国的海岸可分为侵蚀海岸、堆积海岸、生物海岸和断层海岸四大类型。

（1）侵蚀海岸

这种海岸主要分布于辽东半岛南端、山海关至葫芦岛一带、山东半岛、浙江和福建一带。这些海岸在形态上多属山地丘陵，在物质组成上多以基岩为主，在外力作用上明显地反映出以海浪侵蚀作用为主的特征。

辽东半岛南端，岬湾曲折，水位较深，港口宽阔，海蚀地形雄伟壮观。旅顺口外的峭壁，老虎滩岸的结晶岩断崖，黑石礁上一丛丛的岩柱，构成了奇特的石芽海滩；小平岛一带的沉溺陆地，成为点缀于海面上的小岛与岩礁；沿岸硅质灰岩岩壁中的海蚀洞穴遍布，有些洞顶穿通像天窗一样，成为浪花飞溅的通道。而这里的堆积地形规模不大，只有一些狭窄的砂砾海滩、小型的砾石沙嘴和连岛沙坝。

山海关东西两侧也分布了一些小型的侵蚀海岸，但由于长期接受附近入海河流泥沙的补给，渐渐成为平原。巨大的沙坝不仅围封了海湾，并且越过了岬角，使得岬角海蚀崖与海水隔开，因受不到海浪作用而成为崖坡缓倾、崖面长草的死海蚀崖。这里的港湾侵蚀地形，已发展为填平的砂质海岸。

山东半岛跟辽东半岛稍有不同，因附近有一些多沙性的中小型河流入海，花岗岩与火山岩的丘陵地区风化壳也较厚，所以这里虽然发育着较典型的以侵蚀为主的海蚀岬角，如险峻的成山头、黑岩峥嵘的马山崖、南岸的峡谷状海湾、崂山头的峭壁悬崖和雄伟奇特的青岛石老人海滩等，但也有一定规模的沙嘴、沙坝和陆连岛等堆积地形存在。

浙江、福建海岸的特点是岸线曲折，岛屿众多，大小港湾相连。全国7000多个岛屿中，90%集中于浙江、福建、广东三省，而浙江沿岸的岛屿最多，有1800多个。浙江、福建两省还有一些大型而狭长的海湾，它们位于陆地深处，一般没有河流淡水注入或河流很小，湾内主要是潮流。这种以潮流活动为主的港湾海岸是长期受海浪潮流侵蚀导致的，也被称为潮汐汊道。浙江的乐清湾，福建的湄州湾、平海湾以及广东的汕头湾等都属于这一类海湾。

以侵蚀为主的海湾普遍水深，具备优良港口的条件。大连港、秦皇岛港、青岛港等港口，都是利用天然港湾建立起来的良港。

在侵蚀海岸经常可以看到以前的海底或海滨沙滩，现在却都高出海面20~30米，成为显著的台地，如山东的荣成市一带就有20~40米的台地。从杭州附近到福建的漳州、厦门一带，海拔20米左右的海滨台地也很多。广东的雷州半岛从前大部分都是海底，现在则已高出海平面近30米，成为广大的台地。这些特征都表明，中国的这部分海岸呈现出上升现象。

（2）堆积海岸

这种海岸在中国长约2000千米，主要分布在渤海西岸、江苏沿海以及一些大河三角洲。其特点是海岸线比较平直，浅滩多，但良港和岛屿很少，不利于发展海上交通，如江苏沿海就有五条沙、大沙、黄子沙、勿南沙等沙滩。

堆积海岸的浅海和海滨平原都是由细粒泥沙组成的，坡度极小，海岸的冲淤较易变化，且海岸线不稳定。当海岸带泥沙供给充足时，海岸线就迅速淤长；而河流泥沙供给中断时，平原海岸淤泥粉砂容易被海水侵蚀，使海岸崩塌后退。

堆积海岸的巨量泥沙主要是河流供给的。我国著名的黄河流经黄土高原，冲刷、搬运了大量黄土物质，这些物质在下游堆积形成了辽阔的华北平原。同时，每年有十几亿吨的黄土物质输入渤海。渤海西岸有了如此丰富的泥沙补给，淤泥浅滩不停地淤高增宽。加之黄河曾多次改道，数次夺淮河河道注入黄海，所以江苏沿海也堆积了很宽的淤泥浅滩。但自1855年黄河北归又注入渤海以后，江苏北部海岸泥沙供给减少，海岸受到冲刷，海岸线不断后退。

中国的大河多是自西向东流入大海的，在入海处，泥沙堆积成三角洲平原。河口三角洲也是一种堆积海岸，它是河流的沉积作用和海水动力的破坏作用相互斗争最激烈的地段。在流域供沙丰富的条件下，海水的作用只能把部分泥沙搬运出三角洲海滨的范围之外，大部分物质由于在淡、盐水交界带——盐水楔处特别容易产生絮凝作用，会在三角洲前缘沉积，从而形成岸线向海突出的三角洲，例如黄河、滦河、韩江等三角洲就是这类三角洲的代表。

当河流入海水道改变引起来沙不足或者完全切断泥沙来源时，海水的破坏作用在三角洲海岸的形成过程中就成为矛盾的主要方面。波浪的破坏和水流的搬运，使海岸受蚀后退。如长江口在崇明岛与启东之间的北支水道，近几十年来大量淤积，使得流出河口的沙量显著降低，因而导致江苏启东嘴从三甲到寅阳一带的海岸受蚀后退。此外，如果河流的输沙量小、径流量大，而两者又相差悬殊，再加上潮流和波浪的冲刷，便会形成喇叭口形的三角湾岸，这以钱塘江口最为典型。长江的径流量虽然比黄河大 20 倍，但其含沙量却比黄河小得多，这就是为什么长江口形成三角湾岸而黄河口却形成三角洲岸的缘故。又由于长江输沙量从绝对程度上说仍比较大，所以长江口的三角湾不如钱塘江口的杭州湾那么典型。广东的珠江口形成的是三角湾，而韩江口形成的是三角洲，也是同一道理。

据地质和地理学家研究，在第四纪冰川时期，台湾岛和海南岛都曾与大陆相连，后来由于海水上升或地壳下沉，才被孤立成为海岛。此外，在中国南部和北部的河流下游，都有被海水淹没而成为漏斗状被称为溺谷或三角港的广阔港湾。钱塘江下游的三角港面积尤广，宛如海湾，所以在地理学上被称为杭州湾。珠江入海地区的虎门、磨刀门和崖门，也都形成了宽阔的三角港。长江下游也略具三角港的形状，只因港口有较大的崇明岛出露，所以三角港的形状不明显。即使在杭州湾以北，山东半岛和辽东半岛的海岸同样是港湾曲折，岛屿罗列，充分表现出下沉海岸的特色，且地形形态与浙江、福建的海岸没有什么差别。旅顺、大连和青岛的港湾与浙江的象山港或三门湾、福建的三都湾或厦门湾，地形几乎相同。这些都反映出中国海岸在近期的总趋势是下沉的。

（3）生物海岸

生物海岸是由生物构成的海岸，为热带和亚热带地区特有的海岸地貌类型。我国生物海岸主要包括红树林及珊瑚礁两大类型。红树林的自然分布范围介于海南省三亚到福建省福鼎之间；珊瑚礁分布于华南大陆沿岸，以及我国台湾、海南及其岛屿上，既有典型的岸礁，也有海岛型珊瑚礁。红树林和珊瑚这两个巨大的生态系统，造就了我国最主要的两种生物海岸。

① 珊瑚海岸

在热带和亚热带的沿海，生物作用有时对海岸起着重要的影响，特别是珊瑚礁海岸。珊瑚自古即是奇珍异宝，它是来自大海的精灵，是生命化身的宝石。珊瑚虫最喜群居，繁殖又迅速，老的不断死去，新的不断成长，如此生生不息，骨骼积累成塔，终成珊瑚礁，成为一座绚丽多姿的海底花园。

在珊瑚的生长速度超过波浪破坏作用的地方，生物作用成为海岸轮廓线变化的主要因素。中国珊瑚礁基本上分布在北回归线以南，大致从台湾海峡南部开始，一直到南海。作为我国珊瑚礁北界的澎湖列岛的64个岛屿中，差不多每个岛屿都有裾礁或堡礁发育。当冷空气来临，气温降低到16℃以下时，珊瑚的生长会受到极大影响。因而，这片海域的珊瑚礁平台一般狭窄，但也有宽度达1千米以上的。

裾礁广泛分布在海南岛周边海域雷州半岛附近，从水尾到灯楼角，裾礁也相连成片。经放射性碳定年法测定，雷州半岛原生礁的形成年代为7000多年前。雷州半岛的珊瑚礁平台宽约500米，文昌的最宽可达2000米。平台表面崎岖不平，有许多巨大的珊瑚群体组成的圆桌状突起，并有很多浪蚀沟槽和蜂窝状孔穴。沟槽和海岸垂直，深为几厘米到几十厘米不等，边缘处甚至可达2～3米，从而使礁平台边缘呈锯齿状分布。

海南省大部分海岸的珊瑚礁属于侵蚀型，尤以岬角突出、海岸暴露的地方所受侵蚀最强。这种类型岸段的水下斜坡大于15°，斜坡上有许多直径达1～2米的礁块，坡脚下分布着莹白的珊瑚碎屑和珊瑚沙。在强潮作用下，有些礁块被抛上礁平台，所以平台上散布着许多礁砾。侵蚀型珊瑚礁的广泛分布，是由近代气候变化、气温有所下降导致的。

此外，台湾的东、南海岸和附近的绿岛、兰屿等地也有裾礁发育。广东和福建南部沿海局部岸段也有珊瑚生成，但因有大量淡水和泥沙输出，不利于珊瑚礁的发育。

水域辽阔的南海中分布有250多个岛、屿、滩、礁，分为4个群岛（东沙、西沙、中沙、南沙），这些岛屿大多是环礁类型。南海盆地中露出海面的珊瑚岛，蓝天白云，椰林婆娑，草绿葱翠，自古便是中国劳动人民的捕鱼基地。岛上还盛产鸟粪层，尤以永兴岛蕴藏最为丰富。

② 红树林海岸

生于潮间带的红树林，也是中国南方海岸的一个重要特色。

什么是红树林？红树林是热带、亚热带特有的木本植物群丛，它是生长在海岸潮间带滩涂上的树丛。涨潮时，这些树木有的被完全淹没，有的只有一部分树冠露出水面；而退潮后，树木以及它们脚下的淤泥会完全露出。这片时常被海水浸泡的独特树林，以及生长在树下水中的鱼虾螺蟹和栖息在树上的水鸟，都练就了一套应对潮水涨落的特殊生存技能。

它的分布地从海南岛一直延伸到福建的福鼎一带。因受热量和雨量的影响，组成树种自南往北渐趋单纯，植株高度减低，从乔木逐渐变为灌木群落。

中国的红树林比赤道附近的红树林品种简单得多。如马来西亚有43种，而海南岛东海岸文昌一带红树植物仅有11科18种，树高可达12～13米；台湾和福建就只有6种；在泉州湾，最高的树只有2.2米。红树植物种属中，只有秋茄树可分布到北纬27°20′左右的沙埕港中，而海榄雌（白骨壤）只分布到北纬25°31′，蜡烛果（桐花树）可分布到北纬25°17′。

红树在淤泥滩中生长发育最好。海南岛和雷州半岛的海湾和潟湖是红树林生长最繁茂的场所。这是因为淤泥物质中有机物丰富，有利于种子的萌发，且海湾风浪较小，更有利于红树植物生长。

(4) 断层海岸

在基岩海岸，地质构造控制海岸类型，主要是因构造线与海岸线的交切而形成不同的海岸类型。当地质构造线与海岸线平行时，形成纵海岸，其地貌特征是海岸线较平直，海滨现场形成断层崖；当构造线与海岸线斜交时，形成横海岸，其地貌特征是海岸线弯曲，海岬和海湾相间分布，海岬处发育各种海蚀地貌，海湾处形成较宽的海滩和各种沙堤等堆积地貌。我国山东半岛的荣成湾就属于这一海岸类型。

中国的断层海岸，以台湾省东部海岸最为典型。台湾的东部发生巨大的断裂，悬崖高耸，崖壁陡峭光滑极难攀登，崖下是一条狭窄的白色沙滩，紧临着陡深的太平洋底。由于断层紧邻海岸，海浪侵蚀剧烈，因此形成一条峻峭如墙的海崖。沿着悬崖有一些河流直接倾泻入海，形成海岸瀑布。海崖从东南岸开始一直向北延伸，在花莲溪入海口以北到苏澳南边的一段，形势最为险峻。有些崖壁的高度达到千米以上，著名的苏澳—花莲公路在崖上盘旋而过，太平洋的浪涛日夜不息地在岸下冲击，显得十分壮观。苏澳北边是宜兰浊水溪的三角洲，它是台湾东部仅有的一片肥沃平原和谷仓。南端的鹅銮鼻岬是台湾中央山脉的尾闾，南隔巴士海峡和菲律宾的吕宋岛相望。岬上设有远东著名的灯塔，夜间照明射程数十里，是太平洋上夜航的重要标志。

中国的海岸，无论南北，既有下沉的趋势，也有上升的特征。但从整体来看，中国海岸地形下沉趋势远比上升的现象显著。从堆积海岸的冲积物厚度来看，天津地区的冲积物厚达861米以上，上海地区的冲积物厚度也有300米，说明这里的海岸是明显下沉的，因为只有大陆不断下沉，才能使河流的冲积物堆积得那么厚。

海岸带构造运动形成上升海岸和下降海岸。海岸上升，各种海蚀和海积地貌将被抬高，海岸带水下斜坡被抬升后形成海滨阶地，海蚀崖和海蚀穴高出现代海面以上，砂质海滩的沿岸堤从老到新依次降低，水下沙堤露出水面形成离岸堤或与陆地相连的陆连岛，潟湖也因海岸上升而干涸。海岸下降，海水沿沟谷或低地侵入陆地，尤其地形起伏的低山丘陵海岸，海岸线多弯曲，水下岸坡坡陡水深，波浪加强并在岬角处汇集，海蚀岸被冲蚀后退，海湾处波能辐散而泥沙堆积形成海滩，海岸线弯曲度逐渐减小而趋于平直。在下降的沙质海岸，沙堤受波浪冲刷而向陆地方向移动，并覆盖在潟湖沉积物之上。向海的一侧，潟湖沉积常被冲蚀而出露，沙嘴也因海岸下降而改变位置，一方面向陆地方向位移，另一方面不断向前伸长。

▶ [相关链接]

## 中国最美十大海岛

每个国家或许都会有一些让人流连忘返的海岛，而中国也因地理位置优越，拥有7000多座大小不一的岛屿。这些岛屿以其独特的魅力，吸引着每一个游客慕名来访。

## 海南海洋旅游资源

《中国国家地理》杂志曾评选出中国最美的十大海岛,揭开了中国海岛游新篇章。下面,让我们一起来认识下中国最美的十大海岛,开启一场云游旅程。

**第1名 西沙群岛:珊瑚为国土增色**

西沙群岛航拍

西沙群岛位于南海西北部,由东面的宣德群岛和西面的永乐群岛组成。宣德群岛的主岛为永兴岛,整体由7座岛屿组成,包括被称为鸟岛的东岛。永乐群岛由8座岛屿组成,包含金银、甘泉、晋卿岛等等,岛群周围还有零星的礁、滩和沙洲。当地的渔民习惯称它们为"东七西八"。

从空中俯视,它们像两串镶嵌着白边的蓝宝石,静卧在南海那万顷碧波之上,又如不沉的舰船,扼守着南疆。

西沙群岛清澈的海水

西沙群岛四周的海水清澈,能见度最高能达到40米。有时,在大海中央看到的颜色还是深蓝,等到了岛的边缘,却变成了浅绿,西沙的海水就在深蓝、淡青、翠绿、浅绿、杏黄间来回切换。远远望去,海面仿佛是一块巨大的蓝色绸缎,近看方知是因海里的深崖、峡谷等地貌所致。

南海地处热带,其最南端紧邻赤道,年平均气温26℃,为全国之冠。这里海水的温度、盐度和透明度都很适合珊瑚的繁衍生长,是我国造礁珊瑚的重要分布区。而其中,南沙群岛和西沙群岛的珊瑚资源最为丰富,仅西沙群岛的造礁珊瑚就有38属127种之多,丰富的珊瑚资源为国土增色不少。

### 第2名 涠洲岛：最大最年轻的火山岛

**涠洲岛上的火山熔岩**

涠洲岛位于广西北海市南面，因属水围之洲，故名涠洲岛。涠洲岛被称为中国最大最年轻的火山岛。涠洲岛的地势北高南低，北半部以海积地貌为主，有沙堤、沙滩及礁坪，平坦开阔，景色宜人，海底又有绚烂多姿的珊瑚，呈现出丰富多样的滨海景色。

岛上植被茂盛、风光秀丽，尤以多样的火山熔岩、奇特的海蚀海积地貌和色彩斑斓的活珊瑚为最，素有"大蓬莱仙岛"之称。

**俯瞰涠洲岛**

从空中俯瞰，涠洲岛像一枚弓形的翡翠漂浮在大海中，碧波荡漾。白色的沙滩伸入海中，好似一幅热带风景画。茂密的绿色丛林是岛上的主要经济作物——香蕉与芭蕉，散落的民居如同点缀、融合在仙境之中。

**涠洲岛的渔船**      **涠洲岛上的教堂**

岛上有居民用火山石修建的天主教堂,教堂里坐中式轿子的圣母,代代以打鱼为生而自称"老渔夫"的渔民,游弋于活珊瑚间的潜水教练……中西合璧的建筑、现代与传统结合的人文风情和谐地共存在世外桃源般的涠洲岛。来到这里,总有一个细节能让你停下来,享受这里独特的风情。

**第 3 名　南沙群岛:珊瑚为中国铸就的界碑**

美济礁

南沙群岛位于南海南部,是南海诸岛中分布海域最广、岛礁最多的一个珊瑚岛群。所分布的海域面积达 82 万平方千米,含岛礁沙滩 200 多个,陆域面积合计约 2 平方千米。

永暑礁

南沙群岛的岛、礁、沙、滩星罗棋布。所有岛屿中,太平岛最大,面积为 0.43 平方千米。从空中俯瞰,它像一颗绿宝石镶嵌在湛蓝的大海之中,那如玉带环绕其边缘的是洁白的珊瑚沙带。

海滩似玉,绿洲如茵,鸟飞长空,鱼翔浅底,勾勒出一幅永不褪色的热带海岛风光画卷。其海岛多为珊瑚环礁类型,各种珊瑚五颜六色、千姿百态。

1988 年 8 月 2 日,根据联合国教科文组织的要求,中国在距海南岛 560 海里的南沙群岛中的永暑礁建立了海洋观测站。无论风云如何变幻,南沙的永暑礁都如一艘永不沉没的战舰停驻在中国的领海之上。

### 第4名 澎湖列岛：人文与自然交相辉映

湾内水静如湖

澎湖列岛位于台湾岛西部台湾海峡的中枢，因港外海涛澎湃、港内水静如湖而得名。群岛海滨帆樯林立，微波漾碧，白云扫空，海天如画。

澎湖列岛上的民居

澎湖列岛由台湾海峡东南部64个岛屿组成，主要岛屿有澎湖本岛、渔翁岛和白沙岛，面积约为96.6平方千米，占总面积的76.1%。其中，44个岛屿无人居住。从澎湖列岛出发，往北可抵达马祖列岛、大陈岛和舟山群岛，往南可去东沙群岛、南沙群岛，并可通往菲律宾和东南亚各国，扼亚洲东部的海运要冲，被称为"东南锁匙"。

### 第5名 南麂列岛：神奇的海上生物园

南麂岛一隅

## 海南海洋旅游资源

在中国东海的广阔版图上，有一片不为人知的沧浪碧海。从空中俯瞰，碧海之上凸起52座小岛，小岛们排列组合，形成了一座像奔跑的麂子一般的列岛，它就是位于浙江温州的南麂岛。

南麂岛的沙滩

晚归的渔船

南麂岛是我国最早加入联合国教科文组织世界生物圈的岛屿，其外形似麂，头朝西北，尾向东南，因酷似奔麂而得名。南麂岛是面积最大的主岛，位于列岛中央，并有大沙岙、火炬岙、马祖岙及国姓岙4个海湾，分置于东南和西北两个方向，扮演的角色相当于"麂子"的心脏。大沙岙湛蓝的海水能见度达5米，环境幽雅的大沙岙沙滩宽800米、长600米，是南麂岛最吸引游人之处。这里的沙被命名为贝壳沙，又细又软，为全国仅有，在世界范围内也不多见。

当落日西沉，晚归的渔船点缀着海面，鸥燕逆光划过天际，奇异的礁岩、碧蓝的海水、细软的沙滩，构成海岛最美的三要素。水连天、天接水，水天一色，蔚为大观。

**第6名 庙岛列岛：海上有仙山**

庙岛列岛远景

车由岛

庙岛列岛也称长山列岛，原为长岛县（现属烟台市蓬莱区），位于山东、辽东半岛之间，黄海和渤海交汇处。岛陆面积56平方千米，海岸线长146千米，由32个岛屿、25个岛礁组成。整个列岛横亘于渤海海峡。

唐诗曾云："忽闻海上有仙山，山在虚无缥缈间。"宋朝的大文学家苏东坡当年站在蓬莱海岸上，北望长山诸岛，不由地赞叹道："真神仙所宅也！"《西游记》《镜花缘》等神话小说把这里描绘成为一个虚幻缥缈、超脱凡尘的海上仙境。

**第7名 普陀山岛：海天佛国**

东海之上有中国最大的岛群舟山群岛，这里分布着1300多个岛礁，约占中国海岛总数的20%。

普陀山规模庞大的寺庙

南海观音像

普陀山岛是舟山群岛的大岛，呈纺锤形，远远望去如一尊睡佛。从唐末起，此地即兴起佛教，至宋已钦定为观音菩萨道场地，是国内外最大的观音菩萨供奉地。普陀山已成为中国四大佛教名山之一，千年道场，香火不竭。鼎盛时期，岛上有三大寺、88座庵、128所茅篷。每年农历二月、六月、九月的十九日是三大朝山节，香客云集，梵音如潮。

普陀山岛石奇、洞幽、林茂、古树参天，有磐陀石、千步沙、百步沙等十多处自然景点。古人云：以山而兼湖之胜，则推西湖；以山而兼海之胜，当推普陀。

**第8名　大嵛山岛：山、湖、草、海在此浓缩**

大嵛山岛的落日美景

航拍大嵛山岛

大嵛山岛位于福建福鼎，东西长7.7千米，南北宽2.76千米，面积为21.50平方千米，岸线长31.97千米。大嵛山岛地理位置特殊，扼闽、浙海路之咽喉，是南来北往船只的必经之道。

大嵛山岛的自然风光

绿草与大海相映成趣

## 海南海洋旅游资源

大嵛山岛为福建省海拔最高的海岛，高度为541.4米。在其海拔400米处，镶嵌着大小两个天然湖泊：大天湖面积约0.67平方千米，小天湖约0.13平方千米，可供泛舟畅游。两湖相隔1 000多米，各有泉眼，常年不竭，水质甜美，水清如镜。湖四周，山势平缓，间或有白色芦花点缀其间。

青山、碧水、礁石及万亩草场般的景观使得大嵛山岛被誉为"岛国天山"，是东海上的神奇小岛。

在这里，人们恍若置身于"天苍苍，野茫茫，风吹草低见牛羊"的大西北草原。你很难想象，碧波万顷的东海之上竟有如此神奇的意境。

### 第9名　林进屿、南碇岛：古火山地貌珍品的遗存

**林进屿概貌**

在福建东南漳州市的滨海火山景区海域里有两座神奇的火山岛——林进屿和南碇岛，它们一个为0.16平方千米，一个只有0.07平方千米，却见证着地球的生命运动。经国内外专家确认，它们是世界极为罕见、保持得较为完美的珍贵古火山地质地貌资源景观。

**海蚀熔岩平面景观**

**林进屿的神奇海岸**

林进屿和南碇岛属于新生代火山喷发而形成的产物。岛上分别有壮观罕见的柱状玄武岩浪蚀崖景观、古火山喷口群景观、海蚀火山熔岩型景观、巨大火山颈景观、海蚀熔岩平台景观、海蚀熔岩洞等大规模成片的自然景观。除了这些神奇珍贵、不可再生的火山地貌以外，此地还有因海岸沉降而埋藏地下约8000年的古森林遗址以及品质极佳的优质沙滩。

**第 10 名　海陵岛：南中国海边的明珠**

海陵岛位于广东省阳江市南面，全岛面积 107.8 平方千米，海岸线长 123.5 千米。海陵岛四面环海，中心为盆地，设有海陵、闸坡两镇。海陵岛地处南亚热带，四面环海，山海兼优，年平均气温 22.3 ℃，冬无严寒，夏无酷暑，四季如春，海水浴时间长达 8 个月。

　　　　闸坡的马尾海滩　　　　　　　　　　　　　南湾沙滩

闸坡的大角环——马尾海滩为省 A 级海滩。这里三面群峰护卫，一面临海，海湾宽阔平展，沙滩绵延。湾内风和浪软，两边岬峰时有云雾缭绕，景色迷人。

南湾沙滩长达 9250 米，有"十里银滩"之称。这里水清澈、沙柔净，一望无际的白色沙滩与湛蓝的大海、浓绿的林带相互辉映，以至于有人称之为"上帝的杰作"。

## 任务二　海洋地貌旅游资源和旅游

▶ [任务导入]

开展班级讨论，分享自己所知道的海洋地貌旅游资源和旅游的关系。

海洋地貌旅游资源开发成旅游产品，即我们常说的海洋旅游，是指以海岛、海岸、海面等海洋地理空间为活动范围，包括观光、度假和特种旅游的各类旅游形式的总称。

### 一、海洋地貌旅游资源和旅游的关系

海洋旅游并不是某一类专项旅游产品，而是一个集合型概念，与文化旅游、健康旅游等类似，海洋旅游强调依托海洋空间、文化旅游强调依托文化资源、健康旅游强调依托康体产品。这一类旅游形式往往关联庞大的产品与产业体系。

在目前的海洋旅游中，海洋地形地貌旅游占据主导地位。海洋地貌旅游资源的开发常见的有海陆互动式、岛屿联动式、航线串联式、分段开发式。海洋旅游是一个集合性概念，海洋旅游产品复杂而综合，从不同角度出发可总结出不同的产品模式：从基本的旅游产品形式角度出发，有海洋观光旅游、海洋度假旅游、海洋专项旅游；从游客参与的具体旅游活动出发，有海洋主题乐园、海洋酒店/度假村、海洋/腹地观光、海洋度假居所、滨

海休闲活动、海上/天空/海底运动；从旅游开发的角度出发，有特色风情休闲渔港、海洋主题公园集群区、海洋旅游度假区、邮轮/游艇基地、海洋旅游产业园、综合旅游型海岛、特色主题度假岛。

**我国海岸地貌类型分布表**

| 海岸地貌类型 | | 全国分布 |
|---|---|---|
| 平原海岸 | 淤泥质海岸 | 渤海西部、江苏北部海岸、杭州湾以南至闽江口以北 |
| | 三角洲海岸 | 长江三角洲、黄河三角洲、珠江三角洲 |
| | 砂质海岸 | 台湾西部 |
| 基岩质海岸 | | 断层型主要分布在中国台湾省东部，侵蚀型主要分布在辽东半岛南端、山海关至葫芦岛一带、山东半岛、浙江和福建一带 |
| 生物海岸 | | 红树林海岸主要分布在广东、广西、海南沿海，福建和台湾南部沿海也有分布；珊瑚礁海岸主要分布在南海诸岛、海南岛沿海、雷州半岛南部沿海、澎湖列岛和台湾南部及其附近岛屿 |

1. 按旅游活动承载空间分类

从旅游活动的承载空间出发，海洋地貌旅游有海洋旅游、海岛旅游、滨海城镇旅游、航线旅游。具体细分则有八个小类。

（1）旅游海岸

旅游海岸是以旅游业为主导，带动多种产业并形成互动的产业集群，具有整体品牌形象和多种滨海旅游形式的大规模、综合性海岸带经济区域。具代表性的旅游海岸有法国蓝色海岸、西班牙太阳海岸、澳大利亚黄金海岸等。

（2）滨海旅游区

滨海旅游区依托海岸而建，以提供旅游服务的开发区为主，包括滨海观光区、主题景区和度假区。各旅游区之间相对独立，彼此之间联系不强，如美国佛罗里达滨海旅游度假区、墨西哥坎昆、美国新泽西海洋城等。

（3）独立海岛/群岛

独立海岛/群岛指离海岸较远、面积较大的海岛或群岛，是相对独立的旅游目的地，如西班牙的加那利群岛和马略卡岛、美国的夏威夷群岛、印度尼西亚的巴厘岛、韩国的济州岛、泰国的普吉岛等。

（4）近岸离岛

近岸离岛指靠近大陆海岸或靠近较大的岛屿，并对其有一定依附性的离岛。由于一些半岛体现了较强的岛屿特征，从旅游角度可将其视为离岛，如马来西亚沙比岛、中国海南的西岛和蜈支洲岛等。

（5）旅游城市

旅游城市指以海滨旅游业为重要产业乃至主导产业的城市，这些城市市区或市郊建有海滨旅游区和海滨旅游设施，如法国尼斯、中国上海和海南三亚等。

（6）旅游村镇

旅游村镇指位于沿海且以旅游为主要特色的村镇，如日本北海道的小樽镇、中国海南的博鳌镇等。

（7）邮轮旅游

大型豪华邮轮是流动的海上旅游目的地，但邮轮除自有度假、游乐设施外，也需依托沿海海岸城市停靠，如美国佛罗里达邮轮游艇中心等。

（8）沿海游船

沿海游船主要指中、小型近海游船和游艇，是为游客提供服务和小规模娱乐的设施，以近岸离岛观光和海岸观光为主要功能。各种主要滨海旅游区和旅游城市大多开展此项目，如英国南安普敦区域游船、青岛"蓝海明珠"号、烟台主题游艇等。

2. 按海洋旅游开发模式分类

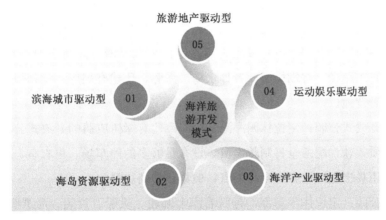

海洋旅游开发模式图

（1）滨海城市驱动型

依托滨海城市的主导与带动作用，错位开发城市商务会议、文化交流、主题游乐等多主题产品，与滨海旅游产品共同构筑旅游天堂，如迈阿密、新加坡、巴塞罗那、海南三亚等。

（2）海岛资源驱动型

完全依托海岛自身的海水、沙滩、宁静、独立等环境，开发海岛度假地，如马尔代夫群岛、夏威夷群岛等。

（3）海洋产业驱动型

依托海洋渔业、港口码头运输业、邮轮游艇产业、海洋生物医药产业等发展的海洋产业旅游区，如天津滨海旅游区、台湾淡水渔人码头等。

（4）运动娱乐驱动型

依托众多富有趣味的主题乐园、极具吸引力的水上活动，打造海洋休闲娱乐活动聚集地，如澳大利亚黄金海岸、新西兰皇后镇滨海旅游等。

(5) 旅游地产驱动型

通过在自然或人工的海洋活动空间打造高端富人社区、高端度假酒店聚集区，吸引世界各地富人度假群体，打造滨海高端度假地，如佛罗里达棕榈滩度假区、英国泽西岛、普吉岛拉古那海滩、阿拉伯联合酋长国迪拜等。

## 二、海洋地貌旅游资源开发的典范

### 1. 美国迈阿密特色各异的海滩

迈阿密地区包含众多特色海滩，每个海滩都有各自的特色项目。

(1) 弗吉尼亚主岛海滩：定位运动海滩。特色包括帆板运动、水上飞机、钓鱼、骑自行车、野餐、烤肉。

(2) 赫比海滩/风帆海滩：定位运动海滩。特色包括帆板运动、各式水上运动设备出租、休息室、淋浴、海滩边设小公园、设食品摊、设自行车路径、允许宠物。

(3) 奥利塔河（Oleta River）海滩公园：定位生态海滩。海滩有原始红树林、约24千米的山地自行车路径，有蝴蝶园、各种水鸟、海豚，还建有划船、皮划艇、钓鱼等娱乐场所及乡村式野营地。

(4) 北岸开放式公园：定位休闲海滩。沿海滩建有绿树成荫的开放式公园，允许带宠物，浪浅、沙质柔软，配备全日制救生员，设有足够多的停车场、更衣室、休息室、淋浴室，提供野餐用具出租，设多个食品摊点，但禁止酒精饮料。

(5) 南尖公园：定位休闲海滩。是观看海上邮轮、帆船、货船、巡逻舰的最佳地点，可以钓鱼，有沿海木板路与喷泉，出租海滩椅、阳伞和餐桌，配备全日制救生员，设有休息室、户外沐浴，允许带宠物。

(6) 海克兰登公园海滩：定位娱乐海滩。特色为沙滩质量优，保留了部分自然环境，设有娱乐中心可举办酒会，设有户外溜冰场、运动场、特色专卖店、野餐区，提供皮船、小屋出租。

(7) 霍欧尔海滩：定位天体海滩。特色为沙质白而细软、风景怡人，设食物饮料摊点，出租海滩椅，出租阳伞，出租餐桌与烤肉用具，拥有全日制救生员、休息室，可户外沐浴、允许裸体浴。

(8) 标伯斯佛州海角海滩：定位人文海滩。特色为有历史悠久的灯塔，灯塔守护者的村舍出租，风味美食、海鲜，纪念品销售店，还有帆板、自行车、钓鱼、皮舟、原始野营等。

(9) 贝尔港海滩：定位私密海滩。特色为沙滩洁白质量优，高档酒店和度假村密集，大部分是私人海滩，不允许带宠物、野营、野餐等，也没有救生员，无租赁服务。

（10）迈阿密南海滩：定位不眠海滩。海滩有150多个酒吧、夜总会和其他娱乐场所，大部分通宵营业至早上五点，餐馆、特色酒店密集，众多时装发布会在此举办。

2. 马尔代夫群岛

**马尔代夫群岛**

马尔代夫位于印度洋，是一个群岛国家，由26组自然环礁、1 192个珊瑚岛组成，南北长820千米，东西宽130千米，陆地面积298平方千米。马尔代夫分成22个行政区，其中199个岛屿有人居住，旅游业已超过渔业（占GDP的30％左右），已成为马尔代夫第一大经济支柱。

马尔代夫群岛的开发模式是整体出让，差异发展，坚持"四个一"原则，即一座海岛及周边海域只允许一个投资开发公司租赁使用，一座海岛只建设一个酒店（或度假村），一座海岛突出一种建筑风格和文化内涵，一座海岛配套一系列功能齐备的休闲娱乐及后勤服务等设施，形成一个独立、封闭、完整的度假区。

马尔代夫非常奢华的度假岛屿有天堂岛。岛上建有40幢水中别墅，以及200套海景套房。游客跨出房门台阶，就融入大海与沙滩的碧海蓝天之中。

岛上娱乐设施应有尽有，包括健身房、台球室、室内网球场、室内羽毛球场、篮球场、壁球场、沙滩排球场、沙地网球场、骑马场；还有独木舟、双体船、香蕉船、水上自行车、滑水摩托艇、滑翔伞以及呼吸潜水器、观光潜水艇等。

3. 澳大利亚黄金海岸

黄金海岸位于澳大利亚东部海岸中段、布里斯班以南，是昆士兰重要的旅游度假区。黄金海岸由10多个连续排列的优质沙滩组成，是处在南太平洋与内兰河三角洲之间的一条狭窄陆道。黄金海岸两面都是蓝色的水域：东侧风急浪高，是冲浪者的天堂；西侧水清波宁、风光静谧，给人曲水通幽之感。黄金海岸海滩绵延75千米，在42千米转弯崖角处，海浪高度可达2~3米，非常适合开展冲浪运动。黄金海岸最有名的海滩有35个，大的海滩长达数千米，小的长不足百米，多隐于丛林山岩之间。

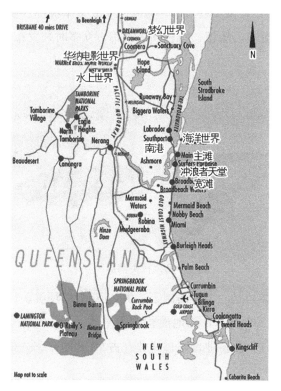

澳大利亚黄金海岸

（1）南港：黄金海岸的商业区，也是开展各种水上活动的理想场所。

（2）主滩：黄金海岸最富有的地区，咖啡馆和精品店鳞次栉比，周围布局着黄金海岸最壮观的公寓和酒店群。

（3）宽滩：黄金海岸新的世界都会枢纽，最现代的餐饮建筑和最高级的夜生活场所都汇集于此。

（4）冲浪者天堂：黄金海岸的中心，集乘船观光、沙滩排球运动、游泳、冲浪、购物中心为一体。

（5）华纳电影世界：是一处电影主题乐园，占地约1.68平方千米，设有多套经典影片的拍摄场景。

（6）梦幻世界：占地80公顷，拥有12个主题游乐区、IMAX电影院和野生动物区等。

（7）海洋世界：可以近距离接触各种海洋生物，小至海马，大至北极熊，还有与鲨鱼一同潜水的特色刺激项目。

（8）水上世界：拥有巨大的刺激的水上滑梯。

▶ [相关链接]

## 嵊泗列岛——大岛建，小岛迁

位置：位于长江和钱塘江入海交汇处，是浙江省最东部、舟山群岛最北部的一个海岛县。

陆域面积97平方千米，有630个岛屿，常住人口的岛屿有15个，无人岛（礁）625个，无人岛屿占全县岛屿的99.2%，适合人类生存的荒岛约有80个。

资源：自然资源丰富，风光独特，环境幽静。

开发模式分析

实施"大岛建、小岛迁"战略，人口集中居住到几个大岛，小岛用于整体租赁或出让搞立体综合开发。嵊泗县根据实际情况及海洋经济发展目标和要求，结合无人岛屿的地理、环境和资源特点，依托优越的区位优势和丰富的自然资源，对无人岛屿进行开发利用。

1. 发展对外经济贸易区

既要利用无人岛屿处于对外开放的前沿而又全封闭的优势，又要利用无人岛屿距公海相对较近的优势，建立各类商品和生产资料对外自由贸易区，以就近贸易、互利互惠、促进交流、增加沟通，推进对外开放，繁荣海岛经济。

2. 建立自然资源保护区

资源与环境的共生性和海洋资源的稀缺性，使得部分无人岛屿在众多开发价值取向中，只能以保护其特有的自然资源为主，例如森林、植被、野生动物、地貌形态以及岛屿岙内的海洋生物资源等，选择性地划定各种类型的自然保护区，以维持生态平衡。

3. 打造季节性特色旅游点

充分利用岛屿四周环海、封闭条件好的优势，开发一些特征明显、趣味浓烈的旅游项目，如特色娱乐、休闲海钓等，打造一岛一景或一岛多景，提供专线服务，吸引更多游客住在海岛，拉动消费。

4. 开发临港型产业

依托港口开发的优势，建立工业园区，在政策允许的情况下开设特别娱乐区供港区外籍人士和到港国际海员娱乐休闲，并建立现代化物流基地、港口供油基地、造船基地等港口配套服务基地。

5. 发展现代化观光农业和养殖业

利用无人岛上现有的山林耕地栽种草木、竹子等，在陆地养殖山羊、角鹿、猴子，在旧民宅圈养蛇，在滩涂养殖文蛤，在水域还可网箱养殖各种鱼类。

6. 科研应用开发

可以有选择地在无人岛屿设置预报站点，为海洋开发提供公益服务，实施防灾减灾预警预报，保障海洋生产的安全性。

## 任务三　海南海洋地貌旅游资源

> [任务导入]
>（1）开展班级讨论，分享自己所知道的海南海洋地貌旅游资源。
>（2）班级分组，每组利用网络收集一幅海南海洋地貌旅游资源图并配图介绍。

### 一、海南海岸地貌旅游资源

根据地质、地貌、生态、成因等因素，海南海岸地貌大体可以划分为四种类型，即基岩海岸、砂砾质海岸、泥质海岸和生物海岸。

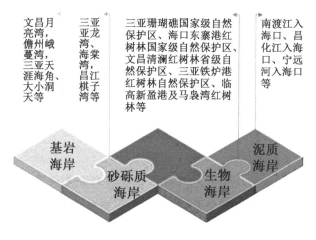

**海南四种类型的海岸**

#### （一）海南基岩海岸地貌

基岩海岸是海浪冲击形成的海蚀地貌，其特征为岸线曲折、岸坡陡峭、水流较急。基岩海岸主要由地质构造运动及波浪冲击作用形成。由于陆地的山地丘陵被海水侵入，岩石受海浪侵蚀形成各种形态的海蚀地貌。基岩海岸岸边山峦起伏，奇峰林立，怪石峥嵘，岬角（突入海中的尖形陆地）与海湾相间分布。由于波浪和海流的相互作用，岬角处侵蚀下来的物质和海底坡上的物质被带到海湾内堆积形成沙滩。基岩海岸较为典型的景观是海浪对悬崖峭壁的冲撞。基岩海岸以海南岛东南部陵水的部分海岸和三亚为代表，如三亚天涯海角一带。

另外，海南还有一种红色砂堤堆积海岸。海南地处热带，海岸沙滩和砂堤中的铁质氧化充分，使砂堤成为赤红色。如陵水新村淌湖和黎安港之间的红色砂堤，从凤凰山脚延伸而来，覆盖在白色沙滩上，并胶结成坚硬的红砂岩。乐东九所到昌江昌化一带海岸和文昌海岸都有这种红色砂堤地貌，如儋州峨蔓镇红色海岸，正是由火山喷发或喷溢出的物质堆积而形成的。在正对着东北季风的琼东北海岸，从文昌木兰头到抱虎港的砂堤上，风沙堆积日益加高，发育出风成沙丘岩层，砂堤长达 30 多千米，最高点昌洒湖塘坡达 58 米多，其高大壮观为全国所罕见。

## （二）海南砂砾质海岸地貌

砂砾质海岸地貌是指海滩上砂、砾等碎屑物质经碳酸盐胶结作用而形成的岩石或平原的堆积物质被搬运到海岸边，又经波浪或风改造堆积而成的地貌。砂砾质海岸又称堆积海岸，以海南岛东部文昌、琼海、万宁、三亚的海岸和海南岛西部东方、昌江、儋州、临高的海岸为代表，其特征是组成物质以松散的砂砾为主，岸滩较窄。砂砾质海岸主要发育在河流入海口两侧，河流给砂砾质海岸提供了丰富的沙源，波浪再将入海泥沙推至岸边堆积，形成迷人的沙滩。

砂砾质海岸是最有"人缘"的海岸。在几类海岸线中，砂砾质海岸最能满足人们亲近大海的需要。砂砾质海岸由颗粒较粗的砂和砾石组成，岸滩相对宽阔，海水清澈，适合开辟海滨浴场。

海南的砂砾质海岸，主要分布于沙坝潟湖和三角洲平原沿岸。在抱虎角—大花角岸段，砂砾质海岸占绝大部分，集中分布在抱虎角至铜鼓咀、博鳌至大花角两个岸段。在大花角—梅山岸段，除岩石海岸外，其余基本上为砂砾质海岸，总长近 300 千米。梅山—昌化江口岸段，砂砾质海岸以沙堤为主，总长近 200 千米，几乎连续分布于整个岸段。昌化江口—抱虎角岸段，砂砾质海岸总长约 340 千米，其中，昌化江口—洋浦岸段长约 100 千米，儋州光村附近长约 20 千米，临高角附近长约 25 千米，澄迈县马村至文昌市抱虎角岸段长约 170 千米，其余零星岸段砂砾质海岸长约 25 千米。

## （三）海南泥质海岸地貌

泥质海岸又称平原海岸，主要是由河流携带入海的大量细颗粒泥沙在潮流与波浪作用下沉积而成的。泥质海岸在南渡江、昌化江等主要河流的入海口三角洲较为常见，其特征是岸滩物质包含较多黏土、粉砂等，岸线平直，地势平坦。

与以波浪作用为主形成的砂砾质海岸不同，这种海岸一般位于泥沙来源丰富、潮汐作用更为明显的岸段。在全世界的浅水区内，潮汐运送了大量的细粒沉积物——粉砂、黏土、有机质的碎屑……这些细颗粒物质在淤泥质平原海岸形成了广阔平缓的潮滩。

这类泥质海岸岸线平直，地势低洼；潮上带的盐沼地里，生长着稀疏的耐盐植物；海中水浅底平，平坦的泥质海底上栖息着肥美的鱼鲜和海虾大蟹，是优质的渔场。

## （四）海南生物海岸地貌

在不同的气候带，由于温度、风速、降水量、蒸发量不同，海岸风化作用的形式和强度各异，海岸地貌也呈现出不同的特征。此外，生物也会对海岸地貌产生一定的影响，如热带和亚热带海域会形成珊瑚礁海岸，盐沼海湾和潮滩上会形成红树林海岸。

### 1. 海南红树林海岸地貌

红树林分布于港湾内风平浪净的泥滩上，因为风浪大的沙滩不适合红树林生长。海南的红树林海岸主要分布在海口东寨港、文昌铺前港和清澜港、临高新盈港、儋州新英港等处。另外，在海口、琼海、三亚、陵水等市县也有小片分布。海南红树林有"海上森林""海岸卫士"的美誉，种类多、树型高、生长快，数量和面积皆为全国之冠。

> **提示：海南红树林小数据**
>
> 分布：沿海12市县（海口、文昌、琼海、万宁、陵水、三亚、乐东、东方、昌江、儋州、临高、澄迈）
>
> 种类：真红树25种，半红树12种，占全国种类的100%，约占全世界的1/3。

2. 海南珊瑚礁海岸地貌

珊瑚礁属典型的热带生物海岸地貌，是热带浅水造礁珊瑚虫群体的骨骼和其他石灰质生物遗体长期堆积而成的。珊瑚一般生长在海水透明、无泥、有浪的浅水域，能在海岸上连成一片礁盘（平台）地形。珊瑚礁海岸实际上是一个巨大的石灰质生物群体在长期不断的生长过程中形成的特殊海岸类型。其厚度不过10米左右，下面即沙泥层或基岩。珊瑚岸礁能保护海岸不受波浪侵蚀，同时又为鱼、虾、蟹等海洋动物提供集中生长的场所。海南岛浅水造礁珊瑚种类多达110种，海南岛环岛海岸环境极适宜珊瑚生长，珊瑚生长带可达2 000米宽，位居全国第一。

海南岛珊瑚礁海岸分布广泛，以三亚国家级珊瑚礁自然保护区最为典型；红树林海岸由红树科植物与泥质潮滩组合而成，海南岛几大河流入海口几乎都有红树林海岸，以海口东寨港红树林国家级自然保护区最为典型。珊瑚礁海岸和红树林海岸都是具有鲜明热带特色的生物海岸。

## 二、海南海岛地貌景观

海南省所属的岛屿，主要分为大陆岛、大洋岛和冲积岛。

其中，海南本岛就是一个大陆岛，它本来与广东省的雷州半岛相连，后来地壳运动形成的琼州海峡使其与大陆分离，成为大陆岛。海南大陆岛的地貌景观，我们已在海南海岸地貌景观中进行了分别介绍。在此，本书主要介绍海南大洋岛地貌和海南冲积岛地貌。

### （一）海南大洋岛地貌

南海诸岛是受海底火山喷发聚积、珊瑚生殖和海底泥沙聚积等综合作用而形成的，一般与大陆的构造、岩性、地质演化历史没有关系，因此珊瑚岛和火山岛常被统称为大洋岛。珊瑚岛是由活着的或已死亡的一种腔肠动物——珊瑚虫的礁体构成的岛，表面常覆盖着一层磨碎的珊瑚粉末——珊瑚砂和珊瑚泥。三沙市所辖的西沙群岛、中沙群岛、南沙群岛等就都属于大洋岛。

### （二）海南冲积岛地貌

冲积岛的组成物质主要是泥沙，故又称沙岛。冲积岛是陆地的河流夹带的泥沙沉积下来而形成的海上陆地。陆地的河流流速比较急，流到宽阔的海洋后，流速就慢了下来，从上游携带的泥沙就沉积在河口附近，经过长时间的堆积，逐步形成高出水面的陆地，比如海口的海甸岛、新埠岛，博鳌的东屿岛、鸳鸯岛、沙坡岛等。

▶ [相关链接]

## 海南红树林湿地：让濒危物种"绝处逢生"

红树林湿地是海岸带的生态关键区，具有净化水质、防风固堤、促淤造陆、调节小气候等多种生态功能，是众多海洋生物的栖息地，对维持海洋生态平衡具有不可或缺的作用。据2020年全面完成的第三次全国国土调查的数据，海南的红树林湿地面积约6 533.33公顷，主要分布在海口东寨港、文昌清澜港和儋州新英湾等河口湾区。

**海南濒危红树种类水椰的花朵**

每年4月至6月，是国家一级保护植物、被誉为红树林"大熊猫"的红榄李的盛花期。海口东寨港国家级自然保护区也不例外，近日绽放出一朵朵鲜艳的花蕊，让科研人员为之兴奋，也吸引了很多摄影爱好者。海南红榄李种群分布区域十分狭窄，而且野生种一度濒临灭绝。

2006年，广西红树林研究中心范航清团队对我国红榄李的资源分布展开了系统调查研究，共发现野生植株349株，其中三亚铁炉港9株、陵水新村港340株。此后的多次调查显示，三亚铁炉港的红榄李保持9株不变，陵水新村港红榄李的数量呈锐减之势，截至

2018年仅剩2株。

2023年4月,海南省林业科学研究院高级工程师钟才荣对野生种群再次调查发现,海南红榄李野生植株有12株,其中三亚铁炉港9株、陵水新村港3株。

好在人工培育和辅助恢复让红榄李绝处逢生,数量倍增。从20世纪80年代开始,海口东寨港国家级自然保护区从陵水成功引种14株红榄李,但在2008年冬季寒害中全部被冻死;2015年,该自然区再次开展红榄李的引种和幼苗培育工作,迄今已培育红榄李2000多株。此外,海南省林业科学研究院也培育600余株,已在陵水、三亚等地开展回归种植。

1. 净化海水,防风消浪

红树林湿地属于近海与海岸湿地,是海洋生态系统的重要组成部分。红树林常见于南、北回归线之间的港湾、河口、潟湖和岛礁后缘的弱浪区潮间带滩涂。特殊的生境,使得红树林湿地逐渐发育成为海洋与陆地之间典型的生态系统。

**海口东寨港的红榄李绽放出艳丽的花朵**

为了适应复杂的海洋生态环境,红树植物逐渐形成了独特的形态和生理特征。譬如,红树林通过根系拒盐、叶片泌盐或将盐分贮藏在叶片中,待叶片枯老后以掉落、带离等方式来适应高盐度的海岸环境;通过支柱根、呼吸根等各类根系和茎上的皮孔为根系供氧,以适应缺氧的沉积物环境;通过将繁殖器官特化出中空或海绵状结构,使之既能随海水漂流,又能长期确保繁殖体的萌发能力,达到远距离传播繁殖的目的。

湿地素有"地球之肾"的美誉,而红树林也被称为"海洋绿肺"。那么,红树林湿地是如何做到既有"肾"的功能,又有"肺"的功能的呢?

红树林是以木本植物为主体构成的海上森林群落,和其他植物一样,通过光合作用吸收大量的二氧化碳,转化为有机碳,并释放出大量氧气,供给人类与大自然中其他各种生

三亚铁炉港的红树发达的根系

物使用。科学研究表明，单位面积的红树林湿地固定碳的能力大约是热带雨林的10倍。

说到"肾"，不得不提到红树林净化水质和促淤的作用。红树植物可以依托密集的根系使海水缓流，增加悬浮泥沙的沉淀速率，达到部分净水的作用。此外，红树植物对氮和磷的吸收积累能力也很强，可以有效降低沿海渔业养殖产生的养殖废水中氮和磷的含量，减弱水质富营养化的风险。同时，红树林还可通过多种方式将重金属和有机污染物固定在沉积物当中，形成金属硫化物，进而起到净化海水的作用。

2. "造陆先锋"，动物家园

红树林湿地不仅可以促淤造陆，还能供给周边居民丰富的海产品，也给鸟类提供了美味的食物。

海口东寨港红树林国家级自然保护区

红树林有"造陆先锋"之称，其支柱根、呼吸根、表面根、板根等多种形态的根系都是促淤造陆的"好帮手"。盘根错节的根系可以滞留陆地上来的泥、沙等各种物质，促使滩涂沉积物的形成。红树林内的泥沙淤积速度比一般滩涂高2~3倍。随着泥沙不断向海洋方向淤积延伸，红树林也不断扩散生长，原来的滩涂逐渐抬高形成陆地。当然，红树林区也非常容易滞留大量的生产生活垃圾。

红树林还是天然养殖场和鱼类育幼场。它们庞大且密集的根系形成了天然的屏障，纵横交错的潮沟和浅水水域为鱼、虾、蟹和贝类提供了优良避风港。大量的幼鱼、幼虾为躲避天敌在红树林内生长、栖息，对于区域渔业资源的可持续利用有重要意义。

海南红树林拥有极高的动物多样性，据不完全统计，其中分布着鸟类203种，两栖类12种，爬行类23种，哺乳类21种，鱼类165种，蟹类63种和软体动物77种。随着调查的深入，这些数据不断被刷新。

可以说，红树林庇护着众多海洋生灵，守护着海洋与陆地。保护红树林湿地，就是保护海洋生态，也是保护人类自己。

过去，我们曾向大自然过多索取。今天，我们把一些生态区域归还大自然，实现人类与自然的和谐共处、共生共存。

### 3. 保护见成效，问题仍不少

中国红树林面积仅占世界红树林面积的0.14%，但红树植物种类却达到全世界红树植物种类的约1/3，在红树林植物种类多样性保护中占据特殊地位。海南是全国红树植物种类最丰富的省份。我国原生红树植物共有20科37种，这些种类在海南都有分布。然而，目前有近一半种类处于不同程度的濒危状态，亟待加强保护。

保护红树林，除了大量植树造林以增加红树林面积之外，还应对红树植物中的濒危物种进行保护。

**濒危红树莲叶桐**

除了红榄李，还有莲叶桐、水椰、瓶花木等濒危物种，均已列入国家重点保护野生植物名录。

近年来，海南省林业科学研究院（海南省红树林研究院）以濒危物种保育为抓手，加强科研攻关，在红树林湿地退化机理、生态修复和濒危物种保育等方面开展了大量工作。其在红榄李、莲叶桐、水椰、卵叶海桑等濒危物种的原生地开展回归种植，扩大种群数量和红树林面积，提高生态系统生物多样性，已经取得了初步成效。

值得注意的是，红树林生态系统是红树林、滩涂、潮沟、浅水水域中的生物和非生物环境所构成的统一整体。因此，保护红树林，除了保护红树植物本身，还应该保护以红树林为主体的红树林生态系统，包括植物、动物、微生物及其赖以生存的生长环境。

而保护好红树林这一宝贵的生态系统，需社会各界提高保护意识。各职能部门应加强治理，综合考虑，做到科学种植、科学管理。只有这样，红树林才能更好地蓬勃生长，繁衍生息。

## 任务四　海南海洋地貌旅游资源的利用

### ▶ [任务导入]

（1）开展班级讨论，分享自己所知道的海南海洋地貌旅游资源的利用情况。

（2）班级分组，每组分享小组讨论的相关新业态发展。

历经多年发展，传统的旅游已难以满足大众日益增长的多元化旅游需求，新的旅游业态不断涌现。在海南，与海洋地貌旅游相关的旅游新业态也逐步凸显，游客对海南海岸旅游目的地的生产生活方式、特色文化都展示出了浓厚的兴趣。

### 一、小众海岸地貌"猎奇"游

海南海洋海岸地貌形成丰富多样的海岸旅游景观，以万宁山钦湾燕子洞、儋州峨蔓镇火山海岸、昌江棋子湾岩石海岸等开发尚不成熟的小众出行"猎奇"探险、山地露营为主。

**昌江棋子湾和儋州峨蔓湾的红色崖壁**

历史上，海南火山喷发频繁。海南至今还有许多死火山。儋州市的峨蔓镇就是著名的火山海岸，火山遗迹丰富，地貌景观独具特色。峨蔓湾除了有沙滩，还有绵延数千米的特色火山岩，尤其是红壤堆积成的高达几十米的"城墙"屹立在海边，守护着这片美丽的海湾。儋州峨蔓湾独特的火山岩地貌，让更多人了解：约100万年前，火山喷发时岩浆流入海后迅速冷却形成了浅海礁岩和褐红的悬崖峭壁，并随着海浪长年累月的冲刷，礁岩被打磨成大小不一、形态各异的石头。红色的悬崖和清澈的海水正好形成了"一半是海水，一半是火焰"的独特自然景观。火山、溶洞成为"猎奇"游客的主要吸引物。

2021年以来，万宁山钦湾燕子洞成网红打卡地，也吸引了地质专家前往勘查确认。山钦湾地区大约形成于4.2亿到4.3亿年前的深海，黑礁石并非火山熔岩，而是典型的浅变质岩。

## 二、滨海环岛旅游公路自驾游

"去海南看海"，吸引着大量游客。在海南岛长达1900多千米的海岸线上，沙岸约占50%～60%，沙滩宽数百米至1000多米不等，向海面坡度一般为5°，缓缓延伸；多数地方风平浪静，水清沙白；岸边绿树成荫，空气清新；海水温度一般为18～30 ℃，阳光充足明媚，一年中多数时候可进行海水浴、日光浴、沙滩浴。当前，为展现美丽的海岸风光，海南正推进环岛旅游公路建设，以将海南海洋地貌景观串联在一起，打造海南旅游的新名片。

海南环岛旅游公路项目路线主线长约1000千米，贯穿海口、文昌、琼海、万宁、陵水、三亚、乐东、东方、昌江、儋州、临高、澄迈等沿海12个市县和洋浦经济开发区，有机串联沿途约9类84段景观区域、22个滨海岬角、25座灯塔、68个特色海湾、26个滨海潟湖、16片红树林、40个驿站、31家A级以上景区、21处旅游度假区、261处滨海名胜古迹。

**滨海环境资源**
**据统计**

海南滨海区域有主要港湾**68**个
海南滨海区域共有潟湖**26**个
海南滨海区域有主要岬角**22**个
海南红树林湿地面积为**4700**公顷
海南全岛目前有灯塔**25**座

**海南滨海环境资源统计**

海南环岛旅游公路是体现海南地域地理特征和自然文化特色的风景旅游通道，其全长的五分之一段能直接看到大海，是《全国生态旅游发展规划（2016—2025年）》提出的25

条国家生态风景走廊道之一。海洋旅游资源开发可以综合利用好这一独特资源，创新产品设计，将海南海洋地貌旅游资源与环岛旅游公路相结合，打造新兴的自驾体验、房车体验产品。例如，儋州峨蔓湾一带有古盐田、细沙灯塔和长沙村冲篱遗址等景点。根据规划，海南环岛旅游公路儋州段设5个驿站，其中两个设在峨蔓湾一带，分别为火山海岸驿站、沧海盐丁驿站，长沙村冲篱遗址、峨蔓盐田、细沙灯塔就在这两个驿站周边。

### 三、优良港口文化体验游

海南岛四面环海，海岸线曲折绵长，分布有大小天然港湾68个，港湾资源十分丰富，环境条件优越。较大的港湾有北部的秀英港（又称海口港）、海口新港、东水港、马村港、铺前港，海口湾、澄迈湾、后水湾、白沙门等；南部的榆林港、铁炉港、新村港、黎安港，三亚湾、崖州湾、亚龙湾、海棠湾、陵水湾、南湾、香水湾等；东部的清澜港、博鳌港、乌场港、潭门港、石梅湾、日月湾、南燕湾、大花角等；西部的八所港、感城港、洋浦港、白马井港、岭头港，洋浦湾、东方北黎湾和昌江棋子湾等。

其中，五大港口即海口、八所、三亚、清澜和洋浦。洋浦港深入台地内部，水深港阔，波浪小，无大河注入，泥沙少，港道少见淤泥；三亚港湾呈螺旋曲线状，航道水深，但泥沙较多；清澜港为潟湖港，涨潮与退潮的冲刷使港内淤泥很少；海口港泥沙淤积严重。

沿岸还有许多溺谷湾，如清澜、铺前、新英等；还有珊瑚离岸礁，如儋州的邻昌礁等地。东岸下降形成盆地港湾，西岸抬升形成台地海岸。

### 四、海岸带保护区研学游

海南的东海岸还有一种特殊的热带海洋景观红树林和一种热带特有的海岸地貌景观珊瑚礁，二者均具有较高的观赏价值。海南省在海口市东寨港和文昌市清澜港等地相继建立了红树林生态保护区，在三亚市蜈支洲岛等地海域建立海洋牧场以保护珊瑚礁资源。

为了保护动物物种，海南除了在陆上已建立若干个野生动物自然保护区外，在海洋地貌景观地带也建立了如万宁市大洲岛金丝燕保护区、陵水县南湾半岛猕猴保护区等自然保护区。

### 五、热带山海风光游

海南岛海拔1000米以上的山峰有81座，最具特色的是海南中部的热带原始森林。而海南海岸带沿线也有铜鼓岭等热带雨林景观，文昌的七洲列岛，三亚的东锣岛、西鼓岛和锦母角等，都基本保留原始状态。

### 六、河流入海口观光游

南渡江、昌化江、万泉河等河流，沿岸风景怡人，河水清澈，下游入海口附近更是旅游观景的好地方，尤以闻名全国的万泉河入海口博鳌水城最佳。对于万泉河入海口博鳌水城、海口五源河入海口、昌江海尾国家湿地公园等地，海南都加以严格保护。

## 七、海岸古迹名胜游

海南海洋海岸带中还分布着一些名胜古迹景观，如三亚大小洞天海山奇观中就有800年前崖州知州游历时留下的摩崖石刻，三亚天涯海角景区海滩上也有"海判南天""天涯"等历史摩崖石刻，昌江棋子湾的峻灵王庙，沿海众多的妈祖庙，受汉武帝派遣率兵入海南的伏波将军为拯救兵马而下令开凿的汉马伏波井等等。

## 八、周边海岛开荒游

海南岛周边海域大于500平方米的岛屿就有180个，总面积为22.48平方千米，平均每个海岛面积仅0.12平方千米，沿海12市县均有隶属海岛。除了已开发完备的蜈支洲岛、凤凰岛、西岛、分界洲岛和南湾猴岛，更有许多神秘的无人之岛等着人们探寻。海南冷门小岛探奇已成为资深驴友的爱好之一。大洲岛、七洲列岛等已进入了游人的视线。此外，三沙市所辖的岛屿更是游客心里的神秘天堂。

2018年7月4日，海南省政府颁布了一项新规定，个人可以申请开发无人岛。只要你准备好相应的证件材料，就可以进行申请。《海南省无居民海岛开发利用审批办法》称，无居民海岛开发利用项目论证报告应在自然资源和生态系统本底调查基础上编制，重点论证开发利用的必要性，具体方案的合理性，对海岛及其周边海域生态系统的影响，以及对海岛植被、自然岸线、岸滩、珍稀濒危与特有物种及其生境、自然景观和历史、人文遗迹等保护措施的可行性、有效性。

在海南海洋地貌旅游资源开发利用与新业态融合的同时，我们要始终注重开发与保护并进，注意资源的开发与利用不能以牺牲生态环境为代价。我们要在保护的前提下合理开发利用资源，对相关海洋地貌旅游地周边的历史文物和旅游资源进行调研，制定详细的旅游发展规划。同时，严格划定保护范围和建设控制地带。

《海南省海洋经济发展"十四五"规划》提出，未来，海南将强化海岸线、海域等的保护，推进节约集约利用海洋资源，全力打造国家海洋生态文明示范区，为海南发展增添新活力。

▶ [相关链接]

### 网红山钦湾，还能继续红吗？[①]

今年（2023年）春节假期，海南旅游市场"火力全开"。有些景区景点揽客吸金、名利双收，而有些则释放出后劲不足、风评不佳的"危险信号"。

万宁山钦湾以其独特的出片质感和海蚀洞穴"燕子洞"在2021年前后走红网络。"出

---

① 记者调查 | 网红山钦湾能否继续红？[EB/OL]. （2023-02-02）[2023-05-03]. 万宁发布厅公众号。

圈"后的山钦湾在大量游客涌入之后,逐渐暴露出服务滞后、管理混乱等问题,违规收费、非法营运等乱象也带来了风评转向、口碑下降等反响,热度逐渐被同期崛起的其他网红打卡点反超。如何引导山钦湾重回发展轨道,成为当地旅游产业发展的一场"大考"。

万宁山钦湾

▶ [复习思考题]

一、选择题

1. 热带和亚热带地区特有的海岸地貌类型是_____。                    (    )
   A. 基岩海岸    B. 平原海岸    C. 生物海岸    D. 砂砾质海岸
2. 海南环岛旅游公路计划建设_____个驿站。                          (    )
   A. 10         B. 20         C. 30         D. 40
3. 万宁大洲岛保护区主要保护哪种鸟类?                                 (    )
   A. 水鸟       B. 白鹭       C. 海鸥       D. 金丝燕
4. 按成因分,海南省所属的岛屿主要分为_____。(多选)                (    )
   A. 火山岛     B. 大陆岛     C. 大洋岛     D. 冲积岛
5. 科学赶海的积极影响有_____。(多选)                              (    )
   A. 修复海洋生态环境           B. 促进物种多样性的保护
   C. 带动赶海地的额外收入       D. 提升人们的生态环保意识

二、判断题

1. 红树林的自然分布范围介于海南省三亚到福建省福鼎之间。              (    )

2. 海南岛是我国第二大岛,拥有约3.4万平方千米的土地,19 000多千米海岸线。
   (　　)
3. 珊瑚礁广泛分布于海南岛沿海地区,尤其是琼州海峡分布广泛。　　(　　)
4. 海南山钦湾燕子洞大约形成于4.2亿到4.3亿年前的深海,沿岸的黑礁石是火山熔岩。
   (　　)
5. 海南环岛旅游公路是体现海南地域地理特征和自然文化特色的风景旅游通道,其全长的三分之一段能直接看到大海。
   (　　)

### 三、问答题

1. 海南岛是大陆岛还是火山岛?为什么?

2. 分析博鳌的东屿岛、鸳鸯岛、沙坡岛的成因及旅游价值。

3. 你怎么看待"百万珊瑚培育计划"和"海洋牧场建设"?

4. 海南环岛旅游公路建设有什么意义?

5. 海南海岸地貌旅游的新业态你觉得还有哪些?

### 四、案例分析题

1. 请运用所学知识,结合课本案例,分析海南海花岛景区海洋地貌旅游资源开发项目的现状和未来发展。

2. 尝试结合课本知识和案例，对海南万宁山钦湾地貌旅游资源的开发价值进行评价和分析。

**参考文献**

［1］兰艇雁，马存信，李红有，等. 工程地质分析与实践［M］. 北京：中国水利水电出版社，2016.

［2］肖星. 旅游资源与开发［M］. 北京：高等教育出版社，2019.

［3］中国十大海滨海岸［EB/OL］.［2021-02-09］. https：//www.maigoo.com/top/372427.html.

［4］绿维文旅：海洋旅游的特点［EB/OL］.（2021-02-03）［2021-04-30］. https：//www.sohu.com/a/448493181_242966.

［5］方赞山. 海南红树林湿地：让濒危物种"绝处逢生"［EB/OL］.（2023-06-12）［2023-07-14］. http：//www.hinews.cn/news/system/2023/06/12/032990962.shtml.

［6］品橙旅游. "一站式"海花岛，如何打造又一个中国文旅巨擘？［EB/OL］.（2021-12-08）［2023-02-01］. https：//www.pinchain.com/article/262043.

［7］南海网. 网红山钦湾，还能继续红吗？［EB/OL］.（2023-02-02）［2023-03-01］. http：//www.hinews.cn/news/system/2023/02/02/032916980.shtml.

［8］中国最美的十大海岛［J］. 中国国家地理，2005（10）：408.

# 项目四
# 海南海洋水体旅游资源及其利用

▶ [学习目标]
- 掌握海洋水体旅游资源的概念、特点和分类。
- 熟悉海南海洋水体旅游资源的分类、布局。
- 理解海南海洋水体旅游资源和旅游的关系及意义。
- 了解海南海洋水体旅游资源的利用现状。
- 掌握海南海洋水体旅游资源的新业态。

▶ [引例]

西沙群岛：一生一定要去一次的地方！

这是一封来自西沙北纬16°的邀请函，到祖国的南端去看看！

这里被世人称为"中国的马尔代夫"，被《中国国家地理》杂志评选为中国十大最美海岛之一。

它是旅行者心中的"白月光"圣地，据说是只有0.001%的人抵达过的地方。

**探索国境之南，踏上海蓝圣地！**

西沙旅游航线以"游轮＋海岛旅游"的模式，打造不一样的西沙生态游，让游客领略西沙的纯净之美！

西沙邮轮，三亚—西沙全富岛—银屿岛—三亚4天3晚，探索国境之南，踏上海蓝圣地！

行程安排：
- 第一天：三亚办理登船手续、起航。
- 第二天：抵达西沙锚地后，分批乘坐接驳小艇前往银屿岛，体验激动人心的"在祖国最南端升国旗"活动，感受渔民生活，品尝美味海鲜；下午乘坐接驳小艇绕全富岛进行西沙初印象巡岛观光；夜晚，在天幕甲板欢聚观赏"海洋欢乐颂"歌舞晚会。
- 第三天：继续游览全富岛和银屿岛。
- 第四天：返航，结束西沙愉快旅程。

**西沙群岛玩什么？**

西沙是目前国内游客能够到达的祖国最南端的海域，具有浓厚的神秘色彩和无穷的魅力。这里的岛礁各具特色，其中全富岛沙细绵软。西沙海水清澈，如梦似幻，能见度可达

40余米。

**西沙锚地的寻梦之旅**

抵达西沙锚地之后，改乘接驳小艇前往全富岛进行巡岛观光，在这片无人之地的蓝天大海中打卡拍照、纪念留影。

**在祖国最南端升起国旗**

迎着海上的朝阳，体验激动人心的"在祖国最南端升国旗"活动。

在祖国最南端升国旗

**来到西沙，必须深入这片海**

在能见度40米的清澈海水中浮潜，可以轻松看见水下世界的迷人景色。热爱这片深蓝的朋友可以参加精品潜水，深入海中享受触手可及的美景。

# 任务一　认识海洋水体旅游资源

## ▶ [任务导入]

（1）开展班级讨论，分享自己所知道的海洋水体旅游资源。

（2）班级分组，每组利用网络收集一幅海洋水体旅游资源图并配图介绍。

## 一、海洋水体旅游资源的概念

各种形态的海洋水体在地质地貌、气候、生物以及人类活动等因素的配合下，形成不同类型的水体景观。凡能吸引旅游者进行观光游览、度假健身、参与体验等活动的各种海洋水体资源都可视为海洋水体旅游资源。

地球表面积5.1亿平方千米，其中，海洋面积占70.8%，达到3.61亿平方千米，可见海洋水体面积之大、分布之广。它以浩瀚无际、深邃奥妙的魅力吸引着每一个旅游者，成为水域风光类旅游资源的重要组成部分。据统计，目前全世界已有上千个海上娱乐中心和旅游中心，其中有200多个海洋公园。我国面向世界第一大洋——太平洋，海岸线总长约为1.8万千米，海洋水体旅游资源极其丰富多彩，所以沿海地区的海洋旅游业发展占据重要地位。

## 二、海洋水体旅游资源的特点

1. 独特性

海洋水体旅游资源的独特性表现为其独特的自然景观。海洋环境的多样性和复杂性造就了海洋生态系统的多样性，使得海洋生物、珊瑚礁等共同组成海洋水体旅游的重要资源。此外，海洋文化也是海洋水体旅游的一大特色，如渔民文化、海洋历史文化等。

2. 丰富性

海洋水体旅游资源的丰富性表现为其资源种类的丰富和数量的多样。海洋水体旅游资源包括海岛、海滩、海洋公园、海洋博物馆等多种形式，数量众多，种类繁多，可以满足不同游客的需求，如适宜冲浪的海湾、适宜海钓的海域、适宜潜水的海域、适宜观潮的海域等。

3. 可持续性

海洋水体旅游资源的可持续性是指在满足游客需求的同时，保持资源的稳定并保护环境。海洋旅游开发需要重视水体对资源的保护和对环境的保护，避免对海洋生态系统造成破坏，并保证资源的可持续利用。

## 三、海洋水体景观的类型

海洋旅游的发展依托于海洋水体旅游资源，不管是滨海旅游还是深海旅游。优质的海洋水体环境形成优质的海洋生态系统，珊瑚礁的生长发育丰富了海洋潜水旅游发展；潮汐、风浪等又为冲浪、帆船等体育旅游创造条件；海洋水体对大气和雨水的调控，更是直接造福人类的日常生活。海洋水体景观主要类型有：

1. 海面风光

辽阔的海面，水天相接，浩瀚无垠，令人心旷神怡。海面时而波涛汹涌，时而风平浪静，让人感受到海洋的独特魅力。海洋水体旅游资源不仅以其优美的风光吸引游客，而且可以使游客在海面上开展活动，如海钓、游泳、帆船、摩托艇、冲浪、滑水、热气球和水上飞机等。随着我国海上交通的发展和旅游需求的变化，各种各样的海面观光旅游形式不断出现。

2. 海滨风光

长途、短途海滨观光旅游将得到更大的发展。蓝天、白云、碧海、细浪、沙滩、椰林构成了迷人的海滨风光，海滨地带也成为观光旅游的胜地。良好的气候和海水条件，还使海滨成为疗养度假的好去处，北戴河海滨浴场就是著名的海滨疗养浴场。气候适宜且阳光充足的地中海沿岸、夏威夷、加勒比海、东南亚、我国海南等地区，都成为世界著名的避暑、疗养、度假和水上活动胜地。

3. 海底风光

海洋中的海洋生物资源和矿产资源都极为丰富，这些资源具有很强的观赏价值和科考价值，能为人类带来巨大的经济效益。随着现代科学技术的发展，海底观光探秘和建造"人工海底乐园"已成为海洋旅游活动的一个重要组成部分。游客在潜水员的指引下，潜到水下去观赏鱼类（与鱼共舞）、珊瑚等海生动物，游览和考察海底地貌以及在游览的过程中进行水下狩猎、摄影和打捞活动。

据统计，世界上已有30多个国家建立了海洋旅游中心，每年吸引世界各地的游客前往，如美国、澳大利亚、新加坡、泰国、印度尼西亚和我国的海南岛都是潜水旅游者最向往的地方。

4. 观光游憩海域

观光游憩海域是指可供观光游憩的海上区域，主要集中在滨海和近海。这里空气清新，开阔洁净，环境舒适宜人，而且沙滩海岸、珊瑚、水生鱼类和植物丰富了旅游内容，因此成为理想的旅游场所。这里适宜开展观光、休闲、度假、疗养等项目，还可进行海水浴、阳光浴、帆板、冲浪、潜水、垂钓、水上摩托艇、水上跳伞、沙滩排球等娱乐和体育运动。

我国著名的观光游憩海域有辽宁大连海滨的星海公园、老虎滩、金石滩等，河北秦皇岛北戴河海滨的鸽子窝、老虎石等，山东青岛海滨的栈桥、小青岛、石老人等，海南三亚的亚龙湾、大东海、天涯海角等，深圳的大梅沙、小梅沙等。

5. 潮涌现象

潮涌指大潮时海水涌进景象。海水在月球和太阳引潮力的作用下产生的周期性的涨落运动被称为潮汐。

在一个周期内，海水会发生两次涨潮和两次落潮。一些喇叭形的河口地区，受海底地形、气象气候条件的影响，常出现潮涨来势凶猛、潮端陡立、水花飞溅、潮流上涌的特殊潮汐现象，称为涌潮或怒潮。潮涌多伴随涨潮而发生，潮差越大，潮涌现象越强烈。其趋势是远岸潮差小，近岸潮差大；湾口潮差小，湾顶潮差大。涌潮是外海潮波传播到喇叭形河口或海湾时，由于受到两岸的约束及海底地形的影响而发生激烈变形的现象。我国有多处著名的涌潮景观，其中以浙江钱塘江潮最具有代表性。

6. 击浪现象

击浪现象是指海浪向岸边推进时，拍打海岸造成水花卷起的景象。击浪不但可以满足视觉上的享受，也可以满足听觉上的享受，两者最终使心灵得到享受。海水无时无刻不在运动之中，因而形成"无风三尺浪"的景象。当海岸边悬崖危倾、礁岩壁立时，人们常常能欣赏到"惊涛拍岸，卷起千堆雪"的壮观景色。当惊涛拍岸、海浪汹涌时，巨浪排山倒海般涌来，海浪的余波顺着坝壁冲向几十米的高空，击碎的水珠能散落到百米以外，巍巍壮观。海水撞击在礁石上的轰隆声又和海浪铺排在沙滩上的沙沙声和谐共鸣，好像一曲美妙的打击乐器奏鸣曲，让人为之振奋。

## 四、海洋水体旅游资源的组成及功能

海洋覆盖了地球表面约71%，它是地表溶质径流的最终归宿。通过亿万年的海面蒸发浓缩，海洋聚积了所有风化壳中的化学元素，因此海水中的盐分高达3.5%，并仍呈增长趋势。

海洋面积辽阔又拥有巨量的海水，使得海洋生态系统的各因素（海水水质、海洋生物、海底沉积物等）都具有很高的稳定性。从生态学的观点来看，海洋是能够在较长时期内保持稳定状态的最大的自然环境。

海水中化学物质的平衡关系主要取决于陆地溶质径流及生物沉积作用，后者在近海沿岸及海湾水域特别强烈，其对氮、磷化合物的影响尤为显著；而在河口地区，海水中电解质对河水中悬浮物及有机质的凝聚沉淀作用则有重要影响。

1. 海洋水体旅游资源的组成

海洋水体生态系统的组成有6类：

（1）自养生物，是生产者，主要是具有绿色素的能进行光合作用的植物，主要包括浮游藻类、底栖藻类和海洋种子植物，还有可以进行光合作用的细菌。

（2）异养生物，是消费者，包括各类海洋动物。

（3）分解者，主要包括海洋细菌和海洋真菌。

（4）有机碎屑物质，主要包括生物死亡后分解成的有机碎屑和陆地输入的有机碎屑等，以及大量溶解有机物和其聚集物。

（5）参加物质循环的无机物质，例如碳、氮、硫、磷、二氧化碳、水等。

（6）水文物理状况，例如温度、海流等。

2. 海洋水体旅游资源的功能

海洋水体生态系统服务功能分为供给功能、调节功能、文化功能和支持功能四大类。

供给功能是指海洋生态系统为人类提供食品、原材料、基因资源等产品，从而满足和维持人类物质需要的功能，主要包括食品生产、原料生产、提供基因资源等功能。

调节功能是指人类从海洋生态系统的调节过程中获得的服务功能和效益，主要包括气体调节、气候调节、废弃物处理、生物控制、干扰调节等功能。

文化功能是指人们通过精神感受、知识获取、主观印象、消遣娱乐和美学体验等方式从海洋生态系统中获得的非物质利益，主要包括休闲娱乐、文化价值和科研价值等功能。

支持功能是保证海洋生态系统物质功能、调节功能和支持功能所需的基础功能，具体包括营养物质循环、物种多样性维持和提供初级生产的功能。

## 任务二 海洋水体旅游资源和旅游

### ▶ [任务导入]

(1) 开展班级讨论，分享自己所知道的海洋水体旅游资源和旅游的关系。

(2) 班级分组，每组利用网络收集一幅海洋水体旅游资源与旅游关系图并配图介绍。

### 一、海洋水体旅游资源和旅游的关系

海洋水体旅游资源包括海洋水体及其下的海床、底土和其上的大气，还包括陆地中受海洋活动作用影响明显的区域，主要指岛屿、潮汐淹没区、湿地和海滩等自然生态地区，以及丰富多样的、密集的城镇和乡村。这部分区域既有陆地属性，又具有海洋属性，而且往往是海洋属性表现得更为明显，也是人类活动与陆地和海洋环境联系紧密且集中的地域。海洋水体所辐射的陆海空范围内全部的旅游资源都构成海洋水体旅游资源，成为旅游开发和旅游产品组合的重要因素。

海洋旅游是指非常住居民出于非经济目的及和平目的而在海洋水体资源区内的旅行和暂时居留而引起的现象和关系的总和。人们出游的目的主要是实现经济、社会、文化和精神等方面的个人发展及促进人与人之间的了解和合作。

海洋水体旅游资源和旅游发展之间有着密切的关系。水是旅游业的重要组成部分，地球上许多旅游地区都因其水资源而闻名，而涉海旅游地区更是大众向往的目的地，世界上很多热门旅游区都依托海洋建立。同时，旅游业的快速发展也对海洋水体资源产生了深刻的影响。

其一，海洋水体是海洋旅游的重要组成部分之一。许多旅游业态都与海洋相关，比如海滨度假区、海岛度假区、邮轮航线等等。海洋水体的景观和特性可以为这些旅游业态增添独特的魅力和吸引力，吸引大量游客前来旅游。

其二，旅游业的快速发展对海洋水体资源产生了深刻的影响。海洋度假区的良性发展需要优质的海洋水体资源支撑。此外，旅游业活动也会对海洋水体环境造成影响，比如船只、游泳、潜水等活动都会增加海洋水体资源的污染和消耗。

因此，保护和合理利用海洋水体旅游资源是海洋水体旅游业可持续发展的重要保障。旅游业应加强对海洋水体资源的管理和保护，采取措施减少海洋水体污染，以满足游客的需求。此外，政府、企业和公众也应共同努力，加强海洋水体资源的保护和管理，为旅游业的可持续发展提供更加坚实的基础。

### 二、海洋水体旅游资源开发的典范

在波光粼粼的海面上，鳞次栉比的渔船靠岸停泊，乘风破浪的万吨巨轮驶向远洋。蔚蓝壮阔的海洋滋养着生活在这里的人们，而星罗棋布的小岛就是海洋中的串串明珠。众多的海滨、海岛、水体等共同组成了海洋水体旅游资源，下面是国内外部分优秀的海洋水体

旅游资源开发案例。

1. 东海枸杞岛：壮丽"海上牧场"，拥海"悬崖酒店"

枸杞岛又被誉为"东方小希腊"，它是浙江省舟山群岛东北部的一个岛屿，因岛上生长的野生枸杞而得名。枸杞岛位于嵊泗县东部，陆地面积5.92平方千米，岛上最高海拔199.3米。岛形略呈T字形，以山地为主，山顶多裸岩，沟谷处植被甚茂。枸杞岛森林覆盖率达53%以上，居嵊泗县各岛首位。

东海枸杞岛

枸杞岛周围的海域素有"海上牧场"之称，是中国贻贝的主产地。放眼眺望，海面上洒满一列列白色的"繁星"，这片面积约10.2平方千米的贻贝养殖海域，目前预计一年可孕育贻贝近十万吨。

2001年，枸杞乡被浙江省海洋渔业局命名为"浙江省贻贝之乡"，2002年通过"省级万亩贻贝养殖示范园区"的评审。近年来，通过技术创新，枸杞岛的贻贝养殖规模不断扩大，养殖户的收入年年增长。与此同时，设置贻贝伏休期的可持续发展之举，也让养殖环境得到了良好的循环利用，保证了贻贝品质。

最令人难忘的，还有枸杞岛的海岸悬崖酒店。酒店基地位于枸杞岛西南部环岛道路外的自然原始悬崖，被海湾拥于其中，整体海面环境安逸。依山而建，临海而居；日月为友，山海作伴，海岸悬崖酒店把所有浪漫都放在了这片中国最东的海岛上。

放眼辽阔的海疆，枸杞岛如枸杞般红红火火的日子，正是我国成千上万个岛屿发展海洋经济的一个缩影。海岛的发展离不开大海这个聚宝盆，开发者通过技术加持、创新思路、可持续发展，必能让海岛重焕生机。

2. 马来西亚：诗巴丹平台极限潜水度假村

诗巴丹平台极限潜水度假村是最为出名的将海上油气平台改造为旅游休闲设施的案例之一。该度假村原型是一座位于菲律宾、婆罗洲和印度尼西亚之间的苏拉威西海上油气平台，平台于1988年正式退役，经评估、改造（拆除生产设备，钻井口变作深潜入口，整个平台被改建为潜水度假村）后于1997年被拖至马布岛旁，主要为来自各地的潜水员提供最贴近自然的顶尖潜水据点。二十多年来，平台水下结构已经为海洋生物提供了极佳的屏障和栖息地。

该再利用方案既提高了海洋自然资源的利用率、增长了海洋经济效益，又为宣传人与自然和谐相处作出了巨大的贡献，具有重要的示范意义。

**诗巴丹平台极限潜水度假村实景**

3. 温哥华：温哥华锈色防线

设计单位：保罗·僧伽景观设计（Paul Sangha Landscape Architecture）

项目类型：已建成

项目时间：2015 年

**温哥华锈色防线**

本项目为防浪堤的设计提供了一种独特的新思路，如雕塑般的堤岸牢牢地固定在大地上，提升了海滩的空间品质，也创造了独一无二的场所感。简洁抽象的耐腐蚀钢墙延绵约61米，巨大的砾石错落有致地散布在海滩之上，既削弱了海浪的冲击力度，又固定了海沙，促进其沉淀，成为各类植物、动物的繁殖之地。改造后的海滩成为活跃的公共场地，吸引了大量划艇运动员、太阳浴者、海滩拾荒者和周围的居民。Paul Sangha Landscape Architecture 的首次尝试成为温哥华海岸线上的一个亮点。

设计团队创建了钢墙的实体和电脑模型，并引入了水射流切割机以减少材料的浪费。反复的模型探讨简化了墙面的复杂形态，也让其成本降至与混凝土墙的花费不相上下。潮位的不断变化使施工的时间十分有限。在工厂预制、组装完成后的 20 余件墙体结构被运送至场地，以完成最终的组装。其下的喷浆混凝土以相同的形态被固定在泥土之上，以保证未来钢墙脱落后海岸整体造型的统一和美观。

4. 厄瓜多尔：梦幻之岛——加拉帕戈斯群岛保护计划

设计单位：景观＋建筑的 PEG 办公室（PEG Office of Landscape ＋ Architecture）

项目类型：已建成

项目时间：2020 年

**加拉帕戈斯群岛保护计划**

加拉帕戈斯群岛面临着一个充满矛盾的挑战：岛上的自然资源吸引了来自生态旅游行业的财政支持，而反过来，生态旅游又可能破坏这一资源。自查尔斯·达尔文登岛以来，人们对其自然环境进行了各种研究，可对于建筑景观的关注却少之又少，人口密集的城市区域也因此而遭受着洪水与水污染的困扰。该计划收集了详细的地形信息，为的是缓解未来的洪水和海平面上升等问题。此外，为评估污染等级和污染源，项目团队还开展了水质测试工作，以便让这些问题能够从根源上得到解决，让岛上的居民能够继续在这一独特的生态系统中健康地生活和发展。

> [相关链接]

## 绿维文旅：我国海洋旅游资源开发现状

### （一）我国海洋旅游资源特点

首先，我国海洋旅游资源最显著的特点是海洋旅游资源丰富、类型多样。我国濒临太平洋西岸，拥有1.8万千米的大陆海岸线、1.4万千米的海岛岸线，有岛屿7000多个。从海洋自然旅游资源来看，我国海洋地貌旅游资源、海洋天象气候旅游资源、海洋水体旅游资源、海洋生物旅游资源应有尽有，不仅存在面积广，而且类型多样。同时，五千年的悠久历史在漫长的海岸线上积淀了厚重的海洋人文旅游资源。

其次，由于我国海岸线在南北方向上纬度跨度大，海洋旅游资源地域差异显著。因此，不同地域以及不同季节，海洋旅游资源的卖点各异。

最后，由于我国多数地域属于季风性气候，海洋旅游资源及海洋旅游项目都要受季风影响。

### （二）我国海洋旅游资源空间结构布局

在考虑区域间海滨旅游资源相似性、经济条件、区位条件、资源空间组合、客源市场等因素的基础上，我国海滨旅游空间布局可分为五个发展带。

**我国海滨旅游空间布局发展带**

| 区域名称 | 区域范围 | 中心城市 | 区域优势 | 主导功能 | 主要目标市场 |
|---|---|---|---|---|---|
| 环渤海湾海滨旅游带 | 山东半岛、辽东半岛、渤海湾地区 | 大连、秦皇岛、青岛 | 区域紧密度高、客源市场优势 | 海滨度假 | 日本、韩国、中国环渤海湾地区 |
| 长三角海滨旅游带 | 上海、连云港、南通、宁波、温州、杭州等城市为中心的苏浙沪沿海地区 | 上海、连云港、宁波、杭州 | 区域经济优势、对外开放优势 | 都市观光、海滨观光、商业旅游 | 长江三角洲、海外游客 |
| 海峡西岸海滨旅游带 | 福建省沿海地区 | 福州、厦门、泉州 | 宗教文化多元、民俗特色突出 | 民俗旅游、宗教旅游、文化旅游、海滨观光、海滨度假 | 中国台湾、长江三角洲、珠江三角洲、东南亚 |
| 珠三角海滨旅游带 | 以香港、澳门、广州、深圳、珠海、汕头、湛江、北海为中心的珠江三角洲沿海地区 | 香港、深圳、北海 | 地理区位优势、区域经济优势 | 观光游览、休闲度假、疗养避寒 | 东南亚、欧美、中国珠江三角洲 |
| 海南海滨旅游带 | 海南岛 | 海口、三亚 | 热带海滨风貌、独特气候 | 海滨观光、海滨休闲、海岛度假 | 东南亚、我国内地 |

### (三) 我国海洋旅游资源开发现状

我国拥有300万平方千米的"蓝色国土",是中华民族实施可持续发展的重要战略资源。其中,海岸带、滩涂面积1.333 3万平方千米,目前已开发的只占其中很少的部分。此外,海洋生物种类繁多,油气、矿床、再生能源也十分丰富。如此优越的条件,一方面为发展海洋旅游提供了基础,另一方面也丰富了海洋旅游的具体内容。

改革开放以来,中国海洋旅游有了翻天覆地的变化,海洋旅游资源开发利用所带来的经济效益在旅游业中占据着极其重要的地位。我国主要旅游省、市也主要分布在沿海。但同时我们也应看到,我国海洋旅游资源开发利用还存在许多问题。

首先,海洋旅游资源的开发力度与深度还远远不够,与国际先进水平还有一定的差距。当前,开发仍只停留在初级状态,损害海洋旅游资源短期效应的行为时有发生,具体表现在海洋旅游层次不高、项目单调、海洋旅游商品的地域性和独特性欠缺。

其次,海岛旅游开发严重滞后,7000多个岛屿在旅游上有一定知名度的却是凤毛麟角,造成资源的极大浪费。

最后,海洋旅游资源管理混乱,规划性不强或欠科学。海洋旅游资源的文化含量有待进一步提高。此外,海洋旅游从业人员的素质较低,海洋旅游者自身的文化水平、经济状况也影响与制约着海洋旅游资源的利用。

## 任务三 海南海洋水体旅游资源

▶ [任务导入]

(1) 开展班级讨论,分享自己所知道的海南海洋水体旅游资源分为哪些。

(2) 班级分组,每组利用网络收集一种海南海洋水体旅游资源图并配图介绍。

海南省200万平方千米的广阔海域中,分布着600余个岛、礁、滩和沙洲,每一个都美不胜收。长达1944千米的环岛海岸线,被称为"最美资产"。东线海湾秀美瑰丽,西线海岸粗犷豪壮。全岛68处各具魅力特色的海湾纯粹静美,各有千秋。海洋旅游涉及陆地、海岸、海水、岛屿、礁石、生物各种元素,而这些元素组成的海滨、近海、远洋都是这片岛屿的"待客"瑰宝。若向往更加纯美的海景,则这里的260多个岛屿、沙洲、礁、暗滩和暗沙更加令人期待。

**海南海洋水体旅游资源类型**

| 主类 | 海南海洋拥有的亚类 | 海南海洋拥有的基本类型 | 海南海洋水域旅游资源 |
| --- | --- | --- | --- |
| B 水域景观 | BE 海面 | BEA 游憩海域 | 各大海湾,如亚龙湾、香水湾、月亮湾等 |
| | | BEB 涌潮与击浪现象 | 全境海岸线 |
| | | BEC 小型岛礁 | 西岛、猴岛等 |

海南海洋水体资源丰富，本书依据 GB/T 18972—2017 中的分类类型，结合海南水体实际情况进行介绍。海南岛位于北部湾、琼州海峡、南海之间，海南海洋水体资源可分为沿岸海洋水体、琼州海峡水体和南海海洋水体三部分，它们各自呈现出不同的特点。

# 一、海南沿岸海洋水体旅游资源

## 1. 潮汐

海南岛的潮汐现象主要是太平洋潮波经巴士海峡和巴林塘海峡进入南海后形成的，潮汐类型复杂。其沿岸潮流有三种类型：表层潮的正规全日潮流，分布于三亚港到莺歌海、琼州海峡东岸段；不正规全日潮，分布于海口港、清澜港和八所港；不正规半日潮，分布于港北港、陵水角和洋浦港。底层潮流也分三种：正规全日潮流，分布于海口港至抱虎角、三亚港至莺歌海；不正规全日潮，分布于八所港至琼州海峡西口；不正规半日潮，分布于清澜港至港北港。

海南岛沿岸潮差的特点是东部和南部潮差比较小，西部较大，西北部最大。从海口市以东环岛到莺歌海和西南角附近，几乎占全岛三分之二岸线的海岸，平均潮差都在1.0米以下。莺歌海以北至八所港及玉包港以东至海口秀英港，平均潮差均在1.0~1.3米；八所港至玉包港以西，约占全岛五分之一岸线的海岸，平均潮差在1.5~2.0米，为全岛之冠。

## 2. 波浪

玉包港、白沙门两地，波浪主要出现在偏北向。出现频率为：玉包港87%，最多东北浪为29%；白沙门为73%，最多北东浪为39%。

海南岛东北的铜鼓岭、南部的榆林湾和西南部的莺歌海，则都以偏南回浪为主。铜鼓岭近岸海区，波浪出现频率为69%，最多东南浪为34%；亚龙湾内波浪出现频率为57%，最多南浪为31%；榆林港为83%，最多西南浪为25%；莺歌海为61%，东南浪和南浪最多为16%。海南岛西部的东方八所海域，各向浪的分布则与上述各站不同。

环岛的波浪较大，年平均波高以东北岸段最高，南岸较低。岛东北部的铜鼓岭东北向浪最大，年平均波高为海南岛全岸最高，达1米；岛西部的东方，偏东、偏西各向浪较小，偏南向大，西南部的莺歌海各向差异较小。

除亚龙湾的平均周期明显偏大外，其余各观测站的平均周期接近。全岛沿岸平均波浪周期为2.9~4.6秒，而亚龙湾长达8.1秒，富有海浴冲浪的娱乐之利。

## 3. 水温

海南岛近岸海水温度水平分布，具有自北而南增高、西高东低以及冬季沿岸低而外海高、夏季沿岸高而外海低的特点。东西海岸水温差约9℃。冬季，海口的海水温度为18.7℃，而南部三亚的海水温度已增加到22℃，比珠江口岸段高4~5℃，是中国海岸冬季水温最高的岸段。

海南岛沿海区域水深较浅，海水温度年变化受气候影响较大，具有年较差大、变化快的特点。水温最高值出现在夏季（5—9月），最低值出现在冬季（1—2月），水温年较差在7～11℃之间，水温年变化幅度由南向北递增。

4. 盐度

环岛沿岸表层海水的盐度，具有由沿岸向外海逆增和时空分布差异较大的特点。全岸年均盐度32.64‰，比我国北方沿岸（盐度28.0‰～30.0‰）略高。春至夏初（3—5月），盐度为31.56‰～34.48‰。秋季（9—10月）盐度偏低，一般为18.55‰～32.11‰。东岸除清澜港至陵水湾因有上升流而盐度增加到34.47‰的高盐度区外，其余岸段的盐度均小于西岸和西南岸段。盐度极值，东方和莺歌海分别高达36.0‰和36.2‰，比粤东、粤中和粤西沿岸的盐度（30.0‰～31.0‰）高。气温高、日照长、净蒸发量大的气候条件利于晒盐，宜划作盐田区。丰富的海盐为盐化工的发展奠定了基础。

5. 水色与透明度

海南岛沿岸水色变化在2～21号之间，水色分布趋势一般是由岸向外随着水深的增加而水色增高，且具有东部和南部沿海区域低、季节变化较明显的特点。透明度变化范围在0.5～20米之间，其变化趋势与水色相似，即水愈深透明度愈大。东部和南部沿岸区域透明度大，西部和北部区域透明度小，一般是春夏季透明度大，秋冬季具有明显的季节变化。

## 二、海南琼州海峡水体旅游资源

在季风的影响下，琼州海峡为往复流，除6、7月由西往东流外，其余时间由东往西流。潮流表层流速一般为2.6～3.5米/秒，海峡东口流速大于西口流速，属正规全日潮流。潮差小，通常为1米左右，仅为我国东海沿岸潮差的1/5左右，属于弱潮区。波浪较大，平均波高0.5～0.7米。个别海湾受地形影响，风浪可达2米以上，如南岸后海的北风浪，波高达2.6米，对海岸产生侵蚀作用。琼州海峡扼北部湾通往南海、东海的要冲，为海南省与大陆交通往来的捷径；但台风袭击时，巨浪掀起，航行中断，给海南省与大陆联系造成暂时困难。

## 三、海南南海海洋水体旅游资源

1. 海流

海南省所辖的南海海水表层运动，受季风和海底地形影响，夏季从爪哇海入南海，掠过南沙群岛西侧，往东北方向注入西太平洋，部分经台湾海峡入东海，流速一般为0.26米/秒。冬季的流向恰与夏季流向相反，为东北季风驱动所致，流速一般为0.41米/秒，胜过夏季海流。春秋因季风交替之故，流势较紊乱，并有涡流出现。在南海的东北部海域，西北太平洋的黑潮暖流有一分支经巴士海峡进入南海东北部而导致海水具有高温、高盐的特征。在深海盆地与大陆坡的过渡海区，陡峻的大陆坡如中沙大环礁东坡陡降至4000米。陡坡使海水受阻而形成上升流，掀起海底营养物质，营造出天然渔场的环境。

同时，该海区表层与底层水温差达 20 ℃，海洋温差能资源颇为丰富且开发潜力甚大。

2. 波浪

(1) 风浪

该海区表层海水波动以风浪为主，东北季风期的海浪大于西南季风期的海浪。平均风浪高，1 月一般为 1.50~1.75 米，7 月为 1 米左右。太平洋潮波进入南海引起潮汐，大部分海区为不规则全日潮，潮流一般为 0.5~1.5 米，属于弱潮海区。

东北季风时期：9 月，北部湾和最北部海区出现东北浪，向南浪向多变，其余海区仍以西南浪为主。10 月，北部和中部海区东北浪盛行，而南部海区的北部和暹罗湾则为交替时期，浪向多变，但最南部海区西南浪仍占优势。11 月，整个海区全部开始盛行东北浪。

西南季风时期：3—9 月，海湾南部出现偏南浪但未占优势，经常以西向浪为主。开阔的海面上，5 月，最南部海区出现南向浪并稍占优势，向北则浪向多变。而最北部海区仍以东北浪为主。6—8 月，整个洋面偏南浪向盛行。

随着东北季风的减弱，大浪频率逐渐减小。季风交替时期的 4、5 月，中部及南部海区大浪频率都不足 10%。4、5 两个月为南海最平静的时期。6—10 月为南海台风活动时期，大浪频率一般比交替时期有所增加，但由于西南季风比东北季风持续时间短且风力小，大浪频率远不如东北季风时期高。

(2) 涌浪

东北季风时期：大约从 10 月至次年 3 月，开阔海面上除 10 月最南部海区浪向不定外，其余海区全部盛行东北涌，频率一般都在 40% 以上。海湾北部 11 月至次年 1 月多北向、东向或东北向涌，南部 11 月和 12 月盛行东北涌，1 月至 4 月盛行东向涌。

西南季风时期：大约从 6 月到 8 月，越南中部沿岸海区和北部海区的西部以及北纬 5°以南海区盛行南向涌，其余的海区则盛行西南涌。

随着台风盛季的到来，从 6 月开始，涌浪波高逐步增大。这个月，1.5 米以上的涌浪只有中部和东北部两个中心，7 月两个大中心扩大并增强，8 月则连成一片并形成东北—西南向大涌浪带，几乎占据了北部和中部海区。大涌频率也有以上类似分布。

9 月为西南季风向东北季风过渡时期，东北涌迅速侵入北部海区并占优势，但中部和南部海区仍盛行西南涌。这月，平均波高 1.5 米以上的涌浪主要分布在北部海区，其余的海区波高很低。大涌频率与平均涌浪波高类似，由于台风加之冷空气的活动，北部海区大涌频率较 8 月份又有增大。

3. 水温

南海海区的表层水温，是中国四大海区中最高的，年平均水温 25~28 ℃，比长江口以北的海区表层水温高 5~7 ℃。冬季，渤海和黄海可出现冰冻，东海中部 8~12 ℃，而南海几乎全在 20 ℃以上。其中，海南省所辖的南海海域，冬季海水温度特别高。西沙群岛至南沙群岛的广阔海域，2 月平均水温 24~27 ℃，比东海 2 月平均水温高 10 ℃左右，显示出热带海洋的重要特征。

### 4. 盐度

海南表层海水盐度，一般都在32‰以上，比海盐主产区渤海的海水盐度（30‰）大。冬季，海南省海域的盐度为33‰～34‰，而东海、黄海和渤海的盐度分别为29‰～32‰，28‰～31‰和29‰～31‰，均不及海南省的海水盐度。同样，夏季海南省海水的盐度平均也比其他三个海域高。

### 5. 透明度

注入海南省海域的大河流少，海水浑浊度仅在海南岛沿岸的河口岸段较大，广阔的海区都海水清澈，尤其是南海诸岛远离陆域海岸的海区，海水透明度一般达20～30米。南沙群岛的李准滩，18～37米水深的珊瑚底清晰可见，一览无余。在北纬14°～20°、东经110°～120°的南海中部海区，透明度为25～30米，最深达35米，为全国海区透明度之冠。透明度大，阳光可直射到数十米深处，利于海洋植物进行光合作用。特别是对珊瑚而言，南海的水温、盐度和透明度，均成为其发育之最佳条件。发育旺盛的珊瑚及其提供的场所，成为海洋生物栖息和繁殖的良好生态环境。

## ▶ [相关链接]

### 隐秘而危险的离岸流[①]

2023年7月2日，一名网友发文表示，她和男朋友来海口看周杰伦演唱会。7月4日傍晚6时许，其男友在海滩玩水时失踪。该文立即引发许多网友关注，网友纷纷帮忙转发寻人。

7月9日，海南省公安厅海岸警察总队第三支队相关人员向媒体记者证实：前段时间，他们确实接到警情，后来人找到了，但已不幸遇难。这位被找到的游客来自四川，法医鉴定为溺亡。事发海滩附近商家表示，该男子是独自下海的，并未购买任何冲浪项目。虽然目前不能确定男子是遇到了网传的离岸流情况，但该事件在网上也引发了关于离岸流的科普。天气炎热，去海边玩水纳凉时要警惕"隐形杀手"。

实际上，离岸流并不是个"新鲜事儿"。早在2017年8月，我国首批离岸流警示标识已经在海南三亚、陵水的重点滨海旅游区树立完成。

裂流警示标识

三亚大东海海滩上竖立的裂流警示标识

---

① 赵天宁，刘昭，房永珍. 一游客海南游泳溺亡，可能是遭遇了这种海边"隐形杀手"![EB/OL]. (2023-07-10) [2023-09-30]. https://baijiahao.baidu.com/s?id=1771027616139584340&wfr=spider&for=pc.

离岸流，学名裂流（rip current），是在海面波浪的辐射应力及压力差作用下，海浪破碎后，堆积至岸边的壅高水体穿过碎浪带回流入海的条带状表面流。其流速大多为0.3～1米/秒，最快可达3米/秒，其长度为30～100米甚至更长，流向几乎与岸线垂直。

国家海洋局海洋减灾中心助理研究员张尧表示，离岸流可以将漂浮物或者游泳者迅速带向深水区，即使是非常好的游泳者、世界上最快的游泳运动员也难逃它手。

而根据《人民日报》官方微博报道，巴西与澳大利亚的研究显示：在海边，大约有90%的溺水是因为离岸流。据了解，典型离岸流的流速大约是2米/秒，超过一般人的泳速，救生员在受训时也常被其拉向外海。

张尧表示，离岸流主要是平行于岸线的条状白色浪花带间断的平静水域。如果看到这样的现象，一定要当心！此外，落潮时更容易产生离岸流，向海突出的岸线或结构物如海堤、礁石附近是离岸流高发区域。

炎炎夏日，不少人选择到海边游泳。实际上，海洋是水情最复杂的水体：海水不光深，其中还有攻击性海洋生物；海洋风浪最大，洋流最复杂，暗礁更是危险。著名电影《大白鲨》就是以这样的故事做背景。

此外，海边紫外线较强。海岸线附近还有海蜇等自然生物，容易对人体健康造成不必要的损伤。而一旦在大海中落水遇难，得不到有效救援的情况下，生还概率较低。哪怕是成熟的商业性海滩，都有被浪卷席卷或拍打的危险。即便是最有经验的游泳运动员，对于海洋环境也不能掉以轻心。

遇到离岸流，切不可顶流向岸边方向游动，因为这样只会加速体力消耗，正确的做法应该是垂直于流向并沿着海岸游。或者也可以随波逐流，等到达离岸流结束的位置，再沿岸游一段，最后转为向岸边回游。

另外，"会游泳"和"会在公开水域游泳"是两个完全不同的概念，因为两者所要求的技术水平、泳姿技巧完全不同。在公开水域游泳，除了掌握泳姿技巧以外，还要有过硬的游泳装备和心理素质。对于大海这样的大型公开水域，北京体育大学温宇红教授认为，普通公众一定要选择正规的海边浴场，否则很难谈安全问题。

## 任务四　海南海洋水体旅游资源的利用

### ▶ ［任务导入］

（1）开展班级讨论，分享自己所知道的海南海洋水体旅游资源的利用情况。

（2）班级分组，每组分享小组讨论的相关新业态发展。

海南省周围海域辽阔，热带海洋水体资源丰富，居全国之首。海南省海域具有渔场广、品种多、生长快和鱼汛长的优势，是发展热带水产的理想海域。海南省沿海有天然港湾68个，水深200米以内的近海大陆架渔场面积达22.5万平方千米，是我国发展热带海洋渔业的理想之地。海南现有渔港30多个。著名的四大渔场有昌化、清澜、三亚、北部湾渔场。海洋水产在800种以上，鱼类600多种，主要经济鱼类有金枪鱼、海鳗、带鱼、大黄鱼等40多种。可供人工养殖的浅海滩涂有2.5万多公顷，养殖了石花菜、沙蒿、珍珠贝、牡蛎、对虾、藻类等多种水产。海南岛西南沿海是中国华南地区发展海盐业的最佳地段，这里海滩平坦，终年炎热，阳光充足，风力较大，降雨量少，蒸发量大，晒盐条件好。目前，这里已建有莺歌海、东方和榆林等大型盐场。其中，莺歌海盐场是中国南方最大的盐场。

海口市、三亚市、儋州市、琼海市等地培育、引进高品质国际滨海度假旅游项目，举办海洋旅游国际论坛，打造大型海洋主题文旅综合体。并围绕海洋水体资源，融合发展购物、养生、娱乐、运动等度假旅游产品，发展海洋美食文化消费，引导滨海观光向滨海度假发展。

## 一、近海休闲旅游

优化近海生态休闲旅游产品布局，重点支持蜈支洲岛、西岛、分界洲岛等发展游船、海钓、低空飞行等新业态，推进有条件的中心渔港和海洋牧场发展旅游业态，支持更多企业投资发展近海游船旅游和海钓旅游。

蜈支洲岛、西岛、分界洲岛三家岛屿景区近年来也在不断完善其海洋旅游产品，从引进世界先进的船潜艇到海天飞龙、直升机等低空飞行器等，让游客能进行海陆空立体式海洋水体资源欣赏。珊瑚酒店、悬崖酒店、渔村民宿等让旅游者住下来体验越来越流行。

▶ [相关链接]

### 海南探索发展休闲渔业新业态

"今年，出海游玩的游客很多，从鸿洲码头到西岛这片海域每天都有游艇来来往往。"2022年2月23日上午，在三亚市鸿洲码头，看着海港里游艇云集，三亚农投海洋产业公司总经理刘劲平对海南日报记者说。

茫茫大海上，有什么娱乐项目吸引游客出海？刘劲平告诉记者，三亚的渔业资源丰富，西岛海域附近又有深海养殖项目，不少游客选择坐游艇出海游览海洋风光、体验休闲垂钓，或是去观赏深海养殖项目捕捞作业。

当天上午，在三亚西岛海域附近，记者看到不少钓友正在深海养殖网箱边上垂钓。"这是悬浮式的养殖网箱，有些投放的饵料会漏出网箱，鱼儿喜欢在网箱停留觅食，钓友喜欢来这里垂钓。要是在网箱外面钓不到鱼，我们也允许钓友在网箱里钓，按斤算钱。"刘劲平对记者说。春节期间，养殖网箱的垂钓生意爆满。

近年来，出海观光、游艇婚拍、海钓、网箱垂钓等休闲渔业新业态逐步兴起，给海南的渔民们提供了另一种靠海吃海的新方式。

2月22日下午,在陵水黎族自治县富力湾游艇会码头,海南翰泽海洋投资有限公司相关负责人于学伟正在船上调试设备。"我这艘是刚运过来的专业海钓船,还在调试设备阶段,已经有不少钓友来预约出海时间了。"

以海钓为代表的休闲渔业是实现渔民生产方式转变的一个突破口。随着海上休闲旅游配套服务日益完善,海南的"海钓+"产品越来越丰富,游艇钓、海钓船、网箱垂钓等融合多种形式的旅游产品越来越多。

"我们这边有部分员工以前是渔民,现在转岗当海钓员或者船长,主要是给游客做海钓培训,陪同游客出海观光、海钓。我们也鼓励渔民买船来加入我们的海洋休闲旅游项目,或者应聘项目岗位。"陵水富力湾项目经理吴罕对记者说。

三亚西岛海域附近深海养殖网箱边上垂钓

2021年,海南省相关部门监测统计数据显示,全省休闲渔业总产值13.67亿元,全年接待人数513.61万人次。作为全国管辖海域面积最大的省份,海南的水域辽阔、渔业生产形式多样、渔文化底蕴深厚,发展休闲渔业的条件优越。随着我国城乡居民收入不断增加,休闲需求日益扩大,休闲渔业市场潜力无限,有待深入挖掘。

"我们正在稳步推进海口、三亚、琼海、文昌、万宁、乐东6个市县试点,以发展休闲渔业。"海南省农业农村厅相关负责人介绍,海南省农业农村厅成立休闲渔业试点工作领导小组及办公室,统筹全省休闲渔业发展组织协调、监督监管,专项推动休闲渔业工作。

为支持休闲渔业试点建设,海南省将投入5000万元资金支持休闲渔业发展。目前,试点市县的工作正在有序进行,例如海口市成立镇海渔民合作社,由国有企业海口旅游投资控股集团牵头,引进社会资本组建海口市休闲渔业开发管理有限公司,探索"休闲渔业公司＋渔民合作社＋渔民"的经营模式;三亚市成立三亚农业投资集团有限公司,设立休闲渔业试点项目,现在项目已开始试运营。

此外,《海南省人民政府办公厅关于加快推进休闲渔业发展的指导意见》等政策法规已出台,为休闲渔业的健康有序发展保驾护航。在海南省农业农村厅指导下,海南自由贸易港休闲渔业专家委员会成立,并聘请29位业内专家组建休闲渔业智库,为休闲渔业发展提供决策咨询和技术支撑。

## 二、游艇邮轮旅游

### 1. 开发远海邮轮游

海南作为国内唯一同时拥有两个邮轮母港(海口市、三亚市)的省份,拥有良好的停泊条件,可供国际大型邮轮停靠及上下客。三亚凤凰岛国际邮轮港建成了目前中国设施最齐备的专用邮轮港口,已建成一个15万吨级邮轮泊位,开通了广州、香港至三亚再赴越南的邮轮航线;海口港邮轮码头具备了接待7万吨级大型豪华国际邮轮的基本条件,未来将发展成为国际邮轮母港和游艇帆船基地。此外,每年都有前往三沙的邮轮航线,让游客们可以深入感受南海之美。海南积极融入"一带一路"建设,推广远洋海岛观光游,开发海底观景、南海俯瞰、海岛光影等亮点产品,培育远洋海岛旅游品牌。

以"南海之梦"和"长乐公主"两艘邮轮往返西沙旅游航线为代表,远海观光旅游成为海洋水体旅游资源利用的一大趋势。随着三亚凤凰岛国际邮轮母港的建设,"郑和下西洋"邮轮航线和"海上丝绸之路"邮轮航线等都将成为未来的新产品。

### 2. 加强邮轮游艇设施建设

加快三亚向国际邮轮母港发展,指导海口、儋州邮轮码头建设和前期工作有序开展。完善三亚邮轮母港和邮轮码头的商业服务,增设公共游艇码头,形成功能齐全、结构合理的游艇码头基础设施网络。

### 3. 壮大邮轮游艇服务主体

促进邮轮维修、船供、船舶登记、金融保险、市场营销等邮轮经济发展要素在海南集聚,推动邮轮经济全产业链发展。培育游艇上下游企业发展,重点支持游艇交易、展示、租赁、设计、制造、维护、保养、驾培等产业的发展,设立海南国际游艇交易中心。

### 4. 开发特色邮轮线路及产品

畅通邮轮航线国内循环,推动开辟环海南岛、北部湾近海邮轮旅游航线以及东部沿海地区至海南航线,升级西沙邮轮旅游产品。探索邮轮航线国际循环,借助亚洲邮轮联盟和中国—东盟邮轮旅游发展联盟等合作平台,努力构建环南海、RCEP地区、海上丝绸之路沿线国家的邮轮旅游航线。在三亚等邮轮港口开展海上游航线试点。推动落实在邮轮港码头开设免税店。

5. 推动游艇旅游高端消费

结合大型游艇展会和国际游艇帆船比赛，扩大海南游艇产业的国际国内影响力。壮大游艇租赁和游艇体验游市场，推动结合旅游度假区设置游艇码头和游艇俱乐部。打造帆船运动休闲旅游、游艇海钓游、高端游艇派对、航海夏令营、帆船拓展团建等相关旅游业态。

## 三、海洋体育赛事游

海南岛海域广阔，四季气候皆宜人，港湾、岛礁、沙滩、波浪等海洋要素齐备，为海上运动的发展提供了有利的自然地理条件和优越的区位条件。海口、三亚、万宁、陵水等多地都有丰富的近海水上运动娱乐旅游项目——帆船、帆板、滑浪、冲浪、海钓、潜水、浮潜船观光……还吸引世界职业选手将海南作为海上运动的训练和比赛基地。

随着海南万宁市华润石梅湾旅游度假区被纳入2022年全国体育旅游示范基地，以万宁市为代表的海洋水体旅游资源丰富的市县陆续大力发展海洋体育旅游，吸引海洋体育国家队及体育爱好者纷纷前来，打造具有影响力的海洋体育旅游赛事。

在国家体育总局体育文化发展中心公布的"2022中国体育旅游精品项目"名单中，海南省万宁市获评"全国十佳体育旅游目的地"。近年来，万宁坚持以"体育＋旅游"打造"活力万宁"形象，依托优势海洋水体资源，积极引进举办各类国际知名品牌赛事。在连续多年举办国际冲浪赛、中华龙舟赛、帆船赛等品牌赛事后，万宁体育旅游品牌全力打响。

万宁市在海洋体育旅游发展中，注重丰富旅文体产品供给，针对自驾游、家庭游成为主流的市场背景，着力优化全市旅游基础配套、旅游服务质量、旅游产品质量，提升体育旅游企业的潜在吸引力，把冲浪、摩托艇、海湾野营、帆船帆板、跳伞、滑翔翼等滨海体育旅游产业做精做细做强；推出"一湾一品"，打造日月湾冲浪、石梅湾潜水、神州半岛水上摩托艇、山钦湾高尔夫的差异化品牌；深度探索旅文体融合的方式，把潮流消费新元素当成支点，作为撬动旅文体深度融合的实践新拐点；进一步细化滨海产业类型，办好品牌音乐节、体育赛事，带动万宁旅文体融合高质量发展，打造属于万宁的独特优势。

## 四、环海南岛美丽特色海湾游

全岛海岸线可以分为东线和西线：东线秀美瑰丽的海湾风景起于海口湾，沿东海岸线的海湾有文昌的月亮湾、木兰湾，琼海的博鳌湾和玉带湾，万宁的石梅湾、日月湾，陵水的香水湾、清水湾，三亚的亚龙湾、海棠湾和三亚湾；而西海岸线却带着粗犷豪壮之美，从三亚的小月湾、红塘湾，乐东的龙栖湾、龙沐湾，东方的鱼鳞洲，昌江的棋子湾，儋州的洋浦湾，最后回到海口，形成一个闭合的椭圆形。

## 五、滨海奢享高端度假游

海南有优质、丰富的自然海岸资源。东线海湾秀美瑰丽，西线海岸粗犷豪壮。海南已

## 海南海洋旅游资源

有三亚亚龙湾、海棠湾、三亚湾、大东海，万宁神州半岛、石梅湾，海口西海岸、陵水清水湾、琼海博鳌湾9个成熟的滨海旅游度假区以及18个精品海湾项目。

海南是中国高档度假酒店最密集、国际品牌管理公司最集中的省份。截至2023年，海南五星级及按五星级标准建成并营业的酒店超过160家，已有喜达屋、万豪、洲际、香格里拉、雅高等25家国际知名酒店管理集团和61个国际品牌酒店落户海南。中国首家亚特兰蒂斯酒店也选址"国家海岸"海棠湾，已于2018年4月28日盛大开业。

▶ [相关链接]

### 海洋大省海南交出一份"蓝色"新答卷：水更清 滩更净 湾更美

点——岭上绿意葱葱，岭下海水澄碧。大大小小的岛礁星罗棋布，于平波如镜的海面陡然隆起成岭，如同翡翠镶银盘。

线——或岸平沙白，或岩峭石奇，或红树繁茂。海与陆的一次次搏斗与交融，绵延出1900多千米长的环琼岛海岸线。

面——鱼群尽情游弋，海豚高高跃起，珊瑚舒适生长。约200万平方千米的蔚蓝海域，一轮又一轮生命律动永无休止。

**三亚蜈支洲岛附近海域的热带鱼在珊瑚丛中觅食**

岛礁点点，岸线绵延，与辽阔无垠的蔚蓝海水一道，勾勒出琼岛海景的灵动与多变。

海南是陆域小省，却是海洋大省。立足这一独特生态优势，近年来，海南坚持陆海统筹和区域联动，以保护海洋生态系统和改善海洋环境质量为核心，稳步推进海洋生态系统保护修复和污染防治，正努力守好这份"生态家底"。

还清"生态欠账"，鸟翔鱼跃之景重现

2023年6月7日，文昌市八门湾畔，簇簇红树幼苗吐出新叶，使周遭滩涂浸满绿意。

"长势真不错。"望着一株株不过半米高的幼苗，东阁镇良丰村村民符史培满眼欣喜。对他而言，这些红树林不是"新朋"，而是"老友"。

"老友"有多老？没人知道。符史培只记得，他从小就在红树林下长大。但在过去几十年间，他却目睹了成百上千个渔排纵横交错，一口口鱼塘、虾塘延伸至宽阔海面，将成片湿地吞没。

如此景象，不只发生在文昌。蚕食掉海岸带生态系统的，也不仅是渔排、养殖塘。

"海岸带是社会经济发展最快、最活跃的区域之一，但人类活动的频繁干预，对这里的海洋环境与生态系统提出了严峻挑战。"海南省自然资源和规划厅党组成员、副厅长程春满说。平衡海洋开发与保护之间的关系，无疑成为一道必答题。

如何答？解题第一步，当然是还清"旧账"。

从文昌八门湾到儋州鱼骨港、东方鱼鳞洲，从海滩整治修复到滨海湿地修复、海洋生物资源恢复，沿着1900多千米的琼岛海岸线，眼下，一场海洋生态修复接力跑正在持续进行中。

来自海南省自然资源和规划厅的数据显示，2019年至今，海南省累计实施9个中央资金和13个省级资金支持的海洋生态修复项目，整治和修复海岸线127千米，新造修复红树林786公顷，环琼岛海岸线正逐步焕发原有生机。

**文昌市的八门湾红树林候鸟栖息**

变化，还出现在岛上。从竭泽而渔到自发保护，随着人类活动的退场，如今，万宁大洲岛上一只只金丝燕、一株株龙血树"复活"，正让鸟翔鱼跃之景重现。

变化，也出现在海底。人工礁体陆续"入水"，珊瑚幼苗陆续种下，在三亚凤凰岛、鹿回头等海域，一场海底版"植树造林"正在进行中，正为海洋生物筑起"新家"。

变绿，变清，变斑斓，海南持续推进海洋生态环境保护和修复，成效渐显。

**坚持陆海统筹，实现"一体化"修复保护**

几天前，海南晒出一份海洋生态环境"成绩单"。

2022年,海南省近岸海域水质持续为优,沉积物质量总体保持良好;海南岛东海岸和西海岸、西沙群岛海域的珊瑚礁生态系统处于健康状态;海口假日海滩、三亚亚龙湾和大东海海水浴场水质均为优良。

将"成绩单"再往前翻一翻,会发现"优"与"健康"的状态,海南已保持多年。

三亚蜈支洲岛海域附近海底工作人员记录珊瑚礁修复生长情况

成绩稳定,得益于保护有力。近年来,海南坚持陆海统筹和区域联动,印发一系列海洋生态保护修复规划与行动方案,并出台生态修复项目和资金管理办法,实现"一盘棋"修复、"一体化"保护。

——以目标为引领,落实《海南省"十四五"海洋生态环境保护规划》,印发《关于加强美丽海湾保护与建设的意见》,制定湿地、红树林和珊瑚礁等生态保护修复规划与行动方案,逐步夯实海洋生态保护制度基础。

——以项目为抓手,统筹整合中央、省级各项资金,谋划实施"蓝色海湾"综合整治行动、围填海项目海洋生态修复、"生态岛礁"投放等各类海洋生态保护修复项目,实行整体保护、系统修复和综合治理。

——以问题为导向,持续高位推动中央环保督察和国家海洋督察整改,督促指导市县开展海湾及其周边区域海水养殖污染治理,探索"渔民—渔船—渔港"海洋垃圾治理模式,进一步强化海洋污染防治。

而在这一过程中,新思路与新方法也频频涌现。

譬如三亚出台珊瑚礁生态损失补偿办法,构建起"谁修复、谁受益""谁破坏、谁修复"的海洋生态修复市场机制；文昌让"电子眼"代替"人眼"，为红树林请来"24小时贴身保镖"；万宁小海红树林生态修复工程项目完成首单220吨碳汇量交易，推动生态效益与经济效益有机统一……

"未来，我们还将继续按照各类规划计划描绘的'规划图'，分阶段制定可考核、可量化、可操作的'施工图'，确保各项规划计划目标如期实现。"程春满介绍，针对海南海洋生态保护问题，海南省自然资源和规划厅还将继续谋划一批生态修复项目，同时加强制度集成创新，依托海南省国土空间智慧治理体系"修复一体化"等模块，用"数字化监管"为海南海洋生态文明建设保驾护航。

## ▶ [复习思考题]

### 一、选择题

1. 我国海岸线总长约为＿＿＿＿千米，蕴藏着极其丰富多彩的旅游资源。（　）
   A. 1.8万　　　B. 2.8万　　　C. 1万　　　D. 2万

2. 海南省管辖约＿＿＿＿万平方千米的海域。（　）
   A. 100　　　B. 150　　　C. 200　　　D. 250

3. 在国家体育总局体育文化发展中心公布的"2022中国体育旅游精品项目"名单中，海南省＿＿＿＿获评"全国十佳体育旅游目的地"。（　）
   A. 文昌市　　　B. 三亚市　　　C. 琼海市　　　D. 万宁市

4. 关于潮涌说法正确的有：（多选）（　）
   A. 潮涌多伴随涨潮而发生，潮差越大，潮涌现象越强烈。
   B. 远岸潮差小，近岸潮差大。
   C. 湾口潮差小，湾顶潮差大。
   D. 常出现在一些喇叭形的河口地区。

5. 海南优化近海生态休闲游产品布局，重点支持＿＿＿＿等发展游船、海钓、低空飞行等新业态。（多选）（　）
   A. 蜈支洲岛　　　B. 西岛　　　C. 分界洲岛　　　D. 永兴岛

### 二、判断题

1. 海水在地球和太阳引潮力作用下产生的周期性的涨落运动称为潮汐。（　）
2. 在南海的东北部海域，西北太平洋的黑潮暖流，有一分支经巴士海峡进入南海东北部而引起海水具有高温、高盐的特征。（　）
3. 目前，海南已开通南沙群岛旅游邮轮航线。（　）
4. 海南推进有条件的中心渔港和海洋牧场发展旅游业态，支持更多企业投资发展近海游船旅游和海钓旅游。（　）

5. 海洋特色旅游产品中的一些惊险刺激的海洋旅游项目，需要专业人士操控，需要对相关工作人员开展培训，但不需要高科技型的专业人员。（　　）

### 三、问答题

1. 海洋水体旅游资源对海洋水体旅游发展有何影响？

2. 尝试用自己的语言评价海南海洋水体旅游资源？

3. 你怎么看待《海南省无居民海岛开发利用审批办法》？

4. 海南海洋水体旅游资源的发展优势是什么？

5. 海南海洋水体旅游的新业态，你觉得还有哪些？

### 四、案例分析题

1. 结合课本知识，分析海南海洋水体旅游资源开发中存在的安全隐患。

2. 尝试用自己的话介绍一种你喜欢的海南海洋水体旅游发展新业态及其发展前景。

**参考文献**

［1］肖星. 旅游资源与开发［M］. 北京：高等教育出版社，2019.

［2］绿维文旅：我国海洋旅游资源开发现状［EB/OL］.（2021-02-05）［2022-03-15］. https：//www. sohu. com/a/448882270_242966.

［3］海洋大省海南交出一份"蓝色"新答卷：水更清 滩更净 湾更美［EB/OL］.（2023-06-08）［2023-08-10］. https：//www. hainao. gov. cn/hainan/5309/202306/94ce51bde6f748879d9f52797602532a. shtml.

［4］我省探索加快发展休闲渔业，游艇观光、海钓、网箱垂钓等新业态兴起［EB/OL］.（2022-02-24）［2023-08-10］. https：//www. hainan. gov. cn/hainan/5309/202202/cl5ecca27bc34b009/93a09685befof7. shtml.

# 项目五

# 海南海洋生物旅游资源及利用

▶ [学习目标]
- 掌握海洋生物资源的概念、特点和分类。
- 熟悉海南海洋生物资源的分类。
- 理解海南海洋生物资源和旅游的关系及意义。
- 掌握海南海洋生物旅游资源的新业态。

▶ [引例]

**守护海洋家园 我国海洋生物多样性显著提高 生态环境状况稳中趋好**[①]

根据中华人民共和国生态环境部（简称"生态环境部"）最新发布的《2022年中国海洋生态环境状况公报》，我国海洋生态环境状况稳中趋好。2022年，全国国控点位海水水质监测结果表明，符合第一类海水水质标准的海域面积占管辖海域面积的97.4%，我国海水环境质量总体保持稳定，纳入监测的典型海洋生态系统连续两年消除了"不健康"状态。

生态环境部海洋生态环境司副司长 张志锋：整个生态系统结构和功能的各个指标连续几年处于稳定向好态势。

为了更好保护海洋生态，我国持续推进海洋生态保护修复，全面划定海洋生态保护红线，在全国设立海洋自然保护地145个，涉及面积791万公顷。滨海湿地等典型海洋生态系统的多样性、稳定性、持续性不断提升，海岸带生态安全屏障得到进一步巩固。

各地也在积极行动，保护海洋生态。这两天，在海南陵水分界洲岛，一场特殊的水下"植树造林"正在进行。海洋专家和岛上工作人员潜入海底，将折断的珊瑚枝条绑缚在海底的保育苗圃，进行救助移植。同时，可以看到，在不远处的其他苗圃上，之前移植的珊瑚长势良好，不时有鱼群穿梭其中。

海南省海洋与渔业科学院副研究员 李元超：除了野外的修复，我们还在室内开展了人工繁育。通过科学、细致的保护修复，分界洲岛海域环境有了很大改善，生物多样性显著提高。

---

① 守护海洋家园 我国海洋生物多样性显著提高 生态环境状况稳中趋好 [EB/OL]. (2023-06-09) [2023-12-11]. https://news.cctv.com/2023/06/09/ARTI8azTnppSuycFDzs4gOI0230609.shtml.

**海南陵水：保护珊瑚礁生态系统 守护海洋家园**

这两天，海南三亚的蜈支洲岛举办水下摄影公开赛。来自各地的水下摄影师、爱好者们在蜈支洲岛海域多次下潜，探索海底的迷人风光，追踪海底的可爱生物，用微距镜头展现海洋生态环境。各式各样的作品不仅呈现了海底秘境的美丽，同时也将保护环境的理念传递到大家心中。

海南省三亚市蜈支洲岛工作人员 冯超：这些作品能够让全国观众感受海底生态的丰富斑斓，以及关注海洋生态保育。

**三亚的蜈支洲岛：用镜头呈现海洋之美 传递环保理念**

而在福建漳州市东山县，从2020年起，海洋保育组织常年在东山海域打捞海底垃圾，担当起海下"清道夫"的职责。每到周末下午的退潮时间，在能见度较好的情况下，志愿者欧汉超就会和他的伙伴们来到海边，潜入六七米深的海底打捞海底垃圾。

福建省漳州市东山县海洋保育协会志愿者 欧汉超：以前，我们在海底经常会遇到很大的渔网，我们叫它幽灵网。现在海里基本上没有很大的渔网了，每次下去打捞上来的垃圾越来越少。

福建东山：海下"清道夫"守护美丽海湾

## 任务一　认识海洋生物旅游资源

### ▶▶ [任务导入]

（1）以海洋生物旅游资源为主题，班级开展海洋百科知识问答。

（2）开展"你比我猜"趣味海洋生物模仿秀大比拼。

### 一、海洋生物资源

海洋生物生活于海洋之中，也可以说，海洋是海洋生物的家，是海洋生物的栖息地。海洋包括海水和海底两个组成部分。据估计，现有海洋生物大约有200万种，它们或在海水中或在海底生活。

海洋中的生物大致可分为浮游生物、漂浮生物、游泳动物、底栖生物和底层游泳动物。浮游生物是在海洋一定水层中漂浮生活的生物的统称，它们种类很多、数量很大、分布也相当广泛，包括原生生物、动物、植物和细菌。浮游生物一般个体很小且游泳能力微弱，不足以抵抗水流和涡流，因而只能随波逐流。漂浮生物是生活在水体表面膜上或附于表面膜下的生物群的统称。海洋漂浮生物种类较多，有细菌、单细胞藻以及甲壳纲、蜘蛛纲和昆虫纲动物，偶尔还有蠕虫、腹足类、水螅类和幼鱼等，它们有一定的活动能力。游泳动物是指在水层中能克服水流阻力而自由游动的动物，包括个体较小的虾、螃蟹、鱼和个体庞大的鲸。游泳动物依靠发达的运动器官可以主动活动，不仅可克服海流与波浪的阻力进行持久运动，还可迅速发起加速运动，以利于捕捉食物、逃避敌害等。底栖生物，即生活在海底的动物和植物。其中，有些动物可以钻到松软泥沙构成的底质中生活或穴居于底质内管道里，称为底内动物，如文昌鱼、蛏、蛤蜊等；有些动物生活于海底表面，称为底上动物，如海胆、海参、牡蛎、藤壶等。海洋生物中，底栖生物种类最多且数量极大，包括无脊椎动物的绝大部分门类、大型藻类和少数高等植物以及几乎无处不在的微生物。

## 二、海洋生物资源的特点

海洋是生命的摇篮。地球上的生命有30多亿年的发展史，其中85%以上的时间完全在海洋中度过。海洋中存在从原生动物到后生动物、从原口动物到后口动物、从两胚层动物到三胚层动物以及从无脊椎动物到脊椎动物的完整生命进化链条。研究海洋生物，可以丰富和加深人们对生命起源和演化的理解。作为自然界的一部分，海洋生物的生存、适应和发展进化过程与宇宙、地球和人类都有密切关系。众所周知，生命是从原始海洋中产生的。生命从海洋到陆地的演化过程是与海洋环境的变化分不开的，海洋动物的发展和进化与海洋演变也是分不开的。在海洋这个特殊而又庞大的环境里生活的海洋生物，也有很多特殊的生命现象和规律。

首先，海洋生物具有丰富的多样性，有许多生物种类为海洋所独有，如半索动物、棘皮动物、栉水母和许多海藻等；海洋中有最大的动物（鲸）、最长寿的动物贝类（北极蛤，可生存400年）、最大的植物（巨藻）。

其次，海底表层的平均压力为380个大气压，海洋底栖生物有独特的耐压机制。

最后，海洋生物具有耐盐机制，某些海洋生物还有耐高温、耐低温的机能，有些海洋生物可以生活在黑暗的深海，有些海洋生物如深海热泉附近的巨型管虫可以通过共生菌腺苷酰硫酸还原酶催化硫化氢产生三磷腺苷（ATP）提供能量（不需要有机物）。研究海洋生物不但可以提高和丰富对生命现象与本质的认识，而且也是开发利用海洋生物的基础。

▶ ［相关链接］

### 神奇的海洋生物

海洋生物的结构、功能、生理和行为包含着许多生物学、化学、物理学和数学上的奥秘，这些奥秘的破译可能给人类的创造、发明带来启迪。鮟鱇是一种深海生活的鱼类，其繁殖方式十分奇特。雄鱼钻入雌鱼体内，形成一种永久的结合体，雄鱼身体萎缩但性腺逐渐变大，成为储存精子的器官。有时，一条雌鱼体内有好几条雄鱼寄生，但没有一条雄鱼被排斥掉。或许，人体器官移植的排斥问题可通过研究鮟鱇的这一特殊现象及其机制而得到解决。虾蛄可以像车轮一样滚动前进；海豚用声音来探测水下目标，其灵敏度、准确性和效率远非人造声呐所能比拟；人们设计机器人时可以借鉴。海洋动物对磁场、电场以及某些信号物质超灵敏的感知能力，也是人类颇感兴趣的方面。

### 三、海洋生物资源的分类

#### （一）海洋微生物

海洋微生物是能够在海洋环境中生长繁殖且个体微小的单细胞或结构较为简单的多细胞或没有细胞结构的低等生物，主要包括海洋病毒、海洋细菌、海洋霉菌和海洋放线菌等种类。

海洋微生物虽然是体积小、结构简单的生物类群，却在地球的生物进化过程中扮演了重要角色，没有微生物就没有地球上的生命。目前所知的其他生物都起源于微生物，地球其他的生命形式和生态系统也依赖于微生物。微生物是海洋环境中重要的初级生产者，它们直接或间接地供养着大多数的海洋动物。它们也是海洋中重要的分解者，在海洋生态系统的物质循环和能量流动中起着不可替代的作用。一些微生物通过初次合成或循环利用的方式给其他生产者提供必需营养成分，在海洋食物链中发挥巨大作用。

许多海洋微生物具有特殊生理活性，药用前景广阔，是开发新型药物的重要资源。人类已经从海洋微生物中分离出一批具有抗肿瘤、抗病毒、抗菌、抗压、抗凝血等特点的活性物质。海洋中还有许多微生物能够产生一些高效酶，可开发成工业、农业、环保和食品用制剂。当然，海洋中也有一些微生物是有害的，海水养殖业的重大病害主要是由微生物造成的，有些海洋微生物也对人有害。另外，港口、码头、船只的污损也与微生物作用有关。

#### （二）海洋真菌

海洋真菌属于真核生物，从潮间带高潮线或河口到深海、从浅海沙滩到深海沉积物中，都有真菌存在。已知的海洋真菌种类较少，总共不超过 500 种。

海洋真菌是一类具有真核结构的生物，能形成孢子，通常为菌丝状或多细胞（只有酵母菌在发育阶段有单细胞出现），能在海水中繁殖和完成生活史。许多海洋真菌既能产生无性孢子进行繁殖，也能产生能运动的有性配子进行有性生殖。

大多数海洋真菌依赖于某种基质栖息，只有少数真菌不依赖基质自由生活。根据栖生习性，海洋真菌可划分为木生真菌、附生藻体真菌、红树林真菌、海草真菌、寄生动物体真菌等。木生真菌能分解木材和其他纤维物质，为数量最多的一类高等海洋真菌。由于木质在海岸和深海地区都是很普遍的基质，因此在海洋环境条件下，木生真菌也是分布较广的高等海洋真菌。在已知的 100 余种海洋木生真菌中，子囊菌类有 70 多种，半知菌类约有 30 种，担子菌类只有几种。在海洋真菌中，约有 1/3 与藻类有关系，其中以子囊菌类居多。红树是热带、亚热带潮间带沼泽地的挺水植物。栖生在红树林的海洋真菌多半是腐生菌，其中有子囊菌类 20 余种、半知菌类约 20 种、担子菌类很少。海洋真菌能分解红树叶片，产生的有机碎屑营养很高，可作为浮游生物和底栖生物的食料，在以红树叶片开始的腐屑食物网中具有重要意义。海草是生活在沿岸海区底部的有根开花植物。海草真菌数量较少。寄生动物体真菌可寄生在动物体表，在分解动物体中的纤维素、甲壳素、蛋白质等过程中起重要作用。一些海洋真菌是引起海洋鱼类和无脊椎动物病害的重要致病菌。

关于真菌的分类学位置，一直存在争议。多年来，人们把真菌划在植物界，但目前多数学者认为真菌应独立成界。已知的海洋真菌种类较少，约为陆地真菌的1%，总共不超过500种。海洋真菌还可分为海藻寄生菌、木材腐生海水菌和匙孢囊目3类。海藻上的寄生种类有根肿菌属、破囊壶菌属、水霉属、冠孢壳属、隔孢球壳属、球座菌属、近枝链孢属和变孢霉属等。常见的木材腐生海水菌有冠孢壳属、海生壳属、木生壳属、桡孢壳属、白冬孢酵母属、拟珊瑚孢属、腐质酶属和无梗孢属等。匙孢囊目寄生在红藻上，分解卤素的能力较强。

### （三）海洋植物

海洋植物是一类生活在海洋中利用叶绿素进行光合作用的自养生物，是海洋的初级生产者。海洋植物门类繁多，包括低等的海藻以及高等的海草、红树林等，结构或简单或复杂，是海洋生物的重要成员。

#### 1. 海藻

海藻可分为大型海藻和浮游藻类，二者一起构成海洋的主要初级生产者。海藻具有重要的经济价值，许多种海藻可直接作为食物、肥料、动物饲料等；还有一些海藻可生产具有特定生理功能的代谢产物，如岩藻黄素、不饱和脂肪酸和其他一些重要的抗氧化物质等，在人类保健方面具有重要价值。海藻在维持健康稳定的海洋生态系统中不可或缺，海藻不仅可以净化海水环境，为海洋动物提供栖息地、避难所和繁育场地等，而且可以维持近海生态平衡。

#### 2. 海草

海草是海藻登陆进化成为高等维管植物后，随着地球环境的演变尤其是海平面的升高而重返海洋的结果。因此，海草具有陆地单子叶植物的生物学特点，同时又特化出适应海洋环境的一些结构特征，如通气组织。

海草是一类完全适应海洋环境的水生高等被子植物，具有根、茎、叶的分化，在分类上属于单子叶植物。海草在海洋中进行沉水生活，并在海水中完成开花、传粉和结果等整个生活过程。与海洋藻类相比，海草植株因具有维管束等输导组织，所以具有相对发达的机械支持系统。在长期的演化过程中，海草为适应海洋环境进化出了一些抵抗潮汐与海浪的特殊结构，如具有发达的根状茎并与沉积物紧密结合在一起，以增强植株的固着力。海草的根一般从根状茎的基部长出，多呈肉质并具有一定的厚度。海草的叶片扁平，通常为丝带状、卵圆形、圆柱形等，能在海水中随水流摆动以接受充足的阳光。海草的花器官一般较小，花瓣呈白色，生于叶簇基部，花药及柱头较长，花粉呈球形或细长，成熟后通常以胶状团的形式释放，随水流进行传粉。某些海草物种的花也可伸出水面。大多数海草雌雄异株，少数物种为雌雄同株。即便是雌雄同株的物种，由于雌蕊早熟，也难以同株授粉或同花授粉。海草具有典型的水生植物所特有的组织结构，即通气组织。这是一种特化的薄壁组织，由规则排列的气道或腔隙构成，以利于叶片的漂浮并保持直立，同时便于气体交换。海草的维管束非常不发达，叶表皮具有叶绿体。

#### （四）海洋无脊椎动物

动物进化过程中，其形态结构也在不断地发生变化。从现存的各类动物形态结构和考古发现的动物化石可以看出动物形态结构的大致演化历史，其中最值得关注的是5方面具有关键意义的形态结构演化历史，即身体机制的对称性、组织的形成和特定结构功能的分化、体腔的形成、原口和后口，以及身体分节。

据估计，业已描述的无脊椎动物有137万多种，包括多孔动物、两胚层动物、旋裂动物（如涡虫、吸虫、沙蚕、蚯蚓、贝类等）、蜕皮动物（如常见的线虫、虾、蟹、昆虫等）、毛颚动物和棘皮动物等门类。

#### （五）脊索动物

脊索动物门是动物界中最高等的一个类群，包括头索动物、尾索动物和脊椎动物3个亚门。头索动物和尾索动物也合称原索动物门。脊椎动物亚门种类繁多，大多数学者将其分为无颌总纲、有颌总纲和四足动物总纲。无颌总纲为一类无上下颌、无偶鳍的原始鱼形动物，包括头甲鱼纲、盲鳗纲和七鳃鳗纲；有颌总纲也称有颌下门，该类动物出现了上下颌和偶鳍，现生种类包括软骨鱼纲、辐鳍鱼纲和肉鳍鱼纲；四足动物总纲包括两栖纲、爬行纲、鸟纲和哺乳纲。

## 任务二　海洋生物资源和旅游

### ▶ ［任务导入］

（1）介绍你所了解的海洋生态科普馆情况，并做分享。

（2）观看《海绵宝宝》第八季第七集《欢乐家庭旅游季》，感受动画片中变换的海洋环境。

### 一、海洋生物资源和旅游的关系

海洋生物以万千的形态、绚丽的色彩、奇特的声音、古老的遗种、广泛的用途以及很高的科学研究价值对旅游者产生强大的吸引力。海洋生物旅游资源主要包括海洋植物和海洋动物栖息地两个亚类。海洋生物旅游资源是海洋生物旅游项目开发的先决条件。正确认识海洋生物旅游资源，对于合理开发利用海洋生物旅游资源、开展海洋生物旅游活动具有十分重要的作用。

1. 海洋植物景观

在浩瀚辽阔的海洋或海岸带中，植物种类各异，具备很高的观赏价值与科考价值。其中，比较典型的要数海藻和红树林。

海藻是海洋植物的主体，是人类的一大自然财富。目前，可食用的海洋藻类有100多种。科学家们根据海藻的生活习性,把海藻分为浮游藻和底栖藻。浮游藻的藻体由一个细胞组成。这类生物是一群具有叶绿素,能够进行光合作用,并生产有机物的自养型生物。底栖藻大部分是肉眼能看见的多细胞海藻,分为绿藻类、褐藻类和红藻类。

红树林是一种稀有的木本胎生植物。红树林由红树科植物组成,包括草本、木本和藤本红树。它生长于热带和亚热带地区陆地与海洋交界带的滩涂浅滩,是陆地向海洋过渡的特殊生态系统。因生长在海洋与陆地间的湿地、滩涂上,红树林对海啸有较强的抵御能力,被称为"海上森林"和"防护大堤",是海防林体系中的第一道防线。海南东寨港国家级自然保护区、广东珠海红树林区和广东深圳福田红树林鸟类自然保护区等,都是红树林资源丰富的区域。红树林因其独特的繁殖方式、生理习性和丰富的生物多样性,吸引了越来越多的旅游者。

2. 海洋动物栖息地

在富饶而辽阔的海洋里,生活着形形色色、不计其数的海洋动物。海洋动物包括无脊椎动物和脊椎动物。其中,无脊椎动物包括各种螺类和贝类;脊椎动物包括各种鱼类和大型海洋动物,如鲸鱼、鲨鱼等。

海洋动物栖息地是指一种或多种海洋动物常年或季节性栖息的地方,如鱼类丰富的海域、鸟岛、龟岛等。热带海洋中的珊瑚礁地区,由于地形复杂、海水条件比较优越,是海洋生态旅游的主要场所,比较典型的是澳大利亚的大堡礁。大堡礁的形成靠的是珊瑚虫遗骸。大堡礁海域生活着1500多种鱼类,栖息着242种鸟类以及各个类型的海洋动物。目前,这里已是澳大利亚重要的海洋保护区。海洋自然保护区的建立对于保持原始海洋自然环境、维持海洋生态系统的生产力、保护重要的生态过程和遗传资源有重大意义。我国西沙群岛的东岛是国家级白腹鲣鸟自然保护区,那儿遍布天然林和人工林,栖息着大约10万只白腹鲣鸟,有"鸟类天堂"之称。

## 二、海洋生物旅游资源开发的典范

### (一)长隆海洋王国动物游乐项目

长隆海洋王国在珠海长隆国际海洋度假区里,这里汇集了珍稀的海洋动物、新颖的大型艺术表演和高端的游乐设施,是全球最大的海洋主题公园。该园区曾经拿下7项世界纪录,3次摘得全球"主题娱乐协会杰出成就奖"的桂冠,是中国首个获得旅游行业"奥斯卡奖"的主题公园。2014年3月29日,该园区作为长隆三大项目首期工程正式对外开放,开放当年游客量突破800万人次。2017年和2018年,长隆海洋王国凭借"5D城堡影院"和"海洋夜光大巡游"再次获奖。根据全球主题娱乐协会2018年的权威数据,珠海长隆海洋王国继续荣登全球20强主题公园榜单,入园游客量保持两位数的稳定增长,年内接待游客量首次超过1000万人次。可以说,其成为中国民族旅游品牌第一主题公园。在2019年全球游客量前十大主题公园榜单中,长隆海洋王国排名第8位,游客总数1 173.6

万人，位居中国第一，比上海迪士尼乐园多52万人。据美国咨询机构艾奕康（AECOM）统计，2020年全球排名前10位的主题公园（以客流量排）分别为：迪士尼魔法王国（佛罗里达州）、上海迪士尼乐园、日本环球影城（大阪）、长隆海洋王国、迪士尼动物王国（佛罗里达州）、东京迪士尼乐园、环球影城（佛罗里达州）、迪士尼世界（佛罗里达州）、冒险岛乐园（佛罗里达州）、北京欢乐谷。长隆海洋王国2020年游客量为480万人，位居国内主题公园第一、全球第四，游客量大幅下降主要是受新冠疫情影响。长隆海洋王国拥有许多"全球最大"或"行业最大"，有着世界上第一个把大型机动过山车装置和珍稀海洋动物完美组合在一起的奇妙展区，有全亚洲首台飞行过山车（这个过山车的轨道长度全球第一），有亚洲地区首台水上过山车，还有全球最大的亚克力玻璃展窗和水体量最大的水族馆，而海洋主题花车的巡游规模也在全球排名第一。长隆海洋王国水族馆还获得了5项吉尼斯世界纪录，里面有多达15 000种不同种类的稀有鱼类，是整个珠海长隆国际海洋度假区世界领先实力的生动缩影。

长隆海洋王国动物展区分为海洋动物展区和鱼类展区。海洋动物展区以鲸类、鳍脚类、极地动物为主，鱼类展区则以海洋鱼类为主，有以淡水鱼为主的海牛馆，再加上一个小型鳐鱼互动触摸池。

**长隆海洋王国动物展馆分布情况**

| 场馆名称 | 主要展示动物 | 类别 |
|---|---|---|
| 海豚湾 | 中华白海豚 | 露天 |
| 海豚岛 | 白边海豚 | 露天 |
| 鲸鲨馆 | 鲸鲨，魔鬼鱼 | 室内 |
| 海牛馆 | 海牛，淡水鱼 | 室内 |
| 企鹅馆 | 帝企鹅，阿德利企鹅 | 室内 |
| 白鲸馆 | 白鲸 | 室内 |
| 北极熊馆 | 北极熊，棕熊，雪狐 | 室内 |
| 海狮港湾 | 南美海狮 | 露天 |
| 海象岛 | 海象，北海狮 | 露天 |
| 水獭之家 | 小爪水獭 | 露天 |
| 鳐鱼池 | 鳐鱼，海星 | 露天 |

1. 海豚湾

现主要展示国家一级保护动物中华白海豚。中华白海豚曾经在中国广西桂林水族馆展示，而且只有一头。中华白海豚广泛分布在太平洋西部、印度洋东部以及我国东南地区沿海。虽然名字叫"白海豚"，但刚出生的中华白海豚是深灰色的，较年轻的个体是灰色的，成年的则呈粉红色。据广东省珠江口中华白海豚国家级自然保护区管理局提供的数据显示，截至 2023 年底，珠江口中华白海豚数量为 2500 只，保护区内有 1000 只左右，这个数量和国内现有的大熊猫数量差不多。所以，它们也被称为"海洋大熊猫"。中华白海豚皮肤粉红，生来就有凸起的嘴角，它们喜欢在海里玩耍和追逐。目前，海豚湾有 5 只中华白海豚，为全国独有。通常，长隆海洋王国展区会安排训练员，做中华白海豚的喂食训练讲解和互动。

2. 海豚岛

此展区主要展示白边海豚，即太平洋镰鳍海豚。它们背部为黑色或黑灰色，腹面为白色，具有很高的识别度和观看价值。在海豚岛，游客可以步行穿过岛上的茅草走道，观赏白边海豚美丽的游泳风情。如果你想近距离看白边海豚，可以走下楼梯去水下玻璃展窗那里。展区的水下窗口模式，让参观者可以从不同角度观看这些海洋精灵的一举一动。这些海豚已经适应了这里的环境。与中华白海豚一样，它们通常都有喂食训练，供游客观赏。

3. 白鲸馆

此展区主要展示白鲸。白鲸在 2013 年美国有线电视新闻网（CNN）评选的世界最可爱的物种列表中排名第十二。白鲸的前额向外突出，喙短，体色很浅，呈特殊的白色，主要生活在北极地区附近。白鲸的声音是可变的，它们是鲸目动物中的优秀口技者，可以发出数百种声音，而且声音变化很大，被称为"海中的金丝雀"。白鲸表情丰富，很受游客欢迎。在白鲸展厅，游客不仅可以看到胖胖的白鲸自由游动，还可以听到这些可爱的音乐家即兴演奏的交响乐。

4. 海狮港湾

这里主要展示的是南美海狮。南美海狮生活在南美洲海岸，从太平洋沿岸的秘鲁、里约热内卢到南美洲最南端。它们的平均体长，雄性为 2.5 米，雌性为 2 米。成年雄性海狮的脖子周围有很多鬃毛，就像雄性狮子一样。通常，南美海狮在岸边小睡也比较有趣。它们像雕塑一样一动不动，常常让游客误以为是假的。该展区的南美海狮种群数量较多。游客可以观察到大小不同的海狮成员。水下还设有亚克力窗户，让游客可以从多个方向观看水中的海狮活动。这里的互动以游客给海狮投喂饵料为主。

5. 海象岛

这个展区里混合饲养着海象和北海狮。海象有长牙和丑陋可爱的形象，在鳍脚类动物中有很高的辨识度。海象虽然体积庞大，但这并不影响它们在水中的活动自由。海象岛有十几只海象，它们成群结队地在水池里游泳。游客不仅可以看驯兽师给它们喂食，还可以自己购买饵料喂食。池塘中的另一种动物称为北海狮，即北太平洋海狮，它是最大的海狮物种。在自然界中，它一般栖息在寒冷的温带近海，因此可以与同样来自北极的海象混合。北海狮天生机警，胆量不大，与它们的体型不成比例。海象岛还设有水下亚克力展示窗，为游客提供了从多个角度观察北海狮和海象的机会。海象岛的互动内容为游客给海象投喂饵料。

6. 北极熊馆

馆外形似冰山，与机动过山车相结合。这里主要展示北极熊、雪狐和棕熊。北极熊是陆地上最大的食肉动物，但它萌萌的外表下具有极大的杀伤力。隔着巨大的亚克力玻璃窗，游客可以近距离看到北极熊是如何在岸边敲打玩具的，也可以从水下视角看到北极熊矫健的游泳姿态。该馆中也有同样生活在冰原世界的雪狐，游客可以在这里体验它们在极地的生活环境。馆外则是棕熊的所在地。棕熊在人造山地环境中懒洋洋地踱步，有时还会站起来看着游客。游客可以给棕熊投喂售卖的饵料。

### 7. 企鹅馆

主要展示两个极地动物明星——世界上最大的帝企鹅和活泼又惹人爱的阿德利企鹅。帝企鹅其实就是皇帝企鹅的简称，是企鹅中最大的一种。其高度一般超过 90 厘米，最大可达 120 厘米，重量约为 50 千克。帝企鹅的形态特征是颈部下有一片橙黄色的羽毛，向下逐渐变淡；全身颜色协调，颈部呈淡黄橙色；耳朵羽毛呈鲜黄橙色，腹部是乳白色；鳍状肢与整个背部是黑色，鸟喙下方都是橙色。在企鹅馆内，游客会发现，虽然企鹅在陆地上走起来很慢，看上去也很笨拙，但当进入水中时，它们的移动速度非常快。它们潜水时，会在水中划出一条潜行的轨迹。

### 8. 海牛馆

主要展示西非海牛和淡水生物。来自西非的海牛也被称为美人鱼。它们身体大而呈流线型，但没有后肢和背鳍，有非常特别的外表。海牛是海洋中的草食性哺乳动物，它们吃得很多，每天吃的水草相当于体重的 5% 到 10%。它们的肠子可达 30 米，是典型的食草动物。它们把水生植物卷起来吃，享有"水上割草机"的称号。此外，馆内还有 60 多种珍稀淡水鱼，包括被列为国家一级保护动物的中华鲟以及南美海象鱼和国家二级保护动物娃娃鱼。喜欢淡水鱼的游客在这里可以看到很多品种。

### 9. 鲸鲨馆

拥有 5 项吉尼斯世界纪录的鲸鲨馆，外观是巨大的立体蓝鲸鲨，高 63 米，约 18 层，视觉上非常震撼。主缸内有两万多吨水，游客能够在 8.3 米高、39.6 米长的巨型亚克力窗前观赏世界上最大的鱼类——鲸鲨。除了鲸鲨，这里还有超大的魔鬼鱼，有 4 米宽，这在中国也是非常罕见的。在最大的水下观景穹顶下，各种各样的鱼群在游客的上方游来游去，使人们意识到海洋的神秘和多样性。在这里，游客可以付费体验潜水，穿上潜水服在专业教练的带领下体验和鲸鲨同游的奇妙感受。如果对潜水不感兴趣，游客则可以选择进入后场，由科普人员带领面对面观察鲸鲨以及近距离观看鲨鱼宝宝跟鲨鱼卵。鲸鲨馆夜宿也是比较受欢迎的项目，服务时间为当晚八点半到第二天上午十点半。

### 10. 水獭之家

这里是成人和儿童探索可爱生物的快乐营地。这些活泼好动的动物在展区四处游荡，能给游客一种放松的感觉。

### 11. 鳐鱼池

游客可以在这里与神秘的鳐鱼接触，近距离观看它们美妙的游泳姿式。在这里，游客可以用手轻轻触摸以识别它们的身体特征，还可以触摸到可爱的海星。

## （二）太平洋海底世界

北京太平洋海底世界坐落于北京中央广播电视塔下，是由中国和新加坡合资兴建的，建筑面积8 000多平方米。企鹅馆中有世界濒危保护动物——虹氏环企鹅。

游客在海底隧道可畅游海底，以潜水员的视角观看数百种海洋生物；在电脑教室，游客可亲手操作电脑，掌握海洋生物知识。这里有展现鲨鱼等海洋生物惊险刺激的捕食场面的人鲨共舞表演，有海豹表演、动感影院，有潜水装备知识的表演和讲解。

太平洋海底世界还会推出精彩表演，如美人鱼、企鹅喂食、海豹表演、人鲨共舞。节假日会增加表演的场次。1998年10月，太平洋海底世界被中国海洋学会授为"北京海洋科普教育基地"。

水族馆总储水量约4 000立方米，有数百种海洋生物，大到凶猛的鲨鱼，小至绚丽多彩的珊瑚鱼。水族馆采用高科技淡水盐化系统和海底生命自动维持系统。水族馆有十几位专业的水产养殖人员、水族工程人员及海洋生物学专家，他们负责水族馆的技术及管理工作。水族实验室的技术人员每天都要进行水质分析、科学实验、鱼病检查，以使300余种、20 000余尾海洋鱼类在这里能如同生活在自然海域里一样舒适自在、生生不息。

太平洋海底世界由小池区、触摸池、企鹅馆、海底隧道、海豹表演区、人鲨共舞表演区、海底沉船、动感影院、礼品店、快餐店、电脑科普教室等部分组成。

## （三）夏威夷和新西兰的国际海钓大赛

夏威夷群岛由8个大岛和120多个小岛组成。夏威夷属于海岛型气候，终年有季风调节，每年温度约为26～31 ℃。著名的夏威夷国际海钓大赛是以钓超重量大鱼而闻名世界的，于每年8月在夏威夷的科纳市举办，是世界钓鱼人的盛大节日。

新西兰是钓鱼大国，其门户城市奥克兰有"千帆之都"的美称。新西兰岛长达6 900千米的海岸线周围，海岛众多，海底地形多样。南太平洋洋流的影响为鱼类提供了天然的安身之所和丰富的食物来源。这里的主要目标鱼为大体型的掠食性鱼类，以青甘、石斑和真鲷为主。新西兰鱼种数量之多、体型之大使得新西兰成为世界级的顶级钓场，并保持了多个鱼种重量的世界纪录，同时也使新西兰成为多个世界顶级渔具公司如MC Works、JiggingMaster等测试新产品的钓场。

# 任务三 海南海洋生物旅游资源

▶ [任务导入]

（1）列举你所知道的海南特有的生物并做分享。

（2）观看《蓝色星球》（*The Blue Planet*），了解海洋自然历史，以及由海岸到海底、由浅海地带到深海领域的海洋生物。

海南生物资源作为海南自然资源中的重要部分，是社会经济活动的重要环境和生产要素。今天，我们将具体探讨海南海洋区域内，包括内海（内水）、领海、大陆架和专属经济区和必要的陆域（海岸带）以及这个地域内的各种海南海洋生物资源。

按照上一章节的内容介绍，海南海洋生物旅游资源共分为鱼类、贝类、虾蟹类、哺乳动物、红树林、珊瑚礁等，具有多样性、综合性、变动性、参与性、脆弱性、地域性等特点。

根据《旅游资源分类、调查与评价》（GB/T 18972—2017）中旅游资源的定义，我们可以将海洋生物旅游资源定义为：凡是和海洋有关的、能对旅游者产生吸引力、可以为旅游业开发利用，并可产生经济效益、社会效益和环境效益的各种海洋生物及其现象的总和。

根据《旅游资源分类、调查与评价》（GBT 18972—2017），本书筛选出有关海南海洋生物资源的主类、亚类以及基本类型，如下表：

**海南海洋生物旅游资源分类表**

| 主类 | 亚类 | 基本类型 | 海南海洋生物旅游资源 |
|---|---|---|---|
| C 生物景观 | CA 植被景观 | CAA 林地<br>CAB 独树与丛树 | 红树林海岸、红树林 |
| | CB 野生动物栖息地 | CBA 水生动物栖息地 | 鱼类、贝类、虾蟹类、哺乳动物、珊瑚礁等 |

## 一、鱼类

海南的鱼类约有 2 000 种，主要属于印度洋—西太平洋热带动物区系。而南海北部大陆架却有一部分鱼类属于亚热带动物区系，与东海和日本南部动物区系的关系较密切，是我国海洋鱼类区系的重要组成部分。海南缺乏高纬度海域那些产量特别高的种类，鱼类资源和实际捕获到的鱼类种类组成较多且复杂。就地理分布而言，广泛分布于印度洋和太平洋热带海域的鱼类种类，约占南海全部种类的 69.5%；仅分布于太平洋一带的种类，约占 25%；分布于太平洋、印度洋和大西洋的种类，约占 5.5%。所以，南海鱼类与其他海洋相比，既有共性为主的一面，又有特殊性，这也决定了它的渔业价值。

根据鱼类的生态习性，海南鱼类可以分为：（1）主要栖息在水深 200 米以内的近海沿岸性或陆架性鱼类，又可分为中上层鱼类和底层鱼类。（2）主要栖息在大陆坡上层海域的大洋性中上层鱼类。（3）主要栖息在大陆坡下层的深海鱼类。深海鱼类按其栖息水层还可分为中下层鱼类、深海鱼类和深海底栖鱼类；按其起源又可分为起源于大洋的大洋性鱼类和起源于大陆架的陆架性深海鱼类。根据多年统计资料，南海海域中上层鱼类和底层鱼类的年渔获量约 500 万吨，约 90% 渔获量来自大陆架海域，特别是 60 米以内的近海，包括潮间带。其中，南海北部大陆架和泰国湾的渔获量最高，而南部其他大陆架渔获量最低，中央海盆海域的渔获量很小。后两个海域的资源刚刚开发，具有很大的潜力。

1. 大洋性鱼类

包括大青鲨、灰青鲨、沙拉真鲨、鲯鳅、沙氏刺鲅、东方旗鱼、白枪鱼、箭鱼、黄鳍金枪鱼、大眼金枪鱼、长鳍金枪鱼、鲣鱼等。

2. 中上层鱼类

包括弧形长尾鲨、居氏鼬鲨、吻沟双髻鲨（原称路氏双髻鲨）、中华青鳞鱼、金色小沙丁鱼、鲥鱼、宝刀鱼、大圆鄂针鱼、短鳍拟飞鱼、飞鱼、尖鳍燕鳐、弓头燕鳐、尖头燕鳐、珍鲹、游鳍叶鲹、沟鲹、蓝圆鲹、大甲鲹、竹荚鱼、高体鰤、纺锤鰤、红海鲯鲹、长颌鲯鲹、乌鲳、褐梅鲷、二带梅鲷、黄背梅鲷、异鳞蛇鲭、羽鳃鲐、鲐鱼、康氏马鲛、青干金枪鱼、裸狐鲣、扁舵鲣、鲔鱼、中国鲳。

3. 底层和近底层鱼类

包括豹纹鲨、尖头斜齿鲨、白边真鲨、黑印真鲨、及达尖犁头鳐、赤𫚉、黄𫚉、长条蛇鲻、长蛇鲻、多齿蛇鲻、海鲇、海鳗、黑点裸胸鳝、鳞烟管鱼、日本海马、刺海马、克氏海马、管海马、斑海马、红鳜、银汉鱼、截尾鳃棘鲈、鳃棘鲈、白边九棘鲈、红九棘鲈、宽额鲈、高体石斑鱼、宝石石斑鱼、网纹石斑鱼、赤点石斑鱼、硅点石斑鱼、弧纹石斑鱼、青石斑鱼、巨石斑鱼、短尾大眼鲷、斑鳟、斑鳍方头鱼、军曹鱼、马拉巴裸胸鲹、高体若鲹、红鳍笛鲷、紫红笛鲷、千年笛鲷、红鳍裸颊鲷、星斑裸颊鲷、黑鲷、黄鲷、二长棘鲷、断斑石鲈、大斑石鲈、胡椒鲷、鲷鱼、金线鱼、黄肚金线鱼、日本金线鱼、鲍鱼、印度白姑鱼、截尾白姑鱼、棘头梅童鱼、叫姑鱼、马六甲鲱鲤、黄带鲱鲤、克氏棘赤刀鱼、点斑蓝子鱼、带鱼、刺鲳、印度双鳍鲳、犬牙珠虾虎鱼、狼牙虾虎鱼、牙鲆、条鳎、宽体舌鳎、黄鳍马面鲀。

## 二、贝类

贝类是人类最早的食物。南海沿岸有很多新石器时代贝丘遗址。我国在殷商时代就开始以贝作为货币使用。后来与钱和买卖有关的字，如贡、赋、贩、贷、赌、财、赚、贿、赂等，都以"贝"字为偏旁。

海南贝类数以千计，以热带种类最多。其中，有经济价值的食用贝约35类，药用贝约26类，珍珠贝6类，观赏贝15类，有害贝约10类。经济价值较大的有鲍、牡蛎、贻贝、蚶、蛤、珍珠贝、马蹄螺、蝾螺、凤螺、砗磲等。

如珍珠贝，它的种类很多，有20多种是产珍珠最好的，最重要的有合浦珠母贝、大珠母贝、珠母贝、解氏珠母贝、企鹅珍珠贝等。其中，佼佼者首推合浦珠母贝和大珠母贝。北部湾北部浅海，是合浦珠母贝的重要产地。大珠母贝属大型珠母贝，壳可高20厘米，主要栖息于水深15～20米的礁石上，南海诸岛各海域都有出产，西沙群岛就很多，但主要产于海南岛西北沿海。因大珠母贝贝壳较大，是贝雕工艺的上好材料，也是中药珍珠贝壳粉的原料。现在，合浦珠母贝和大珠母贝已能人工育苗和人工养殖育珠。珍珠养殖场已遍布南海，如海南陵水等地都是有名的养珠之地。

## 三、虾蟹类

海南的甲壳类动物种类有200种以上，周年出现的也有60种左右，但常出现的只有10多种。其中有毛虾、莹虾、磷虾，是经济鱼类的天然饵料；有可食用的对虾、新对虾、细巧仿对虾、鹰爪虾；另有经济价值很高的龙虾，是一种大型虾类。海南虾类资源较丰富，年收获量15万～20万吨。

海南蟹类同样知名。我国蟹类有600多种，绝大多数生活于海洋中。海南是蟹类荟萃之地，仅西沙群岛珊瑚礁的蟹类就有180多种。常见的蟹类有短桨蟹、短眼蟹、豆蟹、扇蟹、绵蟹、银光梭子蟹、玉蟹、瓷蟹、关公蟹、馒头蟹、黎明蟹、蛙形蟹、蜘蛛蟹和菱蟹等，它们形态多种多样、个体大小不一。主要经济蟹类只有三疣梭子蟹、远海梭子蟹、红星梭子蟹、锯缘青蟹、异齿蟳、斑纹蟳和日本蟳等。锯缘青蟹俗称水蟹、肉蟹、膏蟹，主要栖息于盐度较低的潮间带和沿岸浅海泥沙质底部。梭子蟹主要栖息于近海泥沙质底部，港湾和河口区附近数量也比较多，是主要的经济蟹类。蟳也属梭子蟹一类，常见于泥底海藻之间，也是重要的食用蟹。此外，在南海诸岛陆上也有一些蟹类，但种类不多。如西沙群岛上有紫地蟹和凶狠的圆轴蟹等，它们个体都很硕大。紫地蟹宽达10厘米，重约0.25千克。

## 四、哺乳动物

海南海洋附近有几类特色性的哺乳动物，如儒艮、真海豚、中华白海豚、宽吻海豚、小爪水獭等。

1. 儒艮

别名——人鱼、海牛、美人鱼。

隶属——哺乳纲、海牛目、儒艮科。国家一级水生野生保护动物。

形态——体呈纺锤形，体长一般3米。头部较小，鼻孔位于头背而近前端。前肢特化为鳍肢，后肢退化。尾为新月状的扁平鳍。乳房1对，隐藏在前肢的基部。皮厚似象，披有短而稀疏的毛。背面深灰色，腹面灰白色。同龄个体中，雄性个体大于雌性个体。

生态和繁殖——生活在沿海40米浅海，多在距海岸20米左右的海藻丛生的海区中出没，很少游向外海。常在涨潮时随潮流进入海湾内摄食海藻，退潮时又随潮流退出。白天多潜入海底，傍晚和黎明时上浮到水体的上层活动。夜间，母兽常侧着身躯半浮于水中，用两个前肢鳍抱着幼兽哺乳，在皎洁的月光下从远处望去，犹如一位长着鱼尾巴的丽人抱着婴儿露出水面，因此就有了"美人鱼"的雅称。无洄游习性，多单独或组成2～3头的小群体活动，很少集成大群。潜水时间约8分钟，潜水后露出水面呼吸，然后又潜回水中。游泳速度很慢，主要食海藻，也食海草。有青苗、海藻、海草的海区，都有三五成群的儒艮出没，常年可见，尤以9—10月为旺季。游泳时靠上下运动的尾鳍作动力。9~10岁达性成熟，几乎全年都有产仔，产仔盛期在6—9月，孕期约1年，一胎一仔，哺乳期约18个月。

学术价值——古生物学家认为，该物种与陆地上的大象、乳齿象等长鼻目动物同类，是由陆生草食动物演化而来的海生动物，也是鲸类向鳍脚类演变的动物。因此，该种对研究此类动物进化具有一定的学术价值。

2. 真海豚

别名——海豚。

隶属——哺乳纲、鲸目、海豚科。国家二级水生野生保护动物。

形态——体呈纺锤形。喙细长。额部隆起不明显，额喙交界处有明显的沟状缢缩。背鳍呈三角形，中等大小，上端尖略呈镰状后曲。背部蓝黑灰色，腹部白色，两者间为土黄色及灰色。

生态和繁殖——真海豚是一种外洋性小型海豚，眷恋性很强，游泳时，母恋子，雄恋雌。常以数十只或几百只为群巡游海面，常随船只前进或与渔轮并驾齐驱，或者尾随渔船，发出似鼠叫的"吱吱"声。行动敏捷，游泳的速度很快，瞬时速度可达30海里/时。以鱼类和乌贼为食，特别是群游性鱼类，如鲱鱼、沙丁鱼、鲐鱼、黄鱼、竹荚鱼、带鱼等。当追逐鱼群的时候，常在水面上作频繁起伏并不时跳出水面，经常全身跃出水面。当群体中有一头海豚受伤，其余者会将负伤者团团围住，不忍舍弃。多随大群鱼群移动，渔民常以其出没判断鱼群所在。海豚常以数十头或数百头为群，活动敏捷。春、秋两季是真海豚交配的主要季节，雌兽每隔2~3年生育一次，怀胎期大约10~11个月。幼仔刚出生时体长为75~85厘米，哺乳期超过1年。寿命约25~30年。

学术价值——大脑沟回复杂，能学会许多复杂的动作，并有较好的记忆力。

3. 中华白海豚

别名——白牛、中华白豚。

隶属——哺乳纲、鲸目、海豚科。国家一级水生野生保护动物。

形态——体长达2.2~2.5米，体重约235千克。喙狭长。喙与额部之间被一道"V"形沟明显隔开。幼体背面灰黑，腹白；成体全身乳白色，背部杂有明显的灰斑，腹部略带粉红色；背鳍、鳍肢及尾鳍是近似淡红色的棕灰色。

生态——中华白海豚多系热带、亚热带近岸品种，多栖息于内海港湾及河口一带。

4. 宽吻海豚

别名——瓶鼻海豚。

隶属——哺乳纲、鲸目、海豚科。国家二级水生野生保护动物。

形态——平均体长 2 米，最长可达 3 米。喙粗短，喙与头之间有一折痕。体色背部深灰，腹面浅灰。背鳍中等高度，镰刀形，基部宽，位于身体中央。鳍肢中等长度，末端尖。尾鳍向后缘凹形。

生态和繁殖——主要以群栖性鱼类为食。群体的大小一般小于 20 头，性活泼，常跃出水面 1~2 米高，往往组成小群同伪虎鲸群混游。每隔 2~3 年产仔一次，妊娠期 12 个月，每次产 1 仔。

5. 小爪水獭

别名——油獭、东方小爪水獭、亚洲小爪獭。

隶属——哺乳纲、食肉目、鼬科。国家二级水生野生保护动物。

形态——外形与普通水獭相似。体长 4~6 米，尾长 2~2.5 米，体重一般不超过 3 千克。鼻垫后上缘被毛整齐，呈一横线。脸部触须与其他水獭一样，但下颌正前方和两侧尚有短而稀疏的刚毛。趾间居中有蹼，趾爪极小，趾垫甚发达。身体咖啡色，颏喉部为浅黄白色，毛尖白色。体毛较短，绒毛疏。通体毛富于光泽，腹毛较淡，四肢、尾与体同色。尾端被毛短而稀少，几乎裸露。

生态和繁殖——栖息于江河、湖泊和溪流的岸旁，巢穴筑在靠近水边的树根、芦苇和灌木丛下，挖洞而居。洞有几个进口，其中一个在水中。昼伏夜出，嗅觉、听觉发达。鼻孔和耳朵可关闭。善游泳，能潜入水中持续 2 分钟。妊娠期 60~64 天，每年 1~2 胎，每胎 1~2 仔，多可达 6 仔。小爪水獭是水獭中个体最小的一个种，往往生活在海拔较高的高山溪流，也较爱到旱地活动。海南岛水资源比较丰富的山溪潭湾，不但水质清澈，流水也特别多，流水下山后，多受重重拦阻分散，加上人为的干扰，所以只在上游山区，才有比较适合它生存的栖息地。

## 五、珊瑚礁

珊瑚是海洋中的低等生物，在动物分类学中属于腔肠动物门、珊瑚虫纲。珊瑚与海葵和水母是比较相近的。珊瑚可以以多种形态存在，小到一个珊瑚虫，大到一个珊瑚群落。如一块蜂巢珊瑚可以由成千上万个蜂巢珊瑚虫组成，而每个蜂巢珊瑚虫直径只有 10~20 毫米。珊瑚是多种多样的，主要可以分为两大类：石珊瑚和软珊瑚。石珊瑚又可以称为硬珊瑚，是非常独特的海洋生物，它们与海葵非常相似，但是可以制造坚硬的外骨骼。现存的石珊瑚都为六放珊瑚，最早出现在三叠纪，随后逐渐取代了在二叠纪盛行的四放珊瑚。石珊瑚又可以分为造礁石珊瑚和非造礁石珊瑚。造礁石珊瑚主要生活在热带浅海海域，而非造礁石珊瑚分布范围较广，在水深 6 000 米的海底依旧可以存活。软珊瑚不能制造碳酸钙的外骨骼，但是它们体内会形成一些小型的骨针，这些骨针是对它们进行分类的重要依据。石珊瑚和软珊瑚在珊瑚礁生态系统中都是广泛分布的。

珊瑚礁是热带浅海海域中由一些活的有机体（造礁石珊瑚和钙质藻类等）形成的生物

礁，而非生物礁主要是由泥沙及浅水区的其他物质沉积而成的。热带海域的珊瑚礁主要是由有机体建造而成的，其水温要求为20~28 ℃。所以，虽然珊瑚分布的范围广泛，但是珊瑚礁却只能在南北回归线之间被发现。随着水深的增加，光线逐渐减弱，到最后不能满足珊瑚共生藻光合作用的需求，珊瑚才停止生长。所以，造礁石珊瑚最深可以分布到50米深的透光层。影响造礁石珊瑚分布的除了温度、光照外，盐度也是一个主要因素。珊瑚需要一定的盐度才能存活，所以河口处由于有大量淡水汇入，很少有珊瑚分布。此外，还有其他的影响因素，如水质的状况、基底的情况、食物的来源、草食动物的多少等。

海南岛的珊瑚礁分布较广，沿岛四周均有分布。从目前的状况来看，海南东南沿海珊瑚礁保存较好的分布趋势基本呈三亚沿岸—琼海沿岸—文昌沿岸。珊瑚礁，在北岸，西起峨蔓港，向东在兵马角、雷公岛、抱虎港等地有分布；在东岸，北起高隆湾，向南在冯家湾、沙老、潭门、大洲岛等地可见到；在南岸，东起南湾村，向西在新村港、蜈支洲岛、后海、亚龙湾、东岛、野猪岛、榆林港、大东海、小东海、鹿回头、东瑁洲和西瑁洲等地有发育；在西岸，南起双沟湾，向北在八所、沙渔塘—南罗、海头—南华、干冲和神尖咀等岸段皆有分布。离岛岸礁见于万宁市大洲岛、三亚市蜈支洲岛、亚龙湾野猪岛等地。1990年9月，经国务院批准，海南三亚珊瑚礁国家级自然保护区成立。

## 六、红树林

红树林是生长在热带和亚热带地区海岸潮间带、以红树科植物为主、周期性受到海水浸淹的木本植物群落。由于涨潮时红树林会被海水淹没，仅留树冠露出水面，故有"海上森林"之称。红树林因为生长在海岸潮间带，具有防浪护堤和保护滨海城市的功能，故还有"海岸卫士"的美誉。全球红树林大致分布在南、北回归线之间，最北可达32°N，最南可达33°S。我国红树林主要集中分布在福建、广东、广西、海南、台湾等地区，天然分布北界是福建福鼎市（27°20′N），人工引种北界可至浙江乐清县（28°25′N）。红树林具有高生产力、高归还率和高分解率的"三高"特性，是世界上最富生物多样性、生产力最高的海洋生态系统之一，与珊瑚礁、上升流、海滨沼泽湿地并称为世界四大最富生产力的海洋生态系统，具有非常重要的生态、社会和经济价值。

海南岛是我国红树林的分布中心。海南岛绵长的海岸线和众多的港湾、河口，为红树林的生存繁衍提供了优越的条件，使海南成为我国红树林植物种类最丰富、生长最好的地区。海南红树林在中国乃至世界红树林保护中占有重要位置，具有极为重要的保护价值。

海南岛蕴藏了丰富的红树植物资源，有真红树植物11科24种，半红树植物10科12种。海南丰富的红树植物资源中有许多国家珍稀濒危物种，如银叶树、小花老鼠簕、玉蕊、水椰、红榄李、海南海桑、杯萼海桑、卵叶海桑、拟海桑、木果楝、尖叶卤蕨等均为珍贵树种。其中，海南海桑和尖叶卤蕨为海南特有物种；水椰、红榄李、海南海桑、拟海桑、木果楝已载入《中国植物红皮书》。

相同种类或者不同种类的红树植物生长在一起构成红树植物群落。海南岛红树植物群落组成丰富多样，既有大面积纯林，如红海榄群落、白骨壤群落、海莲群落、角果木群落、桐花树群落、木榄群落、杯萼海桑群落、榄李群落等；也包括大量混合林，如红海榄＋桐花树＋白骨壤群落、桐花树＋白骨壤群落、桐花树＋秋茄群落等。

海南省也是我国红树林保护区分布最多的地区。海南加强红树林湿地保护，可以追溯到1980年1月。当时，广东省政府批准建立了海南东寨港自然保护区。1986年7月，该保护区经国务院批准晋升为国家级保护区，这是我国建立的第一个红树林类型的湿地自然保护区。截至2022年，海南红树林湿地面积达到65平方千米，广泛分布于沿海各市县。海南共成立了9个以红树林为主要保护对象的自然保护区、3个红树林湿地公园，湿地生物多样性日益丰富。海南省连片生长、保存完好、面积较大的红树林，基本被纳入保护区的范围。

在多年的持续保护下，海南红树林湿地面积逐年增长。据海南省林业和草原局统计，"十三五"期间，海南省共退塘还湿约29平方千米，其中新造红树林8平方千米。2021年，海南省有约5平方千米新增红树林湿地通过验收，超额完成年度新增4平方千米的任务。预计"十四五"期间，海南还将新增红树林湿地面积约17平方千米。

2021年，中国地质调查局海口海洋地质调查中心开展的"海南岛湿地资源现状试点调查"项目成果显示，近10年来，海南岛的人工湿地面积明显增加，红树林、珊瑚礁、海草床三大典型湿地生态系统分布广泛。

## 任务四　海南海洋生物旅游资源利用

>> ［任务导入］

（1）查找远洋垂钓相关资料，并做班级分享。

（2）实地走访考察海南琼海潭门港，探寻新时代背景下海南渔业的发展。

### 一、海底观光游

海南及南海岛屿生长着极其美丽而茂盛的珊瑚，珊瑚礁附近生活着各种色彩鲜艳、体态万千的热带海洋鱼类。且海南的海水清澈、透明度高，非常适合海底观光游览，如海底观光船、海底观光潜水艇等。

如在夏威夷欧胡岛亚特兰蒂斯希尔顿码头，潜水艇可到31米以下的海水中，让游客体验真正的海底巡航，观看巨大沉船、珊瑚暗礁、火山熔岩和各种热带海底生物（热带鱼群、珊瑚、海龟及鲨鱼等）。同时，中文解说员和录像带播放，可以让游客领略真正的夏威夷海底世界。亚特兰蒂斯号的室内提供空调装置、非常大的观景窗口和舒适的座椅。对从未到达过海底世界的游客来说，视觉效果一定是震撼的。64 座潜水艇的观景窗口比小潜水艇的大 65% 以上，可以让游客感受到高级豪华。

分界洲岛海水清澈，透明度达 5～10 米。岸上观看海水的颜色分为 3 层，分别为碧蓝、碧绿、深蓝。分界洲岛是海南最适宜潜水和观赏海底生物的海岛。海南分界洲岛水上娱乐项目极为丰富，如潜水（有海豚潜水、堡礁潜水、远海潜水等）、海钓（海南最大的海钓基地）、海底潜艇观光（有中国唯一一艘海底观光潜艇）、游艇、海豚表演、鲸鲨观光、珊瑚馆观光等。

## 二、海底潜水游

潜水原是为进行水下勘察、打捞、修理和水下工程等作业而在携带或不携带专业工具的情况下进入水面以下的活动。后来，潜水逐渐发展成为一项以在水下活动为主要内容，从而达到锻炼身体、休闲娱乐目的的休闲运动，广为大众所喜爱。

潜水是观赏海底世界的一种体验方式。游客可以下潜到海底观赏各类活体珊瑚礁群，感受神奇的海洋巨型生物，以及开展水下婚礼、水下探秘等活动。

海南发展潜水的自然条件得天独厚。海南夏季水温 24～27 ℃，冬季水温保持在 20～24 ℃，适宜的温度、清澈的海水，让走进水中世界不再是一个童话般的心愿。来到海南，游客便可以在真正的水域里感觉到潜水的新奇。目前，海南开展海底潜水游的主要目的地有以下几处。

1. 水中戏海豚：分界洲岛

分界洲岛位于三亚市区东北方向约 85 千米，地处陵水县境内的北部海面，是海南的著名潜水胜地。在这里，游客可以下潜到海底观赏堪比人间花园的活体珊瑚礁群、神秘的海底沉船、海底村庄遗址、"七福神"古神像、珊瑚人工保育平台、飞机残骸和多彩的海洋生物等，也可以下潜到岛屿东面海蚀崖下观赏水下奇特的海蚀岩洞地貌，还可以在海豚养殖区域和海豚互动。

2. "中国马尔代夫"：蜈支洲岛

蜈支洲岛是众多游客公认的三亚最好的潜水之地，这里海水的透明度非常高，南部水域有保护完好的珊瑚礁，且没有礁石混杂在其中。水下世界绚丽多彩，有着丰富的夜光螺、马鲛鱼、鲳鱼及五颜六色的热带鱼。同时，岛上的潜水种类及设备也非常齐全，有"中国第一潜水基地"的美誉。

推荐理由：蜈支洲岛潜水能见度高。拥有"中国马尔代夫"之称的蜈支洲岛是众多游客公认的海南潜水最好的地方，该岛享有"中国第一潜水基地"美誉。四周海域清澈透明，海底有着保护完好的珊瑚礁。

### 3. "东方夏威夷"：亚龙湾"海底世界"

亚龙湾被《中国国家地理》杂志评选为中国最美的八大海岸之首。在三亚的潜水点之中，亚龙湾"海底世界"是开发最早的潜水基地，目前仍然是中外游客青睐的地方。这里沙粒洁白细软，海水清澈晶莹，海底世界资源丰富，有珊瑚礁、各种热带鱼、名贵贝类等。

推荐理由：适合初学者浮潜。初学者穿上救生衣、带上面镜即可，不需要潜水服和氧气瓶这些专业装备；步行到浮潜专区，直接从岸边下水即可，有教练一对一陪同指导，可以看见各色鱼在身边游来游去。

### 4. 探索远海：西岛

西岛又名玳瑁岛，远离城市，海水污染少。岛上风景秀丽，空气清新。相比蜈支洲岛的高端、大气、上档次，西岛更像个小家碧玉，有秀美的山体、迷人的珊瑚礁，也有清澈的海水、婆娑的椰林和松软的海滩。这里水上项目齐全，价格相对便宜。

推荐理由：远海潜水。游客可以乘坐快艇到潜水平台的泊船，届时会有专业教练带游客潜入较深的海底。与岸潜相比，远海潜水可以到达更深的海域，游客可以看到更加丰富的海洋生物。

**西岛潜水体验**

## 三、休闲渔业游

海南正在打造渔旅融合商业综合体，结合环岛旅游公路，做深做精"渔业+旅游"文章。发展休闲渔业，是海南渔业"往岸上走、往深海走、往休闲渔业走"转型的重要一步。2023年3月以来，海南出台一系列政策文件，在全国率先构建起一整套完整的休闲渔业发展政策体系，为产业规范化、多元化发展奠定基础。

2023年8月，海南省首家海上共享渔庄在陵水疍家渔排成立，全省首艘正式运营的休闲渔船在万宁渔港下水。近期，海南休闲渔业传来接二连三的好消息，标志着这项新兴产业在海南驶入了发展的"快车道"。目前，海南休闲渔业主要有两个主要参与方式。

1. 共享渔场

共享渔场立足海南辽阔丰富的海洋渔业，结合互联网共享经济理念。未来，人人都可以拥有自己的养殖场，不耽误自己的工作和事业，忙时委托养殖户管理，成熟之后快递或者交由线下养殖场代销，闲时可以亲自去渔场打理体验。

2. 远海垂钓

海南有丰富的渔业资源，不但适合观赏，更适合海钓。海南岛沿岸、各岛屿（礁）区域水深不超过70米，风浪小，是开展垂钓的理想区域。海南海洋渔业资源丰富，鱼类数量很多，鱼类生物密度很高，可以开展近岸垂钓、坐船到海中垂钓、近海捕捞等渔业休闲活动。在礁盘区域，可根据条件适当开展延绳钓、拟饵曳绳钓、手钓、礁盘围网等捕捞活动，让游客放松心情，享受休闲渔业的乐趣。南海的东岛、永兴岛、高尖石、甘泉岛、七连屿、全富岛等海域有丰富的梅鲷、马鲛鱼等经济鱼类，西沙群岛南部海域分布有名贵的石斑鱼、金枪鱼、飞鱼等，这些海域都适合远海垂钓。

## 四、海洋研学

研学旅行继承和发展了我国传统游学"读万卷书，行万里路"的教育理念和人文精神，结合国际上"研究性学习"的先进理念、方法、模式，成为素质教育的新内容和新方式。研学是由学校统一组织的。研学中，学生基于自身兴趣，根据课本内容，从自然、地理、历史、人文、科技、体验六大类别选择和确定研学主题，并在动手做、做中学的过程中，主动获取知识、应用知识、解决问题。开展研学旅行，有利于促进学生培育和践行社会主义核心价值观，激发学生对党、对国家、对人民的热爱之情；引导学生主动适应社会，促进将书本知识和社会实践深度融合，培养创新人才，全面推动素质教育实施。

开展海洋研学，可以培养青少年热爱海洋文化，唤醒青少年对海洋动物的关爱，提高青少年探索海洋奥秘的兴趣。"读万卷书，不如行万里路"，研学旅行是校外课程的延伸和补充。通过海洋研学，青少年可以更好地在探秘海洋生物的过程中实现学中游、游中学、知行合一。

海南省推出各具特色的"2022年海南十大研学旅游路线"：筑梦大道和环岛专列研学之旅；"生态雨林"科考研学之旅；"海岛之肺"环保研学之旅；"走进课堂"西沙研学之旅；"徜徉天地"探秘研学之旅；"夺宝奇兵"拓展研学之旅；"黎乡寻踪"民俗研学之旅；"海岛文脉"历史研学之旅；"耕耘梦想"农耕研学之旅；"海南味道"美食研学之旅。

其中，"走进课堂"西沙研学之旅（三亚凤凰岛—永乐环礁—全富岛—银屿岛—返回三亚凤凰岛），将海南丰富的热带海洋旅游资源与研学教育链接，形成独具特色的海洋研学。具体海洋研学课程的开发，可以充分结合海南海洋生物旅游资源，开展海洋生物科普教育、海洋渔业产业认知、海洋环保、海洋低碳理念等方面的学习。

## ▶ [相关链接]

### 海南三亚：热带海洋牧场里的多彩生物世界①

海南省三亚蜈支洲岛海域海洋牧场是海南首个国家级海洋牧场示范区。截至2023年4月底，蜈支洲岛海域海洋牧场在相关政府职能部门以及海南大学创新技术的支持下，投入人工鱼礁及船礁等约8万立方米，包括水泥型人工鱼礁2 571个、船型礁21艘，海洋生态修复和渔业资源养护取得了显著成效。

至2023年，蜈支洲岛海域已移植珊瑚3.5万多株。海洋生态环境的不断改善，也让种类繁多、形态各异的海洋生物在蜈支洲岛海域海洋牧场聚集、繁殖、生长，共同构成一个多姿多彩的水下世界。

在蜈支洲岛海域海洋牧场拍摄的细纹凤鳚（左）和风信子鹿角珊瑚（右）

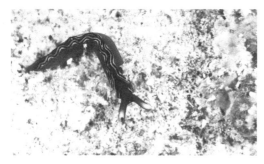 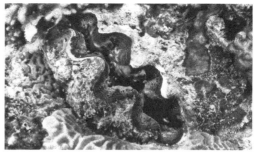

在蜈支洲岛海域海洋牧场拍摄的海蛞蝓（左）和砗磲（右）

---

① 海南三亚：热带海洋牧场里的多彩生物世界[EB/OL]．（2023-05-22）[2023-11-13]．https：//photo.cctv.com/2023/05/22/PHOAYdRM2K4a8Dlew7SnqXS7230522.shtml．

海南三亚蜈支洲岛海域海洋牧场（无人机照片）

在蜈支洲岛海域海洋牧场拍摄的小丑鱼、海葵（左）和寄居蟹（右）

▶ [复习思考题]

一、选择题

1. ＿＿＿＿＿＿因其形态，有"美人鱼"的雅称。　　　　　　　　　　　　　　　（　　）

　　A. 儒艮　　　　　　B. 中华白海豚　　　C. 真海豚　　　　　D. 中华鲟

2. ＿＿＿＿＿＿是一种外洋性小型海豚，眷恋性很强，游泳时母恋子、雄恋雌。（　　）

　　A. 儒艮　　　　　　B. 中华白海豚　　　C. 真海豚　　　　　D. 中华鲟

3. ＿＿＿＿＿＿是我国建立的第一个红树林类型的湿地自然保护区。　　　　　（　　）

　　A. 海南东寨港自然保护区　　　　　B. 海南清澜红树林保护区

　　C. 海南临高彩桥红树林保护区　　　D. 海南三亚河红树林保护区

项目五　海南海洋生物旅游资源及利用 / 141

4. _____是观赏海底世界的一种体验方式，游客可以到海底观赏各类活体珊瑚礁群，感受神奇的海洋巨型生物，以及开展水下婚礼、水下探秘等活动。（    ）

   A. 海洋游乐　　　B. 海洋研学　　　C. 海钓　　　D. 潜水

5. _____又名白蝶贝，是我国南海珍贵的珍珠贝类。（    ）

   A. 砗磲　　　B. 大珠母贝　　　C. 合浦珍珠贝　　　D. 企鹅珍珠贝

## 二、判断题

1. 海南生物资源作为海南自然资源中的重要部分，是社会经济活动的重要环境和生产要素。（    ）

2. 海南生物资源，作为海洋国土资源中自然资源的重要部分，是社会经济活动的重要环境和生产要素。（    ）

3. 红树林是生长在温带地区海岸潮间带、以红树科植物为主、周期性受到海水浸淹的木本植物群落。（    ）

4. 开展海洋研学，可以培养青少年热爱海洋文化，唤醒青少年对海洋动物的关爱，提高青少年探索海洋奥秘的兴趣。（    ）

5. 海南的极品珍珠多出自海口、临高一带，一直享有"海南一宝""南珠之冠"的美誉。（    ）

## 三、问答题

1. 海南海洋生物旅游资源如何分类？

2. 对于海南蟹类，谈谈你的了解和认知。

3. 谈谈你对海南特产——大珠母贝的了解。

4. 你认为海南开发海洋研学的资源条件有哪些？发展前景如何？

5. 对于海南海洋旅游纪念品，谈谈你的看法。

**参考文献**

[1] 谢军. 海洋牧场背景下的休闲渔业旅游发展模式分析[J]. 西部旅游，2022（20）：22-24.
[2] 马仁锋，盛雨婷. 海洋潜水旅游地研究历程、关键领域与展望[J]. 中国海洋大学学报（社会科学版），2022（2）：48-62.
[3] 张士璀，何建国，孙世春. 海洋生物学[M]. 青岛：中国海洋大学出版社，2017.
[4] 陈扬乐，王琳. 海洋旅游导论[M]. 天津：南开大学出版社，2009.

# 项目六

# 海南海洋遗址遗迹旅游资源及其利用

▶▶ [学习目标]

- 掌握海洋遗址遗迹旅游资源的概念、特点和分类。
- 熟悉海洋遗址遗迹旅游资源的分类、布局。
- 理解海洋遗址遗迹旅游资源和旅游的关系及意义。
- 了解海南海洋遗址遗迹旅游资源的利用现状。
- 掌握海南海洋遗址遗迹旅游资源的新业态。

▶▶ [引例]

### 国家文物局水下文化遗产保护中心北海基地启用[①]

2018年，位于青岛市即墨区"蓝色硅谷"的国家文物局水下文化遗产保护中心北海基地正式启用。据介绍，北海基地将作为集水下考古调查、勘探、发掘、保护、展示、研究、学术交流、人才培养于一体，统筹黄渤海海域，面向全国乃至世界的国家级水下文化遗产保护基地，将引领与推动黄渤海海域的水下文化遗产保护。同时，探索完善我国水下文化遗产保护工作管理模式，促进水下文化遗产保护事业的发展。

中日甲午海战沉舰——致远舰和经远舰的出水文物，9月底已经运抵北海基地。随着北海基地的正式启用，两舰出水文物将在此开展保护修复与考古研究等一系列工作。随着科学研究的不断深入，我们将会有更多发现。

此外，北海基地将依托青岛的区域优势，加强海上丝绸之路北线文化遗产的学术研究，如东北亚区域海上丝绸之路时空范畴、航行线路、贸易模式、技术传播、文化互动、遗址保护等方面的学术研究和国际交流。

据了解，国家文物局水下文化遗产保护中心是统筹全国水下文化遗产保护工作的机构，目前设立了两个直属基地。北海基地的启用填补了我国北方水下文化遗产保护事业国家级公共技术支撑平台的空白，将与南海基地构建我国水下文化遗产保护事业"一南一北、双翼齐飞"的格局。

---

[①] 新华社. 国家文物局水下文化遗产保护中心北海基地启用. （2018 - 11 - 07）[2023 - 12 - 13］. https：//www. gov. cn/xinwen/2018-11-07/content_5338005. htm.

## 任务一  认识海洋遗址遗迹旅游资源

> [任务导入]
> (1) 请讨论：什么是海洋遗址？它们是如何被发现的？
> (2) 请小组展开思考：海洋遗址在历史和文化上有什么重要性？

### 一、海洋遗址遗迹旅游资源的定义

海洋遗址遗迹旅游资源是指那些与海洋历史和文化相关的遗址和遗迹，这些资源对于发展旅游业和推动文化遗产保护都具有重要意义。

海洋遗址遗迹是由于人类活动而产生的、已经无法继续使用的海洋旅游资源，但这些资源仍蕴涵着浓厚的海洋文化，是海洋文化旅游的一种基础资源，是旅游者感受、体验海洋文化的主要对象，是研究古今人类政治、经济、文化、宗教等海洋活动的重要记录和文化艺术成果。

### 二、海洋遗址遗迹旅游资源的特点

1. 极具历史文化价值

遗址遗迹是记录人类历史发展和文化积淀的重要载体，具有独特的历史文化价值。这些遗址可以让游客深入了解古代文明，感受历史的厚重。

2. 视觉吸引力强

许多遗址遗迹拥有独特的建筑风格、雄伟的造型或精美的艺术品，为游客提供了强烈的视觉冲击和美的享受。

3. 强烈的文化传承

通过游览这些遗址，游客可以在旅游过程中进行文化传承和知识传播，并深入了解和体验各种不同的文化。

4. 教育价值

遗址遗迹也是重要的教育资源，可以通过引导游客参与学习和体验活动，提升他们对历史、文化和自然环境的认识和理解。

5. 科学研究价值

对于历史学者和考古学家来说，这些遗址是进行科学研究的重要场所，它们可以提供关于人类历史和文明发展的重要线索和证据。

6. 可持续性

在开发利用这类资源时，我们需要考虑到其可持续性，确保在遗址遗迹保护和利用之间取得平衡，避免对遗址遗迹造成破坏。

7. 体验性强

遗址遗迹为游客提供了丰富的体验机会，如参加考古发掘、参观博物馆、参加文化活动等，让游客更深入地了解历史和文化。

### 三、海洋遗址遗迹旅游资源的分类

人类活动在地球上留下了众多的痕迹，这些痕迹被遗址作为遗迹记载着。遗址遗迹类海洋旅游资源具有十分重要的历史、科学、文化价值，代表了各地独有的历史文化遗存，包括史前人类活动场所和社会经济文化活动遗址遗迹两大亚类。史前人类活动场所包括人类活动遗址、文化层、文物散落地、原始聚落遗址四种基本类型。社会经济文化活动遗址遗迹包括历史事件发生地、军事遗址与古战场、废弃寺庙、废弃生产地、交通遗址、废城与聚落。以下是一些重要的海洋遗址遗迹旅游资源。

1. 古代沉船遗迹

这些遗迹包括各种沉船遗骸和货物，通常位于海底或河床上。这些沉船是由于各种原因沉没的，如海盗袭击、暴风雨、触礁等。现有一些著名的沉船遗迹包括"瓦萨"沉船博物馆、西班牙"阿托卡夫人"号沉船等。

2. 古代港口遗址

古代港口遗址是历史上重要的港口城市或海港，通常与当时的贸易、文化和政治活动密切相关。一些著名的古代港口遗址有中国的广州港、埃及的亚历山大港等。

3. 海战遗址

海战遗址是历史上重要的海战或海军活动的地点，包括海战遗址、海军基地、军舰沉没遗迹等。一些著名的海战遗址包括美国独立战争时期的特拉华河河口、二战时期的太平洋战场等。

4. 古代海洋文化景观

这些景观是与古代海洋息息相关的文化景观，包括古灯塔、海边古镇等。这些景观通常与海洋历史和文化密切相关，为游客提供了解和探索海洋历史和文化的机会。

这些海洋遗址遗迹旅游资源不仅具有历史和文化价值，也为旅游业提供了丰富的资源。合理开发和保护这些资源，可以促进当地经济发展和文化传承，同时也可以提高人们对海洋历史和文化的认识和了解。

## 任务二　海洋遗址遗迹旅游资源和旅游

### ▶ ［任务导入］

（1）开展班级讨论：你认为海洋遗址对于现代社会的意义是什么？它和旅游业又有何种关系？

（2）请思考：作为旅游从业者，你觉得应如何保护和利用海洋遗址？

（3）是否有一些著名的海洋遗址是你特别想去的？为什么？

## 一、海洋遗址遗迹旅游资源和旅游的关系

1. 海洋遗址遗迹旅游资源是吸引游客的重要因素

海洋遗址遗迹旅游资源和旅游的关系密切。这些资源是吸引游客的重要因素,因为许多人会被这些具有历史和文化价值的遗址所吸引,从而选择其有特定的旅游目的地。因此,遗址遗迹是旅游业发展的重要资源之一。

2. 旅游业促进了海洋遗址遗迹旅游资源的保护和传承

旅游业的发展也为保护和传承这些遗址遗迹提供了重要的资金支持和宣传途径。通过旅游业获得的经济收益,可用于遗址的修复、保护和管理。同时,遗址遗迹旅游业也能提高公众对遗址遗迹的认知和重视程度。

3. 增加当地社区居民的就业和收入

旅游业与遗址遗迹保护相结合,可以为当地社区提供就业机会和收入来源,促进当地经济发展和社会进步。

4. 有助于贯彻可持续发展理念

需要注意的是,开发利用遗址遗迹类海洋旅游资源,需要平衡保护和利用的关系。过度的商业化和旅游活动可能会对遗址遗迹造成破坏,因此需要采取有效的管理和保护措施,以确保这些资源的可持续性。

综上所述,海洋遗址遗迹旅游资源和旅游之间相互促进、相互依存。合理利用和保护这些资源,可以实现文化遗产传承和旅游业的可持续发展。

## 二、海洋遗址遗迹旅游资源开发的典范

### (一)中国南方沿海军事防御遗址

我国漫长的沿海区域中,有许多古代海防遗址以及各类海战博物馆、纪念馆。

广东省的海岸线长约 4 114 千米。广东省是我国沿海区域最为阔长的省份,经明清两代修建、经营、战争中使用及后人传承,留下了一大批卧据要塞、形态各异、弥足珍贵的海防遗迹,是全国海防遗存较为丰富的省份。

1. 崖山海战

又称宋元崖门海战、崖门之役等,是中国古代早年少见的大海战。此战发生在 1279 年(南宋祥兴二年、元至元十六年),是宋王朝军队与元王朝军队在广东江门崖山进行的大规模海战,直接关系到南宋的存亡,因此也是宋元之间的决死之战。

在崖山海战中,尽管南宋军民已是穷途末路,但是他们依然坚守崖山并护卫着危在旦夕的宋王朝。面对元军的凶猛进攻,这些人没有选择逃跑,陆秀夫背着少帝赵昺投海自尽,众多忠臣追随其后,传说十万军民跳海殉亡。崖山海战结束后,赵宋皇朝陨落,意味着南宋残余势力彻底灭亡,元朝最终统一整个中国,这也是历史上中国汉族王朝第一次整

体被北方游牧民族所征服。作为新旧王朝交替的历史事件，流传千古的正是南宋人民不屈不挠的抗争精神，也是崖山海战的历史意义所在。

崖山海战遗址，位于今广东江门市新会区南约50千米的崖门镇。银洲湖水由此出海，这里也是潮汐涨退的出入口。此处东有崖山，西有汤瓶山，两山之脉向南延伸入海，犹如半开半掩束住水口的巨门，故又名崖门。

2. 潮州大埕所城海防遗址

位于潮州市饶平县所城镇，北倚大尖山守望大海。明代潮州下辖的大埕所城，是广东保存较为完整的海防所城，于明洪武二十七年（1394年）创筑。该城历尽沧桑，如今四门仍在，布局依旧，部分城墙城门仍然保存下来。所城原来的周长大约为2千米，现存的城墙高约6米。东西城垣的保存情况还算不错，可惜敌台被毁，南北城垣破损严重。

3. 深圳大鹏所城遗址

位于广东省深圳市大鹏新区，是明代为了抗击倭寇而设立的大鹏守御千户所城，为明清两代中国海防军事要塞和反抗外侮、捍卫主权的主要海防堡垒之一。

建于明洪武二十七年（1394年）的大鹏所城属于海防卫所，布局呈近梯形，占地约10万平方米。整个城墙周长1 200米，高6米，辟有马道；城外东、西、南三面，环绕有长1 200米、宽5米、深3米的城壕。

4. 威远炮台和东莞市海战博物馆

东莞市海战博物馆坐落于虎门海口东岸的威远炮台遗址附近，是著名的爱国主义教育基地。

东莞虎门炮台群

5. 汕尾海上长城

是明清时期的海防遗址。其时，汕尾沿海从东起神泉（今惠来），西至平海（今惠东）

的海岸线，共筑卫所城 4 座，烟墩 14 座，海防炮台 24 座，古堡 2 座，构筑起以卫城、所城为骨干，堡、寨、墩、烽堠和障碍物相结合的军事海防设施，各镇一方又互相呼应，被誉为一道保卫家园的"海上长城"。

6. 广西白龙古炮台群

是中国沿海最南端的古老军事建筑，明清时自东而西分布在北海、防城至崇左、百色一线，是广西连城要塞遗址之重要组成部分。史载，自鸦片战争爆发后，法国多次入侵白龙尾、万尾及江平等沿海地区，作恶多端。清政府为了巩固海防，于光绪十三年（1887年）派两广总督张之洞亲自率部对东兴市的竹山、江平、白龙尾半岛进行勘察，决定在白龙尾半岛的四个小山包上分别筑建龙珍、白龙、银坑、龙骧四座炮台，总称为白龙古炮台群。

每个炮台正面门楼全用方条石砌成，门楼前设有多层阶梯。每个炮台蝙蝠式的门楼中央，都镶嵌着用楷书镌刻炮台名称的青石板，显得气势壮观。露天炮座为椭圆状，均为混凝土结构，相当坚固。炮台均配有英国造的大型火炮，共六门。每门火炮长约 4 米，重六七吨，口径约 20 厘米。广西白龙古炮台群在中国近代军事史上战略地位显赫，是中华民族抵抗外辱、保卫海防的历史见证，是全国重点文物保护单位。

开发沿海军事防御遗址需要进行科学规划和设计，以确保遗址得到有效保护和合理利用。规划时，应充分考虑遗址的特点和价值以及周边环境资源，制定出符合实际情况的开发方案。沿海军事防御遗址的特点在于其军事防御功能。开发时，应突出这一特色，展示其历史背景、建筑风格和战略意义等，可以通过建设博物馆、展览馆、爱国主义教育基地等形式，向游客展示相关历史文物和资料。这些南方海防设施已经成为遗址遗迹类海洋旅游资源的典范。

（二）舟山群岛海洋文明探源新发现：岱山姚家湾遗址

浙江省舟山市岱山县以群岛立县，位于舟山群岛中北部。岱山岛为县内最大岛，是舟山市第二大岛，面积约 100 平方千米（1990 年数据），呈东西走向，东宽西窄。岛上以东南部的磨心山为最高点，地势东高西低，东部多丘陵，沿岸多滨海小平原，岸线绵长曲折，沿海港湾众多，海涂面积广阔。

姚家湾遗址位于浙江省岱山县高亭镇，地处一片开口西南的山前湾口内、岱山岛中北部条状山谷地带、东侧姚家湾山塘西南角，遗址面积约 3 000 平方米。地表现为村民菜地，目前地势中部高，南北两侧较低。北侧较多低洼湿地，应为遗址边缘。遗址东南边界为水泥村道，村道南为低洼地和大片人工水塘，已不在现存遗址的范围内。村道东南侧约百余米有村落，当地村民将以山塘为中心的山呑称为姚家湾，遗址命名源于此。

姚家湾遗址是 2022 年浙江省文物考古研究所和舟山市文物保护考古所在联合开展的岱山县史前遗址考古调查中发现的。本次调查新发现遗址 30 余处，基本可判断存在新石器时代遗存的遗址至少有 22 处。

遗址出土的多种贝壳堆积是舟山群岛史前生业模式的反映，是与海洋长期接触了解、

岱山姚家湾遗址

多方面互动的结果,也是适应海洋、利用海洋的直接例证。史前古窑址的首次发现,更是舟山史前先民掌握先进陶窑烧制技术的最好例证。该遗址一系列考古新发现与收获,对寻找舟山群岛史前海洋文明发源、演化线索和构建海岛新石器时代考古学序列具有重要意义。

(三)福州闽侯牛头山海洋遗址公园

夜幕下,幽蓝渐变的灯光将牛头山海洋遗址公园打造成一片"陆上海洋"。场馆外立面上,不时闪烁变幻着飞鸟、游鱼、独角兽、舞者等图案,光影交错,美不胜收。

福州闽侯牛头山海洋遗址公园

在馆内的群众文体中心,3D全息投影先进设备、触摸感应等新技术,为参观者带来了新奇的互动体验。沉浸式全息无水式海洋世界,通过光影声色,将湖柄村牛头山遗址蕴藏的四千多年前的海洋文明娓娓道来。

据了解，牛头山遗址位于湖柄村村后东侧，面积约1万平方米，文化层厚1米至1.5米，属贝丘堆积型新石器时代晚期遗址。它于1979年被首次发现，于1989年被列入第一批县级文物保护单位。它保存着青铜器文化、海洋文化的独特印记。牛头山海洋遗址公园主体建筑规划了海洋历史变迁室、青铜器时代室等，全面展示厚重遗址文化。

### （四）希腊的海岛探秘

希腊拥有丰富的海洋遗迹，其中以克里特岛和锡拉岛最为著名。克里特岛的克诺索斯宫和锡拉岛的阿克罗蒂里遗址都是世界文化遗产。

1. 克里斯托斯湾

位于米洛斯岛的东北部，是一个受欢迎的潜水地点。这里的水下景象令人叹为观止。游客可以在清澈的海水中欣赏古老的沉船遗迹、多彩的珊瑚礁以及各种奇特的海洋生物。克里斯托斯湾还拥有令人惊叹的岩层和地质景观，为水下冒险增添神秘感。

2. 安科尔湾

安科尔湾位于米洛斯岛的西南部，以古代剧场遗址而闻名。除了陆地上的古迹，安科尔湾的海底世界同样令人惊叹。游客可以在这里潜水，探索古代的石块、沉船遗迹和丰富多彩的海洋生物，感受历史和自然的完美融合。

**希腊米洛斯岛湾**

3. 米洛斯岛湾

米洛斯岛湾是一个多功能的水下探险地点，适合潜水、浮潜和船只游览。这里有着多样的水下景观，包括古代剧场遗址和各种海底生物。游客可以选择潜入水下，亲眼看见古老船只的残骸，或是从船上俯瞰海底的美景。

## ▶ [相关链接]

### 探寻大西洋中的神秘传说：亚特兰蒂斯，真实存在还是美丽神话？[①]

在浩瀚的大西洋深处，流传着一个古老而神秘的传说——亚特兰蒂斯。这座被誉为"失落之城"的都市，是真实存在过，还是只是一个美丽的神话？今天，就让我们一起探寻这个全球最神秘旅行目的地背后的谜团。

亚特兰蒂斯传说的起源可以追溯到古希腊哲学家柏拉图的著作。据柏拉图所述，亚特兰蒂斯是一个位于大西洋中的岛屿国家，拥有高度发达的文明和强大的军事力量。然而，在一场毁灭性的灾难中，这座城市及其居民沉入海底，从此消失在历史的长河中。

尽管亚特兰蒂斯的存在一直备受争议，但许多历史学家和考古学家认为这座城市可能确实存在过。他们指出，柏拉图所描述的亚特兰蒂斯的地理位置、城市规划和建筑风格与某些已知的古文明有相似之处。此外，一些考古发现也似乎与亚特兰蒂斯的传说相呼应，如在大西洋中发现的神秘建筑遗址和古老文物。

然而，也有许多人对亚特兰蒂斯的存在表示怀疑。他们认为，柏拉图所描述的这座城市过于完美和神秘，更像是一个神话或寓言故事，而非真实的历史事件。此外，尽管有许多关于亚特兰蒂斯的考古发现和研究，但至今仍未有确凿的证据证明这座城市的存在。

对于游客来说，探寻亚特兰蒂斯传说是一次充满挑战和神秘感的冒险之旅。你可以选择前往大西洋中的某些岛屿或沿海地区，亲自感受这片海域的神秘气息。在这里，你可以参观博物馆和研究机构，了解关于亚特兰蒂斯的最新研究成果和考古发现。你还可以参加专业的考古团队或探险团队，深入海底或偏远地区进行探寻和考察。

在探寻亚特兰蒂斯的过程中，你将有机会欣赏大西洋的壮丽景色和丰富生态。这片广袤的海域拥有世界上最壮观的海底峡谷、珊瑚礁和海洋生物群。无论你是浮潜、潜水还是乘坐游艇，都能在这里感受大自然的神奇和美丽。

除了探寻亚特兰蒂斯传说之外，大西洋沿岸还有许多其他值得一游的景点和活动。你可以参观古老的城堡和灯塔，品尝美味的海鲜料理，还可以参加各种水上运动和户外活动。这些活动将让你的旅行充满乐趣和挑战。

无论你是历史爱好者、探险家还是文化追寻者，都能在探寻亚特兰蒂斯的过程中找到属于自己的旅行故事和独特体验。

---

[①] 探寻大西洋中的神秘传说：亚特兰蒂斯，真实存在还是美丽神话？（2023-12-26）[2023-12-31]. https://baijiahao.baidu.com/s?id=1786310519802657755&wfr=spider&for=pc.

## 任务三　海南海洋遗址遗迹旅游资源

**[任务导入]**

(1) 开展班级讨论，谈谈海南有哪些海洋遗址遗迹旅游资源。

(2) 你是否曾经参观过海洋遗址遗迹？你的体验如何？

(3) 你认为应该如何提高公众对海洋遗址遗迹的认知度和保护意识？

海南是海洋大省，也是水下文化遗产大省。海南的水下考古逐渐走向远海，足迹覆盖了南海诸岛的管辖海域。至2023年5月，海南省摸清水下文物"家底"，共有124处水下文化遗存，居全国之首。其中在西沙海域有106处，南沙海域6处，海南沿海12处。

早在1974年，海南的水下考古工作者就开始在南海各岛礁开展水下文物调查工作。例如，在1999年找到华光礁Ⅰ号的沉船遗址，就是通过潭门的渔民对海域的熟悉情况来调查的。

至2023年5月，海南的海洋遗址遗迹中，全国重点文物保护单位有3处，即北礁沉船遗址、甘泉岛唐宋遗址、华光礁沉船遗址；省级文物保护单位有4处，包括南沙洲沉船遗址、珊瑚岛沉船遗址、浪花礁沉船遗址、玉琢礁沉船遗址。其中，以三亚英墩、陵水桥山和莲子湾为代表的海南东南部沿海地区新石器时代遗存位列2015年度全国十大考古新发现，填补了海南史前考古诸多空白。

**海南海洋遗址遗迹旅游资源分类表**

| 主类 | 亚类 | 基本类型 | 海南海洋遗址遗迹旅游资源代表 |
|---|---|---|---|
| 遗址遗迹 | 史前人类活动场所 | 人类活动遗址；文化层；文物散落地；原始聚落 | 英墩遗址、桥山遗址、三亚落笔洞遗址 |
| | 社会经济文化活动遗址遗迹 | 历史事件发生地；军事遗址与古战场；废弃寺庙；废弃生产地；交通遗迹；废城与聚落遗迹；长城遗迹；烽燧 | 秀英炮台、解放海南战役临高角登陆点、古昌化城、儋州千年古盐田生产遗迹、北礁沉船遗址、甘泉岛唐宋遗址、华光礁沉船遗址、南沙洲沉船遗址、珊瑚岛沉船遗址、浪花礁沉船遗址、玉琢礁沉船遗址 |

这些丰富的水下文物遗址完整"出水"的仅有华光礁Ⅰ号和珊瑚岛部分文物，大部分更适合水下"原址保护"。海南水下出土的文物绝大多数为陶瓷器，还有些铁器、琉璃器、铜钱等，时间最早的可追溯到五代。

## 一、滨海史前人类活动遗址

### 1. 英墩遗址

英墩遗址是新石器时代考古发掘的典范，位于三亚市海棠区江林村东约1.5千米处。2014年8月至2015年5月，海南省博物馆（海南省文物考古研究所）联合其他单位考古工作者在陵水至三亚东部的沿海地区进行考古调查时发现了该遗址。

2015年12月至2016年1月,联合考古队对英墩遗址进行了抢救性发掘。根据堆积情况和出土遗物,英墩遗址的文化遗存分为早、晚两期,推测其年代为距今5500~6000年。据介绍,英墩遗址出土的大量动物遗存,将为海棠湾至海南东部沿海地区史前人类的行为模式、生计模式、生存环境等问题的研究提供重要材料。

2. 桥山遗址

桥山遗址位于海南省陵水县,是迄今为止发现的海南省最大史前遗址,其面积之大、堆积之丰厚、遗物之丰富、保存之完好在整个华南地区都极为罕见。桥山遗址文化层平均厚度约3~4米,遗址中心地带文化遗物分布极为密集,主要为大量敞口或者盘口的夹砂红褐陶片、数件磨制石斧、磨制石环等遗物,以及疑似墓葬遗迹。初步观察,遗址顶面覆盖0.4~0.5米厚的细砂,绝大部分区域保存完好,个别地点和台地断崖处能够见到暴露的文化堆积。遗址总面积约5万平方米,中心地带面积约2万平方米。2019年,桥山遗址列入第八批全国重点文物保护单位名单。

桥山遗址的发掘是中国社会科学院考古研究所首次在海南开展考古工作,也是与海南省博物馆(海南省文物考古研究所)第一次联合在海南开展田野考古工作。随着考古发掘工作的进一步深入,其学术意义不可低估,体现在以下五个方面。

第一,为明确桥山遗址的文化面貌,构建陵水乃至海南地区史前文化的发展演化序列提供重要资料。

第二,为探讨和研究海南地区与广西、广东及东南亚地区的文化关系提供重要线索。

第三,对桥山遗址开展包括地貌、古环境、古动物、古植物以及体质人类学等多学科综合研究,可以使海南史前人类行为模式、生计模式、海岸线变迁等研究取得突破性进展。

第四,对探讨和研究海南地区史前文化与"南岛语族"的关系提供重要资料。

第五,桥山遗址的发掘与研究,是"科学研究、妥善保护、合理开发"海南文物资源的具体实践,将有力推动海南地区文物考古研究工作的深入开展,能够更好地提升海南省的文化竞争力。

## 二、滨海军事遗址

1. 秀英炮台

位于海口市龙华区世贸南路5号,是与天津大沽口炮台、上海吴淞口炮台、广东虎门炮台齐名的清代晚期闻名遐迩的海岸炮台,与其他三大炮台并称"清代全国四大海岸炮台",是中国近代史上重要的海防屏障。

清光绪九年(1883年)底,法军进攻驻越南山西的中国军队,中法战争爆发。次年5月,清廷任命张之洞为两广总督,主持岭南大局。张之洞意识到海南岛的防务是极其重要的，于是其上任后便把海南岛从原来的广东西路海防中独立出来，单独设为琼防，并奏请修建炮台等防御工事，以加强防卫。清光绪十一年（1885年），张之洞命部下测绘各处海口，对海南海口的测绘结果是"绘琼防图一，铺前、青蓝港、儋州、海口、崖州附焉"。这是海南岛历史上首次现代地貌测绘。对于秀英炮台的筹建工作，无论是测绘选址，还是选拔良才，张之洞都做了充分的工作。

**秀英炮台中的振武炮台**

秀英炮台全长240米，南北宽130米，整个炮台连同附属建筑物占地面积约3.3万平方米。炮台共有拱北、镇东、定西、振武、振威五座，在200米长的海岸小山丘上沿东西方向直线而筑，唯有振武炮台保留了原先的样貌。

各炮台以水泥、沙石、混凝砖土筑砌，内壁设置藏弹洞、藏兵洞，中间铺设环形铁轨以利于旋转铁炮的角度；与炮台相连的炮巷及其两侧的弹药库、兵房，则为红砖灰砂浆修砌的暗室；指挥所设在东南面，其后置营房和操练场。整个炮台区有坚固的城垣环抱。史料记载，秀英炮台修筑历时4年之久，耗银20万两。炮台是明台暗室结构。炮口朝向大海，遥控着琼州海峡。

历史上，秀英炮台曾经发出过两次民族的怒吼。第一次是清光绪十九年（1893年）秀英炮台竣工时，张之洞前来琼州，专门观看试炮，这是秀英炮台发出的第一声震撼列强的怒吼。第二次是1939年2月，日本军舰侵入琼州海峡，驻守海南的琼崖警备司令王毅下令用古老的秀英炮台开火以示警告。同年2月10日，国民党军队撤离，秀英炮台原清朝炮兵在陈起纲炮长的带领下，用清朝的克虏伯大炮痛击入侵的日寇，把敌人打退下海。后来，敌人迂回到白沙门和镇海村，登陆后从背后攻战秀英炮台，许多原清朝老兵的鲜血染红古炮台。至今，金牛岭烈士的墓地里还埋藏着这些英雄炮兵。

2015年7月，秀英炮台被评为海南省国防教育基地，成为海南爱国主义教育游的重要节点。除了斑驳的炮楼等设施,秀英炮台陈列馆是让人了解海南海防的绝佳景区。

陈列馆中海南岛明清时期海防展以秀英炮台为切入点,综合运用全新的艺术表现形式和新媒体科技手段,融合炮台、战争、海防、海南等文化元素,展现明清以来海南岛海防遗存的历史文化。在整个空间布局上,将弧形隔墙元素融入其中,分别象征组成秀英炮台的拱北、镇东、定西、振武和振威五座炮,同时能够使展览形式更加丰富、立体。展览序厅及第一部分主题为"秀英炮台",第二部分主题为"海南岛明清海防"。该展让游客深刻了解到,海南无论是过去还是今天,都是我国极其重要的海防前哨。

2. 古昌化城

古昌化城是海南省古代昌化县的县城,位于昌江县西部滨海,距昌江县城石禄镇50多千米,原址位于昌城乡昌城村。

据史志载,自西汉元封元年(前110年)在海南置珠崖、儋耳二郡,儋耳郡领儋耳、至时、九来三县时,至时县[隋大业三年(607年)改昌化县,即今昌江县]县治就设于古昌化城。其时县城之规模如何,可惜前代史志未有记载,但时间上是记得明确的,自设置县治以来,至今就有2100多年历史了。

据现古史志记载,古昌化城池始建于明洪武二十五年(1392年)。其时,千户俞凯受命烧砖砌墙,由于种种原因,城池未砌完整。明永乐九年(1411年),昌化县受到日本海盗扰乱。昌化县军事指挥徐茂为了抵抗倭寇侵扰将城重建,环城用石砖砌墙,周长2.5千米、高6米、厚5米,有石垛550个、更铺8座、城楼4座、城门4个。4个城门中,东为启展门,西为镇海门,南为宁和门,北为宁武门。明正统十年(1445年),昌化知县周振又在城池外围近墙处开挖五尺(约1.66米)宽的深壕沟,昌化城池至此形成完整坚固的规模,显得雄伟壮观。

古昌化城中的峻灵明王庙遗址

1941年,一个日本中队侵占古城。为了军事防御,昌化城池的西门和北门被封闭,城楼被进一步加固。

日本投降后,城池年久失修,现存环城土墙。环城土墙呈正方形,周长2千米,高约

6米，厚约5米，城门高约3米。土墙周围有城砖残块，壕沟遗迹清晰可见。古昌化城现保存的历史古迹及文物，除古环城土墙、壕沟外，还有赵鼎衣冠墓、治平寺碑、南门园墓群、峻灵明王庙遗址等。

3. 解放海南战役临高角登陆点

临高角解放公园位于临高县北部海岸，距离临高县城11千米，是解放军渡海登陆战主要登陆点。

1950年3月5日，解放海南战役拉开了帷幕。解放海南大军在前两批四次近8 000多人成功潜渡海南后，于4月16日19时开始实施总攻，第四十军和第四十三军第三批8个团主力大规模向海南岛进发。4月17日凌晨3点钟，我军在海口以西至临高角一线大举登陆。第四十军6个团18 700多人在临高角登陆，成功地摧毁了薛岳精心构造的海陆空立体防线（伯陵防线），表现出我军所向披靡、战无不胜的英雄气概。

战斗中，第四十军880多人英勇牺牲。第四十军一一九师副师长黄长轩以身殉职，长眠于临高这片热土。解放海南登陆战是名副其实的战争史上的奇迹，它开了我军渡海作战胜利的先河，创造了古今中外战争史上从未有过的用原始木帆船打败现代化铁甲兵舰的奇迹，冲破了陆、海、空立体防线，成功地实现了敌前登陆，在中国人民解放战争史上谱写了光辉的一页。

**临高角解放公园解放海南纪念雕像**

为纪念中国人民解放军第四十军海南岛战役中英勇牺牲的烈士和解放海南渡海登陆战这一壮举，1995年，临高县委、县政府在临高角登陆点兴建了纪念馆，目前有解放海南纪念雕像、纪念馆和百年灯塔等参观点。

## 三、滨海废弃生产地

### 1. 儋州千年古盐田生产遗迹

千年古盐田位于海南洋浦半岛盐田村,占地0.5平方千米,距今已有1 200多年的历史,是唐末年间从福建莆田迁移而来的盐工所造。盐工们就地取材,将海边大片的天然火山岩石削去一半,把中间打磨平滑,凿成无数浅浅的石槽,像一方方砚台,有些上面还雕刻着古朴的文字。这些石槽错落有致地分布镶嵌在一垄垄、一块块的盐田周围,历史上总数达6 800多槽,蔚为壮观。

平时,盐工们在石槽中注入过滤后的海水。海水涨潮时,海水也会自动漫入这些石槽中。盐工们根据海南岛高温烈日的特点,让烈日暴晒出高品质的食用盐,改变了过去煮海为盐的方法,开了高产量日晒制盐的先河。由于这里的盐味鲜并对多种疾病有疗效,清朝乾隆皇帝闻报后,御书"正德"赐给盐田人。

海南千年古盐田被誉为最早采用日晒的制盐场,是目前保留完整原始民间制盐工序的古盐场。这里的海滩上尚有1 000多个形态各异的砚式石盐槽。盐田村仍有30多户盐工,他们每天都在这片盐田上沿袭着1 200多年来的古老劳作方式。人们也称这里为"新英古盐田"。

儋州千年古盐田生产遗迹

### 2. 石碌铁矿国家矿山公园

"石碌"一名的起源,可以追溯到清乾隆四十七年(1782年)。人们在此发现了铜矿,呈孔雀石类型,故后改称"石碌岭"。

石碌铁矿自古代民间手工开采至今约有三四百年的历史了。1939年,日本侵略者侵占海南后,强征几万民工,以刺刀和皮鞭逼迫民工在金牛岭上没日没夜地开采,对石碌铁矿进行疯狂掠夺性开发,并把开采的50多万吨富铁矿石运往日本。日本侵略者投降后,国民党政府接收矿山,他们不但没有恢复生产,反而变卖机器设备,致使铁矿区萋萋荒草一片。1950年5月,海南岛解放。同年10月,中南军政委员会工业部组织人力对石碌矿山进行修复,并恢复生产。

海南石碌铁矿是我国铁矿石的重要来源之一,它不仅有丰富的铁、钴、铜资源,而且还有镍、硫、铝、金等多种矿产资源。据探察,铁矿储量达数亿吨,品位高达62%以上。专家认为石碌铁矿资源之丰、品位之高,闻名亚洲,称著世界,被誉为"宝岛明珠、国家宝藏",但到2017年8月资源已基本挖完。石碌铁矿已成为一座别具风情的公园。

石碌铁矿生产遗址

## 四、海上交通遗迹

南海海上交通遗迹众多,充分体现了南海作为海上丝绸之路的重要作用。本书列举两个沉船遗址。

### 1. 华光礁沉船遗址

"华光礁Ⅰ号"是海上丝绸之路的见证。800年前,一艘满载货物的福建商船从福建泉州港出发,沿海上丝绸之路南下。在航行到西沙华光礁时,商船出现了操控失误,被巨浪托起,并被抬入礁盘内浅水珊瑚丛中搁浅。最终,船破货碎,淹没在历史的洪流中。

1996年,当地渔民的偶然发现,使商船得以重见天日。1998年至1999年,中国历史博物馆水下考古学研究室和海南省文物部门对该沉船遗址进行调查与试掘,定其为"华光礁Ⅰ号"沉船,出水文物1 800余件。2007年至2008年,中国国家博物馆水下考古研究中心和海南省文体厅汇集多地的水下考古专业人员对其开展两次抢救性发掘,出水船板

511 块，出水文物逾万件。

"华光礁Ⅰ号"出水许多南宋外销瓷器，其中以青白瓷居多，青瓷次之，酱褐釉最少；器形主要有碗、盘、碟、盏、瓶、壶、粉盒、罐、钵、军持等；器物的装饰手法有模印、堆贴、刻划等，有的器物集几种技法；主要的纹饰有荷花、牡丹、菊花、宝相花、珍禽、瑞兽、人物和吉祥文字等。这些瓷器反映出南宋早期中国的航海技术处于世界领先地位，国家综合实力较为强盛。"华光礁Ⅰ号"船体包含的历史信息说明，海上丝绸之路是以中国为起点的文化传播之路。

"华光礁Ⅰ号"沉船瓷器

2. 北礁沉船遗址

西沙群岛的北礁东北礁盘，自唐代起，就是海上丝绸之路的必经之地，历经宋、元、明、清等朝代。中国经过四次西沙考古调查和水下文物发掘，共发现十余处沉船遗迹。

西沙群岛北礁东北礁盘，南距珊瑚岛 32 海里。渔民俗称其"干豆"。1935 年、1947 年、1983 年中国政府均公布其名为北礁。该礁东西长 12.5 千米，宽 4.6 千米，为椭圆形环礁，是西沙群岛北部航行险区。

1947 年以后，海南琼海渔民在此打捞到新莽至明清钱币 400 多千克，以及铜锭、铜镜、铜剑鞘等大量文物。该址 2006 年被公布为全国重点文物保护单位。

从海底几只古沉船的发掘中，北礁 3 号沉船遗址考古采集标本内容丰富，陶瓷器大部分是福建、江西、浙江等地生产的，按照釉色分类主要有青白釉、青釉、褐釉和黑釉几种，器型主要为碗、盘、碟、盒、壶、盏、瓶、罐、瓮等，尤以明代青花瓷最具代表性。其中，明永乐年间和宣德年间瓷器数量极大，但大多数已经破损，完整器很少。明永乐通宝钱全为麻绳串连，品相美丽如初，排列有序，没有磨损痕迹，应为未经市场流通的官府库钱。这充分说明，永乐年款的瓷器和钱币，应为郑和下西洋时船队中遇险船只的遗存。

北礁沉船遗址对研究我国古代海上丝绸之路具有重要意义，其见证了中国与周边国家、民族友好往来和文化交流的历史。

### 五、海岛聚落遗迹

海南最具盛名的海岛型聚落遗迹是甘泉岛遗址。甘泉岛遗址，又称西沙甘泉岛唐宋遗址，位于海南省三沙市西沙区永乐群岛，总面积约 0.3 平方千米。甘泉岛遗址属于唐宋古遗址，呈椭圆形，南北长 700 米，东西宽 500 米。甘泉岛西北部建有唐宋时期砖墙祈福庙宇 1 座及珊瑚石垒砌的庙宇 13 座。

清宣统元年（1909 年），广东水师提督李准巡海时发现甘泉岛泉水甘甜可饮用，即称："已得淡水，食之甚甘，掘地不过丈余耳，余尝之，果甚甘美，即以名甘泉岛，勒石竖桅，挂旗为纪念焉。"甘泉岛因此得名，是西沙群岛中唯一有淡水井的岛屿。

1974 年 3 月，考古队员在岛西北端沙堤内侧深 1 丈（约 3.33 米）处发现了唐、宋两代的居住遗址。1975 年，考古队员还对甘泉岛进行了复查，出土了几件宋代泥质灰褐陶擂体残片、十几件陶瓷器残片。

1996 年，考古人员在西沙文物普查时，特地在遗址旁立了"西沙甘泉岛唐宋遗址"石碑，这是中国在南海树立的第一块文物保护碑。同时，考古人员在 18 座岛屿沙洲采集了较丰富的唐至近现代的青釉、青白釉、白釉、青花瓷等陶瓷器，器形主要有罐、碗、盘、壶、瓶、杯、碟、盒等，均为江西、广东、福建、浙江等地的民窑产品。

1994 年，甘泉岛遗址被海南省政府确定为第一批省级文物保护单位。2006 年 5 月 25 日，甘泉岛遗址被国务院公布为第六批全国重点文物保护单位。

## 任务四　海南海洋遗址遗迹旅游资源利用

▶ ［任务导入］

（1）你认为未来的海洋旅游应该如何与海洋遗址遗迹相结合，以提供更加丰富和有意义的旅游体验？

（2）你认为现代科技在海洋遗址遗迹保护和旅游开发中发挥了什么作用？

（3）请思考：在保护海洋遗址遗迹的同时，如何平衡旅游开发和资源保护的关系？

海南在遗址遗迹保护的基础上，通过景观、电影、博物馆等展示手段吸引各地的游客，以文化旅游体验的方式向人们展示海洋文化与风光。不断优化完善景区旅游配套服务设施建设，全面提升旅游品牌吸引力，科学规划、加大文旅建设、提升景区管理服务水平等措施，使景区管理不断走向标准化、规范化和制度化，进一步增强了海南海洋遗址遗迹类旅游资源的吸引力与竞争力。

## 海南海洋旅游资源

### 一、南海沉船遗址旅游

南海沉船遗址旅游项目是海南独具特色的旅游产品之一，吸引了大量历史、文化和海洋爱好者前来探访。

南海是中国古代海上丝绸之路的重要航道，曾有许多商船在此沉没。这些沉船遗址既是历史的见证，也是探索古代海上丝绸之路的重要线索。南海沉船遗址旅游项目以这些沉船遗址为核心，通过专业的导游服务和历史文化解说，让游客深入了解这些沉船的历史背景、文化意义和考古价值。

在南海沉船遗址旅游项目中，游客可以参观已经发掘完毕的沉船遗址，了解古代航海、商贸和文化交流的情况。同时，游客还可以参加考古发掘体验活动，亲自动手发掘沉船遗物，感受考古的乐趣和意义。此外，一些旅游公司还推出了南海沉船遗址探险旅游项目，组织游客前往尚未发掘的沉船遗址区域进行探险和探索。

南海沉船遗址旅游项目的特色在于其深厚的文化内涵和专业的导游服务。在导游的讲解下，游客可以更加深入地了解南海的历史和文化，感受古代海上丝绸之路的繁荣和辉煌。同时，专业的导游服务还能够为游客提供更加安全、专业的旅游体验，确保游客在探访沉船遗址时的安全和舒适。

▶ [相关链接]

#### 西沙群岛探险科考旅游项目

【寒假·科考】中国南海西沙群岛·北礁海域科学考察活动3天2晚

【"沈括号"或"张謇号"科考船＋海上科考活动＋**古代沉船打捞**＋远观北礁灯塔＋海底声学知识讲座＋海洋生物多样性观察＋夜间海钓＋观星＋有孔虫观测及科普讲座】

**D1：国内/海南** 下午前往海南省文昌市清澜港码头（13：00登船）。活动内容：

【文昌市清澜港码头登科考船】（13：00—14：00）

清澜港是中国海南省文昌市港口，位于海南岛东岸北部，有文教河、文昌河从湾东西两侧流入，是中国国家一类开放口岸、海南"四方五港"重要港口之一，是一个集商、渔、军、公务的综合性港口，素有"琼州之肘腋""文昌之咽喉"的美称。

【科考船整船参观】（14：30—15：30）

登船稍作休息后，科考领队将安排船上的大副或者其他工作人员带领大家进行整船参观，了解科考船的驾驶台设备功能、不同甲板层装置的各种作用，参观轮机舱等核心工作间。

【科考船安全知识培训及安全演习】（16：00—17：00）

为强化海上科考人员安全意识和海洋环境保护意识，保证科考顺利有序地进行，在会议室听取船长为大家带来的安全知识培训讲座，并在大副、二副、三副的带领下进行海上

**"沈括号"科考船**

安全演习。

【启航仪式】（17：00—17：40）

伴随着鸣笛声，我们将驶向新的探索与未知。在天气良好的情况下，各位科考队员可前往甲板公共区域观看起锚仪式。各位船员紧张忙碌的操作，为顺利航行一路保驾护航。

【破冰会和海洋第一课】（19：00—20：30）

何为"科考戍边""屯渔戍边"？科考船的发展史也是海洋强国建设的发展史。海洋是人类未来发展的重要领域，海洋科学考察是研究海洋的基础。随行科考专家将为大家带来海洋科考第一课——《海洋科考装备篇》。

【深海压力测试泡沫杯绘画】（20：30—21：30）

"每往深海下潜100米，就会相应地增加10个大气压力。"每一位科考队员将在各自的泡沫上进行彩绘，完成制作后的泡沫将被绑定在温盐深测量仪（CTD）仪器上一起下放深海，以检验它在压力下的具体变化。通过本次的趣味小实验，可以直观地感受到海底压强有多高。（根据海域不同，实验深度有所不同。）

【升旗练习】（21：00—21：30）

碧海蓝天见证下，一抹中国红冉冉升起。在体验海洋科考之外，还将举行庄严的升国旗、奏国歌仪式，在广袤壮美国土的最南端，将爱国豪情深深传递。这晚，将举行升旗练习，次日清晨将在祖国南疆举办庄严的升旗仪式。

D2：北礁海域　爱国主义升旗仪式，海上科考活动，攀爬训练，远观北礁灯塔，海洋生物多样性观察，甲板烧烤，夜间海钓，观星。活动内容：

【日出观测】（06：00—07：00）

天气晴朗的情况下，可以看到太阳从广阔的海面上缓缓升起。根据天气提示，各位科考队员可前往甲板观赏南海日出，拍摄日出照片。

**【爱国主义升旗仪式】**（07：00—07：30）

在当前国际格局下，南海已成为周边国家军事、政治和经济利益角逐的重要领域。南海是我国的固有领土，整体海域面积大约为350万平方千米，是我国近海中面积最大、水域最深的海域。其南北两边的纵跨度约为2 000千米，东西约1 000千米。整个南海包括东沙群岛、中沙群岛、西沙群岛和南沙群岛。南海诸多岛屿自始至终都是中国的固有领土，这是一个不争的事实。在此举办升旗仪式，加强爱国教育。

**【海上科考专家课堂】**（08：00—10：00）

各位科考队员将会收到我们准备的科考作业小礼包，参与CTD取水科研活动，保存和分析样品。

CTD一般称为温盐深测量仪，用于测量水体的电导率、温度及深度，是海洋及其他水体调查的必要设备，是海水物理和化学参数的自动测量装置。

在科学老师的带领下，科考队员们将在会议室领取各自的科考礼包，聆听实验安排，在相关样品袋上记录瓶号、水深等信息。前期准备工作完成后，请科考队员移步至甲板指定区域观看CTD下放和出水画面，同时记录下放、坐底和出水时的全球定位和系统（Global Positioning System，GPS）位置，参与CTD出水后的海水接取工作、站点拍摄工作等。

在取样、分样、存样工作结束后，在实验助手的带领下移步实验室，开展相关课题的水实验活动。实验活动间隙，体验独一无二的深海纪念品手工制作。

**【攀爬训练】**（10：30—11：30）

全体科考队员集合于二层至三层甲板，进行攀爬训练。在确保每位队员都能胜任攀爬任务后，相关科学考察活动才能开展。

**【北礁海域考察和远观北礁灯塔】**（根据实际海况安排此活动）（14：00—15：00）

西沙北礁灯塔位于西沙群岛最北端，于1980年5月建成，高约23米，射程均为15海里，是马六甲海峡至我国南方港口必经航线的重要助航标志，也是我国的领海基点。作为中国西沙群岛的入户门，这里海洋生物资源丰富，风景优美，珊瑚成群。在这片玻璃海，你将感受到祖国蓝色国土的美丽。视海况，科考设备操作专员将利用无人遥控潜水器拍摄北礁海域附近海底珊瑚礁状态。晚间，所有科考队员将一同观看海底世界生态样貌回放。

**【生物多样性观测】**（走航途中）

生物多样性具有重要的科研价值，每一个物种都具有独特的作用。生物多样性调查与观测是生物多样性保护和管理的基础。在走航途中，可前往甲板观测南海生物并做好数据记录，有机会观测到飞鱼、蓝嘴红脚鲣鸟、海鸥等。

**【重力柱状取样器布放】**（15：00—17：00）

各位科考队员将会收到我们准备的科考作业小礼包，参与重力柱取泥科研活动。

重力柱状采泥器广泛使用于海洋沉积物调查、近海海底岩土工程勘察、海洋矿物调查、地球化学调查、物探底质验证调查、滨岸工程、水坝淤积调查等领域。

在科学老师的带领下,科考队员们将在会议室领取各自的科考礼包,了解重力柱取样装置工作原理,记录相关流程信息,随后移步甲板指定区域观看重力柱下放和出水画面,同时记录下放、坐底和出水时的GPS位置,参与重力柱出水后的泥样分层处理及封装工作。分样结束后,对部分泥样进行日晒与过筛,为次日的有孔虫观测做预处理。

【甲板烧烤和科考队员交流晚宴】(18:00—19:30)

海洋科考工作紧张辛劳,在天气状况良好的情况下,为科考队员特别安排烧烤派对。在甲板上沐浴着南海的风,充满烟火气的烧烤将行程气氛推向高潮。

【西沙鱼群知识讲座和深海鱼种取样】(20:00—22:00)

西沙群岛,一半是海水一半是鱼,这里鱼群种类丰富,是被海钓爱好者誉为国内海域海钓天花板般的存在。具有多年出海经验的专家将为我们带来西沙鱼群知识科普讲座。随后,前往后甲板进行深海鱼种取样观测。

【夜间活动及星空观测】(20:00—22:00)

西沙群岛海域远离城市,附近光源污染较低。夜间,各位科考队员可前往甲板观测海上星空,天气良好的情况下可以观测到金星、双子星、小犬座、御夫座、南十字星等。

**D3**:南海海域　有孔虫观测及科普讲座,海底声学知识讲座,拍摄航次纪念照,结营仪式,证书颁发,离船。活动内容:

【有孔虫观测及科普讲座】(08:00—09:00)

各位科考队员将在科学老师的带领下对有孔虫进行观测。观测结束之后,科考专家将为大家带来《小身材·大秘密》的科普讲座。有孔虫数亿年来一直大量存在于海洋中,大部分有孔虫为固定在海床上的海洋底栖生物,还有少量属于随水流漂移的浮游生物。有孔虫可为浅海相和深海相碳酸盐岩生物地层分带提供时间标志。有孔虫的存在也是环境非常好的标志,可以用来恢复古沉积体系。

【海底声学设备讲座及测绘】(09:00—10:00)

声学多普勒流速剖面仪(Acoustic Doppler Current Profiler,ADCP)是一种融水声物理、水声换能器设计、电子技术和信号处理等多学科而研制的测速声纳设备。作为水声技术的一个应用,多普勒流速测量为相关学科提供了一个综合应用平台。在海底声学设备老师的讲解下,我们将了解现有ADCP设备的应用场景,观看海流测速画面。

【拍摄航次纪念照】(10:00—11:00)

全体科考队员将前往会议室参与结营仪式,科考船专家及船长将为各位科考队员颁发航次证书。随后,科考队员移步至驾驶台甲板,与此行所有的科学家、工作人员合影留念,并离船。

## 二、海岸线战争遗迹爱国主义教育游

### 1. 秀英炮台爱国主义教育游

秀英炮台是晚清时期中国南疆重要的海防屏障,在抵御西方列强侵入和捍卫南海海疆安全方面发挥了举足轻重的作用。时至今日,其以文化内涵、历史底蕴和教育意义,成为海南国际旅游岛重要的文化展示平台。2006年5月25日，秀英炮台入选第六批全国重点文物保护单位。2021年6月，秀英炮台以"海口市秀英炮台景区"为名称，被评为国家3A级旅游景区。

2. 临高角爱国主义教育游

为纪念解放海南渡海登陆战而在登陆点建起的临高角解放公园已被确认为省级爱国主义教育基地。2022年7月1日，位于临高县临城镇临高角的海南解放公园国家4A级旅游景区正式揭牌。

临高角解放公园主要分为4个区域，即热血丰碑、解放海南临高角登陆纪念馆、百年灯塔、四十军烈士纪念碑。纪念馆以多媒体技术为特色进行革命传统教育，让游客了解解放军登陆海南时的背景及其历史意义。这里摆放了解放军当年的军衣、军帽、军鞋、电台、木船模型、敌机模型等展品，是党员团建、学生革命传统教育的好去处。

**推荐的海岸线战争遗迹爱国主义教育游**

## 三、废弃生产地探奇游

海南废弃生产地探奇游是一个充满神秘色彩的旅游项目。游客可以前往一些被废弃的生产场地，探索这些地方的过去和现在，了解它们的历史和文化。

海南沿海地区有许多被废弃的生产场地，如盐场、矿山、工厂、采石场等。这些地方曾经是当地经济发展的重要支柱，但由于各种原因被废弃，如今成为历史遗迹。游客可以参观这些被废弃的场地，了解它们的历史和文化背景，一窥当年的生产和生活场景。

此外，这些被废弃的场地也是生态探险的好去处。游客可以在这里观察野生动物、植物和自然景观，了解生态系统的运作和自然环境的变迁。

如儋州千年古盐田距今已有1 200多年的历史，是我国早期的日晒制盐点之一，如今依然保留完好。景区所在的盐田村是个平静悠闲的海边村庄。入村后，游客一眼就可看到海边散落着大小不一的石槽，它们像一方方砚台错落有致地分布在一垄垄的盐田周围。如今的盐田村依然保留这一古老的制盐工艺，先将经过太阳晒干的海滩泥沙浇上海水过滤，制成高盐分的卤水，再将卤水倒在石槽内，经暴晒制成盐巴。如果想看到盐工劳作的过程，傍晚时分去看概率更大一些。很多游客专门前往遗址感受千年古法晒盐工艺，买一点腌制食品品尝。

## 四、古港口溯源游

海南港口的历史可以追溯到汉代。很多古港口在历史的变迁中，逐渐被遗弃。但古老的耕海文化、古渡口的变迁、渔民们的生活，仍吸引着大量游客进行古港口溯源游。海南的古渡口众多，在此例举一二。

### 1. 海口烈楼港

位于长流镇，与琼州海峡对岸的徐闻县海安镇隔海相望，距离对岸最近，古时候是海南最早的海运渡口。

据传汉武帝元鼎六年（前111年），伏波将军路博德率楼船将军杨朴平定南越后继续南征到达海南，在烈楼港登陆。上岸后，为表示自己的决心和防止有人后退逃跑，路博德下令将所有渡海使用的楼船全部烧毁。据记载，大小战船两千余艘，烧了三天三夜，而后举行誓师并向海南陆地进行远征。

**海口烈楼港遗迹**

元封元年（前110年），海南设珠崖、儋耳两郡，属中央直辖管理。人们称路博德将军登陆地为烈楼港，它是海南归属中国的标志地。据考证，烈楼港位于五源河入海口到现在的海口国际会展中心后面的海岸一带，现在原烈楼港旧址还保留一小渔港。

随着海口南渡江河道运输和海南对外贸易的兴起，烈楼港日渐衰退。隋唐时期，白沙津港兴起，烈楼港淡出人们的视野，但烈楼港是海南归属中国的标志地的意义是十分重大的。

### 2. 过港村渡口

位于海口市美兰区南渡江下游左出海口附近过港村外海甸溪边，渡船从过港村对开至白沙堤岸。河面宽 70 米，水深 2.8 米，涨潮水深 4～5 米。该渡口具有百年历史。清代，船上有个收钱的木箱子，木箱上开一个能放进一文钱的小口子。客人上船时，将一文铜板从钱箱上方的孔里放进去。因此，人们把该渡口称为"一文渡"。由于该区域成片开发，大部分居民已搬迁。渡口于 2008 年 11 月 28 日被拆除。

3. 儒房渡口

位于灵山镇儒房村。民国期间开始启用，渡船由灵山镇儒房村开至白龙街道流水坡村，航程 1 000 米。渡口每天早上 3 时 30 分开航往返，直至晚上 7 时停航。日客流量约 1 300 人。2003 年，琼州大桥通车后，渡口因无人过渡而自行撤销。2010 年，渡口作废。

4. 东和渡口

是一座具有百年历史的渡口。从灵山镇东和渡口乘船不到 10 分钟，就可抵达新埠岛。2006 年，该地有简易式木桩码头 2 座，候船室 1 间，木质机动渡船 2 艘，持证渡工 2 人，日客流量约 500 人。2010 年，渡口已废。

5. 海口浦

宋末元初形成，既是古港口，又是"海口"地名最早出现的地方。宋代的"海口浦"指的是海田村一带，即如今的海甸一庙和六庙之间，后因往来船只增多，在水巷口另建官渡码头。清道光年间，海口至越南、新加坡、泰国等国的帆船每年不少于百艘，出洋的大都是三桅帆船。民国以后，往返于海口至南洋的国内外轮船就有 10 多艘。

6. 海口内港

位于海甸溪出口处，明代形成后成为海南通往各地的主要港口，清代达到鼎盛时期，琼海关在港口附近设立。20 世纪 60 年代后，被海口新港和秀英港取代，渐废。

## 五、遗址遗迹考古游

海南沿海一带存在诸多遗址，这些都是打开海南史前文明大门的一把把钥匙。近年来，海南东南部沿海地区的考古工作取得了丰硕的成果。其中，以"英墩文化遗存"（距今 5 500～6 000 年）、"莲子湾文化遗存"（距今 5 000 年）、"桥山文化遗存"（距今 3 000～3 500 年）为代表的海南东南部沿海地区新石器时代遗址，入选了"2015 年度全国十大考古新发现"。内角遗址是海洋文明与陆地文明的交汇处。内角遗址代表的文化遗存，正好处于莲子湾文化遗存和桥山文化遗存之间，将进一步填补这一文化序列中的空白。

▶ [复习思考题]

一、选择题

（一）单选题

1. 炮台共有拱北、镇东、定西、振武、振威五座，在 200 米长的海岸小山丘上沿东西方向直线而筑，唯有_____保留了原先的样貌。（  ）

   A. 镇东炮台　　　B. 振武炮台　　　C. 定西炮台　　　D. 振威炮台

2. _____海洋旅游资源具有十分重要的历史、科学、文化价值,代表了各地独有的历史文化遗存。（    ）
   A. 遗址遗迹     B. 建筑设施     C. 旅游商品     D. 人文活动

3. _____海洋旅游资源具有明显的地域性、民族性、时代性、科学性和艺术性特点,是某一历史时期物质文明和精神文明的标志,具有很高的旅游价值。（    ）
   A. 历史遗址类   B. 现代建筑设施   C. 旅游商品     D. 水文景观

4. 据传,汉武帝元鼎六年（前111年）,伏波将军路博德率楼船将军杨朴平定南越后继续南征到达海南,在_____登陆。（    ）
   A. 烈楼港       B. 海口浦       C. 过港村渡口   D. 儒房渡口

（二）多选题

1. 列入全国重点文物保护单位的有_____。（    ）
   A. 北礁沉船遗址              B. 甘泉岛唐宋遗址
   C. 华光礁沉船遗址            D. 玉琢礁沉船遗址

2. 以_____为代表的海南东南部沿海地区新石器时代遗存位列"2015年度全国十大考古新发现",填补了海南史前考古诸多空白。（    ）
   A. 三亚英墩                  B. 陵水桥山
   C. 莲子湾                    D. 北礁沉船遗址

3. 中国（海南）南海博物馆是全方位、多角度展示南海_____的文化宣传阵地,也是广大群众爱国主义教育的第二课堂,成为文化和生态旅游相融合的"海上风景线"。（    ）
   A. 人文历史                  B. 自然生态
   C. 水下文化遗产保护          D. 海上丝绸之路

4. 西沙群岛的北礁东北礁盘,自唐代起,就是海上丝绸之路的必经之地,历经_____等朝代。中国经过四次西沙考古调查和水下文物发掘,共发现十余处沉船遗迹。（    ）
   A. 宋           B. 元           C. 明           D. 清

二、判断题

1. 桥山遗址位于海南省陵水县,是海南省迄今为止发现的最大史前遗址。（    ）
2. 潭门港被誉为"全国文明渔港"和"千年渔港"。（    ）
3. 中国（海南）南海博物馆整体外形借鉴了船型屋的建筑形态,融合了现代美学风格与中国文化元素,取义"丝路逐浪,南海之舟",展现出独特的文化魅力。
（    ）
4. 甘泉岛遗址,又称西沙甘泉岛唐宋遗址,位于海南省三沙市西沙区永乐群岛,总面积约0.3平方千米。甘泉岛遗址属于元朝古遗址。（    ）

## 三、问答题

1. 桥山遗址的发掘是中国社会科学院考古研究所首次在海南开展考古工作,也是与海南省博物馆与海南省文物考古研究所第一次联合在海南开展田野考古工作。此次考古显露出极其重要的学术价值。随着考古发掘工作的进一步深入,其学术意义不可低估。其意义及价值体现在哪些方面?

2. 简述海洋遗址遗迹旅游资源的特点。

3. 谈谈海洋遗址遗迹旅游资源和旅游的关系。

## 四、案例分析题

在中世纪,丹维奇曾经是东英吉利的首府,也是当时英格兰十大城市之一。丹维奇也曾是一个繁华的渔港城市。然而,从建立开始,丹维奇就命中注定必将被海水淹没。丹维奇市建立在松软的沉积岩地基之上,这种地基很容易被当地巨大的海浪所侵蚀。1286年,丹维奇市遭受了第一次巨大的打击。升高的潮水和巨大的海浪席卷了该市400多栋商店和住房。从此以后,丹维奇市开始慢慢地被海水破坏而沉入海底。该市由16座巨石建造的教堂,也在这一过程中逐渐消失。直到1919年,最后一座教堂万圣教堂沉没。

希腊帕夫洛彼特里被称作"荷马时代港口"。当年,特洛伊战争或是《伊利亚特》和《奥德赛》史诗中的勇士们登船远征的时候,他们或许就是从帕夫洛彼特里港口出发的。希腊帕夫洛彼特里市应该是已知最早沉没的城市。英国南安普敦大学海洋地质学家尼古拉斯·弗莱明于1967年潜入该海域发现了这片古城遗址。弗莱明认为,"帕夫洛彼特里最适合作为中转站"。

帕夫洛彼特里曾经是青铜器时代最繁忙的港口之一,如今已沉没于希腊最南端的一个海湾里,遗址位于水面4米以下,最可能的解释就是地质构造运动。

结合这些案例,请试着分析海洋遗迹遗址形成的主要原因。

**参考文献**

[1] 田长广,王颖. 现代旅游策划学新编[M]. 南京:南京大学出版社,2020.

[2] 魏丽英,路科. 中国旅游资源概论[M]. 北京:冶金工业出版社,2019.

[3] 羊绍全. 旅游资源调查与评价实训教程[M]. 北京:北京理工大学出版社,2019.

[4] 徐娜. 海洋旅游产业发展现状与前景研究[M]. 广州:广东经济出版社,2018.

[5] 孙玉琴,甘胜军,李华. 水上旅游管理[M]. 北京:旅游教育出版社,2017.

[6] 晁华山. 世界遗产[M]. 2版. 北京:北京大学出版社,2016.

[7] 刘伟. 海洋旅游学[M]. 北京:旅游教育出版社,2016.

[8] 罗春祥,陈芳. 生态与海洋旅游[M]. 长沙:湖南大学出版社,2013.

[9] 胡海涛,邓卓鹏. 海洋与岛屿旅游[M]. 长沙:湖南大学出版社,2013.

[10] 马勇,李芳. 海滨旅游规划与开发:理论、方法与案例[M]. 北京:科学出版社,2013.

# 项目七
# 海南海洋建筑设施旅游资源及其利用

▶ [学习目标]
- 掌握海洋建筑设施旅游资源的概念、特点和分类。
- 熟悉海洋建筑设施旅游资源的分类、布局。
- 理解海洋建筑设施旅游资源和旅游的关系及意义。
- 了解海洋建筑设施旅游资源的利用现状。
- 掌握海洋建筑设施旅游资源的新业态。

▶ [引例]

### "一站式"海花岛,文旅航母落地海南

中国海南海花岛建设历时12年,位于海南省儋州市排浦港与洋浦港之间的海湾区域,南起排浦镇,北至白马井镇,距离海岸约600米,总跨度约6.8千米,总占地面积7.8万平方千米。该岛由三个独立的离岸式岛屿组成,一号岛为集"吃、住、行、游、购、娱、会、康、文"于一体的一站式国际旅游度假区;二号岛和三号岛为居住功能区,基础设施和公共服务配套完善。岛屿规划填海面积约8平方千米,规划平面形态为盛开在海中的三朵花,故取名为"海花岛"。

海花岛汇聚全球28大热门业态,集吃、住、行、游、购、娱、会、康、文于一体。海花岛已有童世界海洋乐园、童世界水上王国、欧堡酒店、希尔顿酒店、博物馆群、国际会议中心、风情商业街、风情饮食街、茗茶酒吧街、运动健身中心、双子沙滩、珍奇特色植物园、五国温泉城、婚礼庄园、游艇俱乐部、无动力乐园等开放迎客。

作为世界最大花型人工度假岛,拥有众多名头的海花岛正向往着成为"全球人向往的文化旅游胜地"。但在这之前,海花岛想要达成目标,还要跨过一个又一个现实问题。

请思考:海花岛成为"全球人向往的文化旅游胜地",需要克服哪些现实问题?

海花岛风情饮食街

## 任务一　认识海洋建筑设施旅游资源

### ▶ [任务导入]

（1）你曾经听说过世界上的海洋博物馆吗？如果你还没有去过，那么这些博物馆为什么值得一游？

（2）海洋公园是家庭旅游的热门目的地之一。为什么人们喜欢在海洋公园度过美好的一天？这些公园有哪些吸引人的景点和活动？

（3）请谈谈你第一时间想到的海洋建筑设施。

### 一、海洋建筑设施旅游资源的定义

海洋建筑设施旅游资源是指与海洋相关的建筑和设施。这些建筑和设施作为旅游资源，可以为游客提供独特的体验和观光价值。这些建筑和设施可能包括海洋博物馆、海洋公园、海底酒店、海洋石油平台和海港城市等。它们各自具有不同的特点和吸引力，为游客提供了了解海洋和享受海洋风情的机会。这些资源蕴涵着浓厚的海洋文化，是海洋文化旅游的基础资源，是旅游者感受、体验海洋文化的主要对象。

### 二、海洋建筑设施旅游资源的特点

1. 多样性

海洋建筑设施旅游资源种类繁多，包括海港、灯塔、人工岛、海洋公园、海底观光设施等，可以为游客提供多种不同的旅游体验。海洋建筑设施旅游资源的多样性体现在其丰富的种类和独特的设计上。从世界各地的海港城市到海底观光设施，再到海洋博物馆和海洋公园，这些建筑设施为游客提供了多种不同的旅游体验，满足了不同游客的需求和喜好。

例如，海港城市悉尼和上海，不仅提供了独特的海滨风光，而且有丰富的文化和历史遗迹，让游客在欣赏美景的同时，也能深入了解当地的历史和文化。

2. 独特性

这些建筑和设施多依海而建，与海洋生态环境和景观融为一体，形成了独特的景观和视觉效果，带给游客不同于内陆旅游的全新感受。例如，悉尼歌剧院是一个知名的海洋建筑设施，其独特的帆形设计使其成为澳大利亚的标志性建筑。此外，迪拜的人工岛——棕榈岛和帆船酒店也是海洋建筑设施独特性的体现。

3. 教育性

许多海洋建筑和设施都是人类智慧的结晶，体现了人类对海洋的认识和探索。通过参观和了解这些建筑和设施，游客可以深入了解海洋知识。如英国的格林尼治天文台，历史悠久，为游客提供了了解天文学和航海历史的机会。又如海南省的亚特兰蒂斯也是海洋建筑设施具有教育性的体现，游客可以在这里了解各种海洋生物。

4. 娱乐性

这些设施不仅为科学研究、交通等提供服务，也为游客提供丰富的娱乐活动，如海港城市的游船观光、海洋公园的各类水上和陆地活动等。例如，在夏威夷的珍珠港，游客可以参观历史上的战舰和潜水艇，还可以体验各种水上运动和活动。此外，香港的海洋公园也是一个知名的海洋建筑设施，提供各种娱乐活动，如坐过山车、参观水族馆等。

5. 文化性

海洋建筑设施不仅是实用的物体，也承载着丰富的文化内涵。它们反映了不同国家和地区的海洋文化、历史背景和人民的生活方式。例如，法国的诺曼底海岸线因与"二战"历史的关系而具有文化意义。此外，希腊的雅典卫城也是海洋建筑设施文化性的体现。其历史悠久，是古希腊文明的代表。

6. 可持续性

在设计和开发海洋建筑设施时，需要考虑环境保护和可持续发展，以确保在满足人类需求的同时，不损害海洋生态系统的健康和完整性。例如，马尔代夫的水上别墅设计巧妙，通过浮力支撑结构，减少了对海底生态系统的破坏。此外，丹麦的哥本哈根港口也是海洋建筑设施可持续性的例子。其通过合理的城市规划和对环境的保护，实现了城市与自然的和谐共生。

这些特点使得海洋建筑设施旅游资源具有很高的开发价值和吸引力，为游客提供独特的旅游体验。

## 三、海洋建筑设施旅游资源的分类

海洋建筑设施旅游资源可以从不同的角度进行分类。本书主要从功能和位置角度进行分类。

### （一）按功能分类

1. 海港与码头

提供货物和乘客的装卸服务，同时也是重要的交通枢纽，如上海港、悉尼港等。

2. 灯塔与导航设施

为海上航行提供导航和安全保障，如青岛的回澜阁灯塔。

3. 海洋公园与水族馆

为游客提供海洋生物观赏和娱乐，如香港海洋公园、美国佐治亚水族馆等。

4. 科研设施

主要用于海洋科学研究，如海洋观测站和实验室。

5. 人工岛与海上城市

如迪拜的棕榈岛和未来岛。

### （二）按位置分类

1. 海岛建筑

如南太平洋的度假村和酒店。

2. 近海建筑

如大型石油钻井平台、海上风电设施等。

3. 海岸建筑

包括海港、沙滩度假村、海滨别墅等。

## 任务二　海洋建筑设施旅游资源和旅游

▶ ［任务导入］

（1）你对海底酒店有何了解？如果你有机会住在那里，你会期待什么样的体验？

（2）探索海洋石油平台可能听起来像是一个男人的行为，但这些设施也为旅游业打开了大门。你能想象在石油平台上度过一个晚上吗？

（3）你是否听说过世界各地的海港城市？这些城市为什么吸引游客？有哪些著名的海港城市是必游之地？

### 一、海洋建筑设施旅游资源和旅游的关系

海洋建筑设施旅游资源在丰富旅游体验、促进旅游业发展、塑造目的地形象、创新旅游活动以及推动旅游经济发展等方面都具有重要作用。

1. 增加旅游体验的丰富性

海洋建筑设施作为旅游资源，为游客提供了独特的旅游体验。无论是海港城市的繁华景象、海底观光设施的新奇感受，还是海洋博物馆的教育性，都能让游客深入了解海洋的魅力和文化。

2. 促进旅游发展

多样化的海洋建筑设施能够吸引不同类型的游客，从而促进旅游业的发展。例如，海港城市的历史和文化背景吸引了文化旅游者，而海洋公园和度假村则吸引了家庭和休闲旅游者。

3. 利于旅游目的地形象塑造

具有特色的海洋建筑设施能够成为旅游目的地的标志，提升其知名度和吸引力。例如，悉尼歌剧院成为澳大利亚悉尼的标志性建筑，吸引了大量游客前来参观。

4. 推动旅游活动的创新

海洋建筑设施的设计和建造往往具有创新性，为旅游活动提供了新的可能性和创意。例如，海上运动、深海探险等新型旅游活动，都是在海洋建筑设施的基础上发展起来的。

5. 推动旅游经济的发展

海洋建筑设施的建设和运营能够带动相关产业的发展,如交通、餐饮、住宿等,从而促进旅游经济的增长。

## 二、海洋建筑设施旅游资源开发的典范

### (一)澳大利亚悉尼歌剧院

悉尼歌剧院位于悉尼港的便利朗角,其独特的帆船造型加上作为背景的悉尼港湾大桥,与周围的景物相映成趣。其在现代建筑史上被认为是巨型雕塑式的典型作品,代表了一种独特的艺术成就,是一种创造性的天才杰作,于2007年作为文化遗产被列入《世界遗产名录》。

建造悉尼歌剧院的计划开始于20世纪40年代,那时第二次世界大战刚刚结束。战后的悉尼没有专门用于音乐、喜剧表演的剧场。于是,当时悉尼音乐学院的院长尤金·古森斯游说政府建造一个能够表演大型戏剧作品的场所。1954年,古森斯得到新南威尔士州州长约瑟夫·卡希尔的支持。卡希尔要求的是设计一个专门用于歌剧演出的剧院。卡希尔于1955年9月13日发起了歌剧院的设计竞赛,共收到了来自32个国家的233件参赛作品。后来,丹麦建筑师约翰·伍重的设计方案中选。约翰·伍重的设计灵感来自切开的橙子。在建造过程中,澳大利亚新政府与约翰·伍重失和,这位建筑师于1966年离开澳大利亚。之后的建筑工作由澳大利亚的3位建筑师彼得·霍尔、莱昂内尔·托德和大卫·利弗莫尔负责,工程共耗资1 200万澳元,历时14年完成。

悉尼歌剧院的外观为3组巨大的壳片,耸立在南北长186米、东西最宽处97米的现浇钢筋混凝土结构的基座上。这些"贝壳"依次排列,前3个是1个盖着1个。第1组壳片在地段西侧,4对壳片成串排列,3对朝北,1对朝南,内部是大音乐厅。第2组在地段东侧,与第1组大致平行,形式相同而规模略小,是歌剧厅。第3组在它们的西南方,规模最小,由两对壳片组成,里面是贝尼朗餐厅。其他房间都巧妙地布置在基座内。整个建筑群的入口在南端,有宽97米的大台阶。车辆入口和停车场设在大台阶下面。贝壳形尖屋顶,是由2 194块每块重15.3吨的弯曲形混凝土预制件用钢缆拉紧拼成的,外表覆盖着105万块白色或奶油色的瓷砖。

悉尼歌剧院代表了一种独特的艺术成就。除了建筑结构部分很精彩,这个建筑还有着建筑业内另外的成就。首先是屋顶的瓷砖,哑光瓷砖与抛光瓷砖相间排列,在太阳的照射下闪闪发光。它经过了特殊的处理,不怕海风的侵袭,也不需要清理。其次,整个悉尼歌剧院采用的是集成式的设计体系。所有的地板都是水泥预制件,用四根螺丝固定在地面上,随时可以拆卸。这为维修地面下的管线提供了最好的解决方案,是20世纪50年代第一次有人尝试的建筑方法。还有一点更加令人惊叹,这个剧院没有空调系统,它的恒温性能来自周围的海水。一系列工程学、材料学、建筑学、设计学上面的突出表现,让悉尼歌

剧院成为人类建筑史上的璀璨明珠。2003年4月,悉尼歌剧院设计大师约翰·伍重先生获2003年普利兹克建筑奖。

悉尼歌剧院

## (二) 帆船酒店

阿拉伯塔酒店,因外形酷似船帆,又称迪拜帆船酒店,位于阿拉伯联合酋长国迪拜海湾,以金碧辉煌、奢华无比著称。帆船酒店最初的创意是由阿拉伯联合酋长国国防部长、迪拜王储阿勒·马克图姆提出的,他梦想给迪拜一个悉尼歌剧院、埃菲尔铁塔式的地标。

酒店建在离沙滩岸边280米远的波斯湾内的人工岛上,仅由一条弯曲的道路连接陆地。酒店共有56层,321米高。酒店的顶部设有一个由建筑的边缘伸出的悬臂梁结构的停机坪。

经过全世界上百名设计师的奇思妙想,英国设计师阿特金斯的设计脱颖而出,他设计的酒店外观如同一张鼓满了风的帆,一共有56层、321米高,比法国埃菲尔铁塔还高上一截。迪拜人用巨资和5年的时间,终于缔造出一个梦幻般的建筑——将浓烈的伊斯兰风格和极尽奢华的装饰与高科技的工艺、建材完美结合,建筑本身获奖无数。

所有的202间房皆为两层楼的套房,最小面积的房间都有170平方米;而最大面积的皇家套房,更有780平方米之大。而且房间全部采用落地玻璃窗,房客随时可以观看一望无际的阿拉伯海。进入房间会有一个管家等着解释房内各项高科技设施如何使用,因为酒店的服务宗旨就是务必让房客有阿拉伯国王的感觉。并且入住皇家套房,房客还能享受管家、厨师和服务员们七对一的服务。以最普通的豪华套房为例,办公桌上有笔记本电脑,随时可以上网,墙上挂的画全是真迹。

酒店内AI-Mahara海鲜餐厅的海鲜仿佛是在深海里为顾客捕捉的最新鲜的海鲜,在这

帆船酒店外观

里进膳的确是难忘的经历——要动用潜水艇接送。从酒店大堂出发直达 AI-Mahara 海鲜餐厅，虽然航程短短 3 分钟，可游客已经进入一个神奇的海底世界。沿途有鲜艳夺目的热带鱼在潜水艇两旁游来游去，美不胜收。安坐在舒适的餐厅椅上，环顾四周的玻璃窗外，珊瑚、海鱼所构成的流动景象，让客人享受惬意。

阿拉伯塔酒店刚开业的时候，一位英国女记者成为首批客人之一。在这儿，她感受到了前所未有的服务。她回国以后，就在报纸上盛赞阿拉伯塔酒店的豪华奢侈和优良的服务，最后说："我已经找不到什么语言来形容它了，只能用七星级来给它定级，以示它的与众不同。"从此以后，"七星级酒店"就传遍了整个世界。

### （三）希腊圣托里尼岛和雅典卫城

古老而神秘的希腊，以其特有的蓝白风格、壮丽的自然景观和悠久的历史文化而闻名于世。在这片蓝色海洋的怀抱中，两个地方分外引人注目——圣托里尼和雅典。

#### 1. 圣托里尼岛——爱琴海上的天堂

圣托里尼岛是位于希腊爱琴海中的一个火山岛，以壮丽的日落、蓝顶教堂和如画般的美景而闻名。乘坐船只抵达圣托里尼岛，首先映入眼帘的是这座小岛上华丽浪漫的白色小屋，它们建在悬崖上，形成了与蔚蓝的爱琴海交相辉映的迷人景色。

圣托里尼岛古名为希拉，后来为纪念圣·爱莲，于 1207 年被改为圣托里尼。圣托里尼岛是在希腊大陆东南 200 千米的爱琴海上由一群火山组成的岛环，圣托里尼岛环上最大的一个岛也叫圣托里尼岛，别名锡拉岛。

圣托里尼岛位于基克拉泽斯群岛的最南端，岛屿面积为 96 平方千米，海岸线长 69 千米，人口约 14 000 余人，多为希腊人。圣托里尼岛由 3 个小岛组成，其中 2 个岛有人居住，中间的 1 个岛是沉睡的火山岛。历史上，这里曾发生多次火山爆发，以公元前 1500 年的最为严重。岛屿中心大面积塌陷，原来圆形的岛屿呈现为月牙状。圣托里尼岛的镇中心是费拉，位于岛的西岸。

圣托里尼的海洋建筑是其旅游业的重要组成部分，也是该地区独特的文化遗产。这些建筑以其独特的风格而闻名，与周围的海洋景观形成了鲜明的对比。

圣托里尼的海洋建筑主要集中在岛上的费拉小镇和伊亚镇。这些建筑大多采用白色墙壁和蓝色圆顶，与周围的蓝色海水和白色沙滩相呼应。其建筑风格融合了新古典主义和基克拉迪建筑的特点，展现出一种独特的美感。

在费拉小镇，游客可以欣赏蜿蜒的小巷、迷人的房屋和商店，以及壮观的教堂和修道院等建筑。这些建筑大多采用传统的石材和石灰石，这些石材和石灰石经过精心设计和雕刻，展现出精美的细节。在伊亚镇，游客可以欣赏更加壮观的建筑，如著名的蓝顶教堂和历史悠久的城堡等。

除了传统的建筑，圣托里尼还有许多现代化的度假酒店和餐厅等设施，为游客提供舒适的住宿和美食体验。这些设施大多采用与当地建筑风格相协调的设计，以保持与周围环境的协调性。

总之，圣托里尼的海洋建筑是其旅游业的独特亮点，为游客提供了难忘的视觉享受和文化体验。这些建筑不仅展示了该地区的历史和文化，也为当地的经济发展作出了贡献。

2. 雅典——古老文明的璀璨之都

雅典，作为希腊古代文明的发源地，是希腊历史文化的重要象征。这座城市富有浓厚的历史氛围，到处都弥漫着古老的神话传说。

帕特农神庙，是古希腊最重要的遗迹之一，是为了祭祀雅典娜女神而建造的。位于雅典的卫城是古希腊众神的居所，也是雅典最著名的地标之一。爬上卫城的阶梯，你可以俯瞰整个城市的壮丽景色，感受古代文明的璀璨与庄严。

除了卫城，雅典还有许多博物馆和艺术殿堂，如国家考古博物馆和音乐厅等。这些文化场所展示了希腊文化的丰富内涵和悠久历史。

雅典的海洋建筑是该城市的重要组成部分，展示了其悠久的历史和文化遗产。雅典的海洋建筑主要包括古老的码头、港口设施、现代的船舶和海运设施等。

在古代，雅典是一个重要的航海和贸易中心，因此其海洋建筑也得到了充分的发展。例如，雅典卫城的港口码头是当时重要的贸易和运输中心。此外，雅典还有许多其他的港口设施，如灯塔、仓库和造船厂等。

在现代，雅典的海洋建筑也得到了进一步的发展。雅典的海港码头是该城市的重要交通枢纽，连接着国内外的主要航线。此外，雅典还有许多现代化的船舶和海运设施，如游艇码头、港口码头和海运物流中心等，这些设施为雅典的经济发展提供了重要的支撑。

除了实际的海洋建筑，雅典还有许多与海洋相关的文化和历史遗产。例如，雅典的狄奥尼索斯剧场是世界文化遗产之一，曾经是古希腊人观看戏剧和表演的地方。

总之，雅典的海洋建筑是其历史和文化的重要组成部分，展示了该城市在海洋贸易和交通方面的悠久历史和重要地位。这些建筑不仅为雅典的经济发展提供了支撑，也为游客提供了丰富的文化和历史体验。

### （四）马尔代夫的水上别墅

马尔代夫的水上别墅是一种独特的度假村房屋，建造在潟湖之上，通常与美丽的海景和私人泳池配套。这些别墅以其现代化的设计和豪华设施而闻名，是马尔代夫旅游的热门选择之一。

水上别墅的建筑风格多种多样，但通常都以现代和极简为主，以突出与周围海洋的对比。

马尔代夫的水上别墅在设计和建造过程中充分考虑了环保理念，采取了一系列可持续发展的措施。以下是一些体现环保理念的方面。

1. 注意建筑材料

水上别墅的建筑材料尽可能选择可再生和环保的材料，如竹子、木材和天然石材等。这些材料不仅耐用，而且对环境的影响较小。

2. 注意能源利用

为了减少对传统能源的依赖，水上别墅通常利用太阳能、风能等可再生能源。例如，别墅的电力供应可以通过太阳能电池板来实现，这样可以减少碳排放，保护环境。

3. 注意水资源利用

水上别墅采用雨水收集系统和灰水处理系统，以实现对水资源的有效利用。收集的雨水可以用于冲刷马桶、浇灌植物等，而灰水可以经过处理后再次利用，以减少对淡水资源的消耗。

4. 注意生态保护

水上别墅的建造尽量减少了对周围生态环境的破坏，做到保护珊瑚礁、海洋生物等。一些度假村还会采取措施来促进生态恢复，如种植珊瑚、投放鱼苗等。

5. 注意废弃物处理

水上别墅产生的废弃物会进行分类处理，尽可能减少对环境的污染。例如，有机废弃物会被堆肥或用于制作生物燃料，而有害废弃物会被妥善处理或回收利用。

6. 注意宣传教育

水上别墅度假村还会向游客宣传环保理念，教育他们保护环境和珍惜自然资源的重要性。并通过开展各种环保活动，鼓励游客参与当地的生态保护项目。

## 任务三　海南海洋建筑设施旅游资源

▶ [任务导入]

(1) 开展班级讨论：海南有哪些独特的海洋建筑和设施？它们各自的历史和特点是什么？

(2) 这些海洋建筑和设施在海南旅游业中扮演着怎样的角色，对当地经济有何影响？

(3) 请思考：海南的海洋建筑和设施在保护和传承当地文化方面起到了怎样的作用？

海南海洋建筑设施旅游资源丰富，为游客提供了一个探索和体验海洋文化、自然风光和人文景观的绝佳场所。

海南岛拥有许多美丽的海湾，如亚龙湾等。这些海湾既有壮丽的海景，也有独特的文化和历史背景。此外，海南还拥有许多海洋公园和海洋主题景区，如三亚海昌梦幻海洋不夜城、海南海洋欢乐世界度假区等。这些景区集文化旅游、休闲度假、娱乐体验、创新商业于一体，为游客提供丰富的海洋旅游体验。

海南的海洋建筑设施中，还有一些是具有历史和文化价值的景点，如临高角、昌化古城等军事、古战场遗址，儋州千年古盐田等劳动生产遗迹。这些景点不仅展示了海南丰富的历史文化遗产，也为游客提供了更深入的文化体验。

**海南海洋建筑设施旅游资源分类表**

| 大类 | 亚类 | 基本类型 | 海南海洋建筑设施旅游资源代表 |
| --- | --- | --- | --- |
| 建筑与设施 | 综合人文旅游地 | 教学科研实验场所；康体游乐休闲度假地；宗教与祭祀活动场所；园林游憩区域；文化活动场所；建设工程与生产地；社会与商贸活动场所；动物与植物展示地；军事观光地；边境口岸；景物观赏点 | 海南富力海洋欢乐世界、三亚亚特兰蒂斯度假区、海花岛度假区、海昌梦幻海洋不夜城、蜈支洲岛、分界洲岛、南湾猴岛 |
| | 单体活动场馆 | 聚会接待厅堂（室）；祭拜场馆；展示演示场馆；体育健身馆；歌舞游乐场馆 | 中国（海南）南海博物馆 |
| | 景观建筑与附属型建筑 | 佛塔；塔形建筑物；楼阁；石刻；长城段落；城（堡）；摩崖字画；碑碣（林）；广场；人工洞穴；建筑小品 | 临高角解放公园、天涯海角、南山摩崖石刻 |
| | 居住地域社区 | 传统与乡土建筑；特色街巷；特色社区；名人故居与历史纪念建筑；书院；会馆；特色店铺；特色市场 | 西岛渔村、排港村 |
| | 交通建筑 | 桥；车站；港口渡口与码头；航空港；栈道 | 海口港、潭门渔港 |
| | 水工建筑 | 水库观光游览区段；水井；运河与渠道段落；堤坝段落；灌区；提水设施 | 沿海堤坝 |

## 海南海洋旅游资源

### 一、海洋综合人文旅游地

#### 1. 海花岛

海花岛，位于海南省儋州市，距离海岸约600米，总跨度约6.8千米，用地规划范围总面积为7.824平方千米。海花岛是一座人工岛，由三个独立的离岸式岛屿组成。一号岛主导功能为旅游度假、商业会展、酒店会议、娱乐休闲、餐饮和海洋运动休闲，为国际级的大型综合旅游服务区；二号岛和三号岛主导功能为居住区。由于规划平面形态为盛开在海中的三朵花，故取名为"海花岛"。

海花岛规划"一核、两轴、三板块"的空间结构。"一核"：主岛（一号岛）建设旅游服务核心，入口的商业广场综合区为规划区的景观和商业核心；"两轴"：南北、东西两条功能轴线是将项目北、中、南区有机连接起来的生态景观带，是项目的生态景观主轴线；"三板块"：北部板块、中部板块和南部板块。

海花岛涵盖国际会议中心、国际会展中心、别墅酒店、欧堡酒店、希尔顿酒店、影视酒店、童话世界、雪山水上王国、海洋乐园、珍奇特色植物园、植物奇珍馆、五国温泉城、婚礼庄园、影视基地、博物馆、歌剧院、音乐厅、娱乐中心、国际购物中心、风情商业街、风情饮食街、茗茶酒吧街、运动健身中心及游艇俱乐部等28大业态。

#### 2. 三亚亚特兰蒂斯酒店

三亚亚特兰蒂斯酒店坐落于海棠湾，占地面积达54万平方米。酒店由80余家国际著名的建筑和设计机构联手打造，设计风格融汇东西方特色文化以及琼岛本土文化，是集度假酒店、娱乐、餐饮、购物、演艺、物业、国际会展及特色海洋文化体验8大业态于一体的旅游综合体。

海洋文化是该酒店的一大特色。注有1.35万吨天然海水的大使环礁湖，拥有逾280种淡水和海水动物。酒店建有"失落的空间"水族馆，游客在此可观赏鲨鱼、鳐鱼、水母、海鳝和巨骨舌鱼等逾280种生物，还可在潜水项目中与异域海洋生物共舞。此外，亚特兰蒂斯打造了水世界、海豚湾、"失落的空间"水族馆、海狮乐园、亚特兰蒂斯潜水俱乐部等设施。亚特兰蒂斯水世界占地20万平方米，是全年开放的水上乐园，设有数十条顶级滑道、极速漂流道、嬉水童趣乐园等。该酒店设有21家环球美食餐厅，涵盖了欧陆自助、中式自助、日式料理等国际美食，游客可在此感受世界美食文化。

亚特兰蒂斯酒店以海洋为设计灵感，将现代美学与本地文化元素相融合，是海南旅游的标杆。

#### 3. 海南富力海洋欢乐世界

富力海洋欢乐世界位于陵水黎安港，三面临海，环境优美，临近南湾猴岛、分界洲岛等景区，规划总占地面积约为1.33平方千米。该公园依托丰富的海洋资源和海域环境特色，打造具有鲜明特色的海洋主题公园，并形成相应配套产业，包括酒店业、餐饮业、娱乐业、零售业、旅游业等，为游客提供生活上的便利，提升游客的旅游体验感。园区分为深海之城、探索港湾、生态海岸、冒险海洋、富力水世界等5大园区,拥有鲸鲨馆、极地馆、海龟馆、鳐鱼馆、海豚馆、海狮馆、海南生态馆、蓝海保育救护中心等8大场馆。

游客在园区内的体验动静结合,除了畅玩游乐设备,还可以观赏各类海洋生物。南海秘境馆内的海洋生物绝大多数来自中国南海,在这里,游客可以沉浸式体验南海生态之美。

4. 海昌梦幻海洋不夜城

三亚海昌梦幻海洋不夜城,位于国家海岸三亚海棠湾,一期占地面积23.25万平方米,是结合三亚国际、热带、滨海元素规划的一座集文化旅游、休闲度假、娱乐体验、创新商业为一体的海洋主题文娱综合体。

园区以"海上丝绸之路"为主题,已经建设"海棠湾"、"非洲海"、"波斯湾"、"孟加拉湾"、"爪哇海"、"南中国海"、滨水长廊和梦幻海洋剧场8大主题区,13大娱乐项目,2大剧场秀,50余场环球风情演艺,8大主题餐厅,现有50余家特色餐饮以及30余家主题商品商铺,并引进海狮、海象、海豚等280余种海洋生物。

## 二、海洋活动场馆

1. 中国(海南)南海博物馆

站在海南省琼海市潭门镇的潭门大桥上往西望去,外形酷似海南黎族地区船型屋的中国(海南)南海博物馆一定会吸引你的眼球。这座南北长、东西窄、面向水面微微弯曲的狭长建筑,是集收藏、展示、教育、保护、科研、交流等功能于一体的国际水下文化遗产保护中心及研究展示平台。它毗邻浩瀚大海,跳动着海洋文化的脉搏,已成为海南岛东部的一处文化地标。

从中国(海南)南海博物馆环顾四周,南海文化广场、水下文物保护基地左右呼应并相得益彰。该博物馆规划设计的一大亮点就是保留了横贯基地的原生红树林河道。通过连廊与屋顶双层跨高的方式,博物馆从红树林上方横空而过,不仅实现了建筑与环境的双赢,也产生了独特的室外景观,为游客提供了一个全新的观景视角。该博物馆以一气呵成、起伏有致的姿态巧妙融入热带海滨环境:顺应岸线的优雅形体曲线、大落差全覆盖的双坡屋顶、丰富的檐廊空间,配上丰茂的热带植物、开阔的海面及迎面吹来的海风,呈现出"和而不同"的景象。

黎族船型屋营造技艺是国家级非物质文化遗产。中国(海南)南海博物馆整体外形借鉴了船型屋的建筑形态,融合了现代美学风格与中国文化元素,取义"丝路逐浪,南海之舟",展现出独特的文化魅力。

中国(海南)南海博物馆外观有特点,内涵也十分丰富。该博物馆分为南、北两区,南区为博物馆主体,北区为会展功能区,南、北区通过最大跨度约60米的空中平台和屋盖连为一体。

中国（海南）南海博物馆馆内有基本陈列"南海人文历史陈列"和"南海自然生态陈列"，专题展览"八百年守候——西沙华光礁Ⅰ号沉船特展""探海寻踪——中国水下考古与南海水下文化遗产保护""做海——南海渔家文化展（海南）"，充分展示南海人文历史、南海自然生态、南海文化遗产保护等。此外，博物馆还不定期开展丰富的活动，与其他博物馆举办交流展览活动，丰富市民游客的体验。

"南海人文历史陈列"展览通过三沙岛礁360°全景高清互动（虚拟现实影像展示）让观众在展馆中感受千里之外的南海之美。

"八百年守候——西沙华光礁Ⅰ号沉船特展"展览以华光礁Ⅰ号沉船为核心，立足于沉船本身，通过数万件出水文物和沉船结构剖析展示，对沉船的发现、出水、船体、船货等信息进行全面释读，见证古代海上丝绸之路帆樯鳞集、梯航万国的恢宏历史。

"探海寻踪——中国水下考古与南海水下文化遗产保护"展览重点展示了中国水下考古发展历程及南海海域的主要水下考古成果。

"做海——南海渔家文化展（海南）"展厅以琼海潭门渔村为原型，展现相关人文景观。

中国（海南）南海博物馆的建成开放，对保护文化遗产、促进海上丝绸之路沿线国家文化交流意义重大。该馆也为发掘、展示、研究、保护中国南海灿烂的历史文化和丰富的史料物证，提供了良好的条件和基础保障。

2. 博鳌海洋馆

博鳌海洋馆位于海南省琼海市博鳌镇，是一个集海洋生物保护、科学研究、科普教育、旅游观光和休闲娱乐于一体的现代化大型海洋馆。该馆占地面积约4 300平方米，拥有多个主题展区，包括热带雨林区、珊瑚礁区、深海探险区等，展示了各种珍稀的海洋生物和独特的海洋生态。

博鳌海洋馆的设计理念是以海洋为主题，以科普教育为核心，让游客在欣赏美丽的海底世界的同时，了解海洋生态系统的奥秘和保护海洋生物的重要性。该馆拥有多种互动体验项目，如海底隧道、潜水表演、海洋动物触摸等，让游客能够亲身体验海洋的神秘和魅力。

除了展示区，博鳌海洋馆还设有多个科普教育活动室，提供丰富多彩的海洋知识讲座、亲子互动课程和夏令营等活动，让游客在轻松愉快的氛围中学习海洋知识。在这里，游客可以欣赏美丽的海底世界，了解丰富的海洋生态知识，同时也可以体验各种有趣的互动项目，感受海洋的神秘和魅力。

## 三、海洋景观建筑

1. 海口滨海驿站

海口对标海南自贸港建设要求，坚持高标准规划设计先行，将在海口湾片区和江东新区新建16个滨海驿站，并汇聚世界级建筑、艺术、跨学科专家的智慧，打造现代化国际化城市精品民生工程，形成海口旅游新亮点和城市建设新名片。海口32千米长的海岸线将变成一个盛大的国际舞台。"海边的驿站"是基于海口的地理环境而量身定制的，融合了休闲、娱乐、交流、教育、公共服务等多重体验和实用性功能，可以让人们亲身融入其中。

三号驿站云洞图书馆

2. 滨海摩崖石刻

海南滨海摩崖石刻是中国古代的一种石刻艺术，主要分布在海南岛的海岸线上。这些石刻大多刻在山崖石壁上，内容涉及书法、造像或者岩画等，是中国古代文化的重要遗产。

滨海摩崖石刻的起源可以追溯到远古时代，是当时人们记事的方式之一。随着时间的推移，这些石刻逐渐演变为一种艺术形式，被广泛应用于寺庙、碑刻等领域。在海南岛，由于特殊的岩石成因和地理位置，滨海摩崖石刻得以大量保存。

海南滨海摩崖石刻的特点是内容丰富、雕刻精美。这些石刻不仅具有历史内涵和史料价值，更是中华文化的重要组成部分。它们见证了海南的历史变迁和文化发展，对于传承中华文化、弘扬民族精神具有重要意义。此外，海南滨海摩崖石刻还有着极高的艺术价值。山石刻的雕刻技艺精湛，造型各异，既有传统的书法艺术，也有富有地方特色的造像和岩画。这些石刻充分展现了古代人们的审美观念和文化追求，为后人提供了丰富的艺术灵感。

如天涯海角景区的摩崖石刻主要集中在天涯石、海角石以及"南天一柱"石等景点。这些石刻大多是明清时期由文人墨客题刻的，文字内容涉及广泛，包括诗词、游记、题名等，是研究海南历史文化的重要资料。其中，最著名的是"海判南天"四字，传说是清康熙五十三年（1714年）由三位钦差奉康熙皇帝谕旨在此题刻的。

而南山的摩崖石刻则主要分布在"佛"字崖和"福"字崖两个景点。其中，"佛"字崖高达48米、宽36米，是世界上最大的佛字摩崖石刻。南山摩崖石刻的文字内容以佛教文化为主,体现了中国传统文化与佛教思想的融合。这些石刻不仅具有艺术价值,更是研究中国佛教文化的重要资料。

这些摩崖石刻是海南历史文化的珍贵遗存,也是中华文化的重要组成部分。它们见证了海南的历史变迁和文化发展,对于传承中华文化、弘扬民族精神具有重要意义。

## 四、海洋居住社区

### 1. 西岛渔村

西岛渔村原本是个孤悬海上的古老村落,原居民有4 000余人,以前主要靠打鱼为生。在长达400余年的历史中,由于特殊的地理位置,西岛渔村始终与外界保持距离,宛如现实版"桃花源"。

西岛渔村广为人知是在20世纪70年代,当时一部由小说《海岛女民兵》改编的电影闻名全国。其中,电影人物的原型——三亚西岛女民兵因此名扬大江南北。"中华儿女多奇志,不爱红装爱武装",毛泽东也曾写诗赞叹西岛女民兵巾帼不让须眉。

西岛渔村位于三亚西岛渔村市场路55号,岛上目前共有1 103户居民。2017年12月28日,西岛渔村才正式对外开放。同年,西岛开始建设美丽渔村。短短一年,西岛社区硬化村道、架起路灯、建立污水处理厂和垃圾中转站等一批民生设施,并完成岛民之家、文创馆、海上书房等文化项目建设。西岛在建设过程中结合当地独特的渔村文化、红色文化、海洋文化等历史文化资源,打造涵盖文创旅游、民宿度假、科普教育、生态渔业等的美丽渔村。

### 2. 潭门排港村

排港村位于潭门渔港出海口处,是座有着数千年悠长历史的古村落,被称为"南海珍珠"。潭门排港村是位于海南省琼海市潭门镇的一个自然村,地理位置独特,三面环水,被潭门港的河道分隔成U字形。这个村子有200多户人家,1 100多人口,主要以捕鱼为生,世代传承着珊瑚石老式建筑和旧舢板等渔村文化。

排港村是海南岛普通的古渔村,其村落、老宅子的相对完整度在全岛排第一。排港村采用海南当地的珊瑚石、珊瑚石灰、青石、沙、椰子树干、竹钉等材料建造,体现了就地取材的建筑原则。整个村落紧紧围绕古井展开布局,街区极为狭窄,仅有0.5米宽,具备防盗匪的功能。村子种族聚集和混居同时存在,均为一层的院落。

尽管在现代化进程中,许多古渔村都逐渐衰落消失,但排港村因为早年交通较为闭塞,渔民们在20世纪末21世纪初不断迁往潭门旧县村委会一带,老宅子多被"遗弃",从而在一定程度上得以保存。

郑和下西洋时曾在潭门排港村一带驻扎,并在当地打了一口井,称为"郑和井"。这口井至今仍然存在,并且仍在使用中。据当地村民介绍,这口井的水质很好、很甜。在郑和下西洋时期,潭门港是一个重要的补给站,为郑和船队提供物资和淡水。

排港村老宅子不仅是历史的见证,也是渔村文化的载体。这些老宅子的存在,对于传承和弘扬渔村文化、推动当地旅游业发展都具有重要意义。

## 五、海洋交通建筑

海南的现代港口设施是海南自由贸易港建设的重要组成部分,也是海南旅游业发展的重要支撑。目前,海南已经建成了海口港、三亚港、洋浦港等多个港口,这些港口拥有现代化的设施和设备,能够满足各类货物的进出口需求。此外,海南还有一些自古以来持续使用的港口设施,如潭门渔港。

### 1. 海口港

海口港位于中国海南省海口市,是海南岛最大的海港,也是海南岛重要的交通枢纽。海口港位于琼州海峡南侧,是连接海南岛与内陆的重要通道,也是海南岛进出口货物的集散地。海口港岸线范围跨越澄迈县、海口市,北临琼州海峡,西起澄迈湾的玉包角,东至文昌市铺前湾的北港岛,北隔琼州海峡与中国广东省雷州半岛相望。2005年,海南省开始推进海口秀英港、新港和马村港"三港合一"。其中,秀英港区及新海港区行政属地为海口市,马村港区行政属地为澄迈县。

宋代淳熙年间(1174—1189年),海口港正式开始办理外贸、外籍船舶进出口手续;清嘉庆二十四年(1819年),海口港开始对外通商,贸易遍及南洋一带;截至2019年8月,海口港分为秀英港区、新海港区、马村港区;截至2019年2月,海口港有码头泊位37个,其中5万吨级集装箱泊位2个,万吨级散杂泊位3个,5 000吨级以下杂货泊位13个,其他车客滚装泊位19个;2018年,海口港区货物吞吐量累计完成10 764.3万吨。2021年,海口港集装箱总量超过200万标箱,创历史新高。

海口港拥有完善的港口设施和设备,包括港口码头、仓库、堆场、装卸设备等。海口港的码头包括多个泊位,适用于不同类型货物的装卸和运输。港口码头配备了现代化的装卸设备,如岸边集装箱起重机、散货装卸机等,可进行集装箱、散货、车辆等多种货物的装卸作业。此外,海口港还拥有完备的仓储设施,提供货物仓储、中转等服务。

除了港口设施外,海口港还具备完善的交通网络。海运方面,海口港与全球多个国家和地区有航线连接,可提供国际货运服务。陆运方面,海口港通过高速公路和铁路与海南岛内各地相连,方便货物的转运和运输。空运方面,海口美兰国际机场距离海口港仅20千米,可提供国内外航空货运服务。

总体来说,海口港是海南岛重要的海运枢纽和物流中心,具备完善的港口设施和交通网络,可提供多种类型的货运服务。未来,海口港将继续推进现代化建设,提升港口竞争力和服务水平,为海南自由贸易港建设作出更大的贡献。

### 2. 洋浦国际集装箱码头

洋浦国际集装箱码头位于海南省洋浦经济开发区,是中远海运集团控股经营的国际集装箱码头。该码头成立于2016年12月20日,经营范围包括港口装卸,仓储,水上客货代理服务,集装箱拆装、检验、运输、清洗、熏蒸、保管、修理等。

洋浦国际集装箱码头在近年来的发展中取得了显著的成绩。2023年3月，洋浦国际集装箱码头单日集装箱吞吐量首次突破8 000标箱，再创历史新高。

此外，洋浦国际集装箱码头还加强了与北部湾钦州港、湛江港的沟通与协调，降低往来两港船舶在对方港口的待泊时间，加速船舶周转效率。同时，保持与中远海运集团等兄弟公司的协同合作，保证航线及运力支持。

### ▶ [相关链接]

洋浦国际集装箱码头拥有先进的设施和设备，以支持高效、快捷的集装箱装卸和运输。这些设施包括：

1. 自动化码头系统

洋浦国际集装箱码头采用了先进的自动化码头系统，通过使用自动化控制技术和数据分析，实现集装箱的快速装卸和转运。该系统提高了码头作业的效率和准确性，减少了人工干预和货物损坏的风险。

2. 大型装卸设备

码头配备了大型装卸设备，如岸桥、场桥和跨运车等，这些设备能够高效地完成集装箱的装卸和堆放。岸桥能够直接将集装箱从船上吊装到岸上，场桥负责在堆场内部进行集装箱的转运，跨运车则用于在不同货区之间移动集装箱。

3. 智能监控系统

洋浦国际集装箱码头还建立了智能监控系统，对码头的各个角落进行实时监控，以确保货物和人员的安全。该系统可以实时监测货物的状态和位置，以及码头的运营情况，一旦出现异常情况，能够迅速响应并采取相应的措施。

4. 环保设施

随着全球对环境保护的日益重视，洋浦国际集装箱码头也采取了一系列环保措施。例如，使用低硫油、安装烟尘净化装置等，以减少港口运营对环境的影响。此外，码头还积极推进新能源设备的使用，如电动牵引车等，以降低碳排放。

5. 智能化升级

除了自动化码头系统和智能监控系统外，洋浦国际集装箱码头还不断进行智能化升级。例如，采用物联网技术和大数据分析，对码头的运营数据进行实时分析和预测，以提高码头的运营效率和管理水平。

总体来说，洋浦国际集装箱码头通过采用先进的设施和技术，实现了高效、安全、环保的集装箱装卸和运输服务。这些现代化设施为国内外航运公司提供了一流的物流服务体验，进一步提升了海南作为国际航运中心的地位。

3. 潭门渔港

潭门渔港地处海南省琼海市东部沿海,距离嘉积城区20千米。国家一级渔港、琼海市潭门中心渔港是海南通往南沙群岛最近的港口之一,也是西、南、中、东沙群岛作业渔场后勤给养基地和深远海鱼货集散销售基地。潭门港被誉为"全国文明渔港"和"千年渔港"。

潭门渔港具有悠久的历史。自明朝以来,海南潭门渔民就在我国南海进行捕捞作业,其活动范围包括黄岩岛及大多数南海岛屿。据汉朝史籍记载,朝廷当时针对海南渔民征收海洋农产税,税率是20%,采取的是实物征税,即渔民捕获5颗珍珠须缴纳1颗珍珠作为税收,但不必缴纳质量最好的,而是选择"中等之货""逢五纳一";且不对普通的海鲜鱼类征税,征税的对象是珍珠等贵重品。

到了清朝和民国时期,潭门渔港已经初具规模。渔民们使用传统的渔船和捕鱼技术,前往南沙和西沙群岛进行捕捞作业。这个时期的潭门渔港成为南海地区重要的渔业集散地和物资补给中心。中华人民共和国成立后,潭门渔港得到了进一步的发展和完善。

一直以来,潭门的海鲜遐迩闻名,因为它们是真正生长在深海中的珍馐美味。近海的渔船每天都会返航,带来最鲜最美的鱼虾,远海作业的大船几乎一两天就回来一艘。在潭门,人们总是可以挑到最好的鱼虾。这里的海鲜除了龙虾、鲍鱼和海参,还有三沙远海的石斑、苏眉、红口法螺……可谓集南海海鲜精品之大成。

近年来,带着习近平总书记的谆谆嘱托,海南坚持"往岸上走、往深海走、往休闲渔业走"的方向,着力推动渔业生产方式、生产关系和产品业态转型,实现生态效益与经济效益同步提升。祖祖辈辈以打鱼为生的潭门镇,如今正在续写新时代的闯海故事。

## 任务四　海南海洋建筑设施旅游资源及其利用

### ▶ [任务导入]

(1) 随着旅游业的不断发展,海南的海洋建筑和设施面临哪些挑战和机遇?应该如何应对和利用?

(2) 如何提升游客对海南海洋建筑和设施的认知度和兴趣,以提高其旅游体验的质量?

### 一、海洋主题娱乐设施游

海南海洋主题娱乐设施众多,主要包含海花岛、亚特兰蒂斯酒店、富力海洋欢乐世界、海昌梦幻海洋不夜城等大型海洋综合人文旅游胜地。这些地方集旅游、度假、娱乐、购物于一体,附近配套美丽的海滩、豪华的酒店、丰富的水上项目和各种娱乐设施,是完美的度假胜地。

除了以上提到的设施,海南还计划在未来几年内继续完善和增加海洋主题娱乐设施,提升水上项目的品质和数量,增加豪华度假酒店的数量和品质,加强旅游管理和服务水平。同时,海南还将通过举办各种海洋文化活动和节日庆典等形式,吸引更多的游客前来了解和体验海洋文化。

海南的海洋主题娱乐设施游为游客提供了多样的选择,满足了不同游客的需求。游客可以在这些设施中体验海洋的神秘和美丽,同时也能享受海南独特的文化和风情。

## 二、 南海博物馆海上丝绸之路研学游

2018年4月26日,中国(海南)南海博物馆建成并正式对社会公众开放,这是海南的文化和旅游响应国家"一带一路"倡议的重要举措。该博物馆位于南海之滨潭门千年渔港旁,距博鳌亚洲论坛会址9千米,占地面积约0.1平方千米,建筑面积70 593平方米。走进博物馆,现代美学风格与中国传统文化元素吸引着观众。"丝路逐浪,南海之舟",博物馆整体采用连续空间曲面钢结构,将潭门中心渔港海岸线自然风光及室内光影效果巧妙结合,绚丽的灯光设计随季节变化,成为港湾夜晚一道美丽的风景。

通过深度挖掘南海文化资源并充分发挥博物馆公共文化属性作用,中国(海南)南海博物馆已经成为国家一级博物馆、国家4A级旅游景区、全国爱国主义教育示范基地、世界研学旅游组织合作认证基地,在不断丰富完善海南旅游景区新形态的同时,逐渐成为海南旅游的新地标。

自开馆以来,中国(海南)南海博物馆先后举办了一系列活动,发挥了博物馆公共文化服务主阵地的作用,成为南海之滨文旅融合的亮丽风景。"南海人文历史陈列""南海自然生态陈列""做海——南海渔家文化展(海南)""龙行万里——海上丝绸之路上的龙泉青瓷"等20余个展览,活态呈现中国渔民在南海耕海牧渔的历史和古代海上丝绸之路的繁荣,展现了独特的文化魅力与旅游吸引力。

中国(海南)南海博物馆围绕南海人文历史、自然生态、水下文化遗产保护、海上丝绸之路文化交流等主题,将馆藏文化资源转化为旅游资源,精心打造集展览、文创、宣传教育等于一体的特色旅游产品,并将其呈现在"南海之梦"号邮轮的旅游线路中。在文化资源创新理念的指导下,中国(海南)南海博物馆围绕馆藏文物进行文化延伸,结合海洋生态、"非遗"元素,开发了"南海礼物""华光礁Ⅰ号""南海拾贝""耕海牧渔""海上丝绸之路"5个系列500余款文创产品,深受游客欢迎。

在自贸港建设的时代大背景下,中国(海南)南海博物馆推出的"博物馆+旅游"带动潭门渔业风情小镇和旅游景区相互配合,打造了业态丰富、品牌集聚、环境舒适、特色鲜明的国际旅游消费目的地,现已成为海南高人气旅游景区。

中国（海南）南海博物馆青少年版网页

## 三、滨海摩崖石刻文化游

滨海摩崖石刻文化游是一种将自然景观与人文历史相结合的旅游方式。游客可以在海南岛的海岸线上欣赏壮观的滨海风光，同时领略丰富的摩崖石刻文化，深入了解海南的历史和文化。

在滨海摩崖石刻文化游中，游客可以参观许多保存完好的摩崖石刻群，如天涯海角、南山寺等著名景点。这些石刻大多刻于山崖石壁上，内容涉及书法、造像、岩画等，具有极高的艺术价值和历史意义。游客可以在专业导游的讲解下，了解石刻的历史背景、文化内涵和艺术特色，感受海南古代文化的独特魅力。

除了欣赏摩崖石刻，游客还可以参加各种与海南文化相关的活动和体验。例如，游客可以在当地民俗村中了解海南的民俗文化和传统手工艺，品尝当地的美食和特色饮品，参加当地的节庆和庆典活动等。这些活动可以让游客更加深入地了解海南的历史和文化，增强旅游的文化体验感。

为了更好地推广和保护滨海摩崖石刻文化，当地政府和企业也在不断加强管理和保护措施。例如，加强对摩崖石刻的保护和修复工作，加强对游客的管理和引导，推广摩崖石刻文化旅游等。这些措施旨在让更多的人了解和欣赏海南独特的摩崖石刻文化，促进文化旅游的发展。

## 四、海洋特色建筑观光游

海南海洋特色建筑观光游是一种独特的旅游，可以让游客领略海南独特的海洋文化和建筑风格。

在海南海洋特色建筑观光游中，游客可以参观许多具有代表性的海洋建筑，如海口世纪大桥、中国（海南）南海博物馆、三亚亚特兰蒂斯、海口钟楼、海口滨海驿站等。这些建筑融合了海洋元素和现代设计,独具特色,是海南海洋文化的重要体现。

除了参观建筑,游客还可以参加各种与海洋特色建筑相关的活动和体验。例如,在海花岛上的大型奇幻互动式童世界海洋乐园中,游客可以观赏奇幻的海洋世界、珍稀的海洋动物和美丽的海底风光。同时,在三亚亚特兰蒂斯酒店大堂中,阳光透过宽阔的玻璃天窗洒入整个空间,让游客享受大海之美的氛围。

这些海南海洋特色建筑是集休闲、娱乐、观光于一体的公共空间。游客可以在这里欣赏美丽的滨海风光,同时参与各种休闲活动,如散步、骑行、拍照等。建筑融合了海洋元素和现代风格,为游客提供了别具一格的旅游体验。

### 五、 海洋居住社区风情游

海南海洋居住社区风情游是一种深度体验海南海洋文化和原住民生活的旅游方式。游客可以深入了解海南海洋原住民的历史、文化和生活方式,体验原汁原味的海洋风情。

在海南的海洋社区中,游客可以参观传统的船只和渔具,了解捕鱼的传统技术和渔民的生活方式。此外,游客还可以参观原住民的房屋和村寨,了解他们的建筑风格和生活习惯。在这些社区中,游客可以品尝新鲜的海鲜和当地的特色美食,感受海南的美食文化。

除了参观和了解原住民的生活方式,游客还可以参加各种与海洋相关的活动和体验,例如划船、潜水、海钓等海上运动项目,感受海洋的魅力和神秘。此外,游客还可以参加原住民的传统庆祝活动和节日庆典,如捕鱼节、海神祭祀等,深入了解海南的民俗文化和传统习俗。

为了更好地推广和保护海南的海洋原住民文化和传统,当地政府和企业也在不断加强管理和保护措施。例如,加强对原住民社区的保护和修复工作,加强对游客的管理和引导,推广海洋原住民文化旅游等。这些措施旨在让更多的人了解和欣赏海南独特的海洋文化和原住民风情,促进文化旅游的发展。

### 六、 海洋交通建筑探奇游

海南海洋交通建筑探奇游是一种独特的旅游,可以让游客领略海洋交通建筑的魅力与特色。

在海南,游客可以参观许多知名的海洋交通建筑,如海口港、三亚港等重要港口。这些建筑不仅在功能上满足了交通需求,而且在设计上充分考虑了海洋元素和当地文化特色,如波浪形的屋顶、海蓝色的内部装饰等,呈现出别具一格的海洋风情。

除了参观建筑本身,游客还可以了解这些海洋交通建筑的历史背景、建设过程和未来规划。例如,可以了解海口港等各港口的发展历程等,感受海南在海洋交通建设方面的努力和成就。

此外,游客还可以参加一些与海洋交通建筑相关的活动和体验。例如,游客可以在港口码头参观货船、油轮等各类船只的装卸作业过程,了解港口的工作流程。

总之，海洋交通建筑探奇游让游客在欣赏美丽的建筑外观的同时，深入了解海南的海洋交通文化和历史。通过参观知名的海洋交通建筑、了解其历史背景和建设过程、参加相关活动和体验，游客可以更加全面地领略海南独特的海洋文化魅力。

## [复习思考题]

### 一、选择题

（一）单选题

1. _____这一旅游资源种类繁多，具有重要的时代价值和海洋文化内涵，对旅游者有强烈的吸引力，可以划分为现代海洋建筑与现代海洋设施两类。（  ）
    A. 遗址遗迹    B. 建筑设施    C. 旅游商品    D. 人文活动

2. "中华儿女多奇志，不爱红装爱武装"，毛泽东也曾写诗赞叹_____女民兵巾帼不让须眉。（  ）
    A. 西岛    B. 蜈支洲岛    C. 分界洲岛    D. 大王洲岛

3. 著名的"海判南天"四字，传说是清康熙五十三年（1714年）由三位钦差奉_____皇帝谕旨在此题刻的。（  ）
    A. 乾隆    B. 康熙    C. 雍正    D. 嘉庆

4. 海口港正式开始办理外贸、外籍船舶进出口手续是在_____代开始的。（  ）
    A. 元    B. 宋    C. 明    D. 清

5. _____位于海南岛北部，海口港岸线范围跨越澄迈县、海口市，北临琼州海峡，西起澄迈湾的玉包角，东至文昌市铺前湾的北港岛，北隔琼州海峡与中国广东省雷州半岛相望。（  ）
    A. 新海港    B. 秀英港    C. 海口港    D. 马村港

（二）多选题

1. 按位置分类，海洋建筑设施旅游资源可以分为_____。（  ）
    A. 海岛建筑    B. 近海建筑    C. 海岸建筑    D. 远海建筑

2. 海口对标海南自贸港建设要求，坚持高标准规划设计先行，将在_____新建16个滨海驿站。（  ）
    A. 西海岸    B. 海口湾片区    C. 江东新区    D. 长堤路片区

3. 海南省推进的"三港合一"是指_____。（  ）
    A. 秀英港    B. 新港    C. 马村港    D. 新村港

### 二、判断题

1. 海洋旅游地有许多闻名世界的建筑，如悉尼歌剧院等。（  ）
2. 排港村被誉为"全国文明渔港"和"千年渔港"。（  ）
3. 中国（海南）南海博物馆整体外形借鉴了船型屋的建筑形态，融合了现代美学风格与中国文化元素，取义"丝路逐浪，南海之舟"，展现出独特的文化魅力。

（   ）

4. 阿拉伯酒店因外形酷似船帆，又称迪拜帆船酒店。（   ）
5. 马尔代夫水上别墅的建筑材料尽可能地选择了可再生和环保的材料。（   ）

### 三、问答题

1. 谈谈海洋建筑设施资源有哪些特点。

2. 谈谈海洋建筑设施资源和旅游的关系。

3. 请思考：在推广海南海洋建筑设施旅游资源时，如何与当地社区和居民建立合作关系，共同推动旅游业的发展？怎样才不会对环境和生态系统造成破坏，实现可持续发展？

### 四、案例分析题

1. 科技赋能，助力沉浸式逛博物馆。"线下文物，线上鉴赏"，在3D扫描技术的加持下，中国（海南）南海博物馆精选出多件文物，供观众线上360度鉴赏。

馆内现有各类藏品8万多件，包括历代外销文物、南海生物标本、海南历史文物、历代船模等。趣味社教课程内容丰富多彩，研学活动和"5G＋同步课堂"别开生面。该馆顺应时代潮流，主动探索智慧化博物馆、数字博物馆、5G创新应用等信息化项目建设，积极在博物馆建设中导入科技力量。

科技赋能突出海洋特色和南海历史文化内涵，让在博物馆参观的观众体会更加深刻。与此同时，通过主题社教活动、"走进博物馆"科普研学活动、南海文博大讲堂等，使用高新技术将南海文化、文物故事、南海自然风光等内容融入其中，场景化的展现带领观众沉浸式逛博物馆。

请分析：还有哪些海洋建筑设施旅游资源可以运用南海博物馆的科技创新措施？

2. 美丽的海南陵水黎族自治县黎安港畔的海南富力海洋欢乐世界，开业 10 个月营收过亿。5 大园区、8 大场馆拉动陵水消费，也开创了海南旅游发展的新格局，为海南文旅消费增添了新亮点，较好地带动了当地旅游消费。请谈谈该项目的成功之处。

## 参考文献

[1] 田长广，王颖. 现代旅游策划学新编［M］. 南京：南京大学出版社，2020.

[2] 魏丽英，路科. 中国旅游资源概论［M］. 北京：冶金工业出版社，2019.

[3] 羊绍全. 旅游资源调查与评价实训教程［M］. 北京：北京理工大学出版社，2019.

[4] 徐娜. 海洋旅游产业发展现状与前景研究［M］. 广州：广东经济出版社，2018.

[5] 孙玉琴，甘胜军，李华. 水上旅游管理［M］. 北京：旅游教育出版社，2017.

[6] 晁华山. 世界遗产［M］. 2 版. 北京：北京大学出版社，2016.

[7] 刘伟. 海洋旅游学［M］. 北京：旅游教育出版社，2016.

[8] 罗春祥，陈芳. 生态与海洋旅游［M］. 长沙：湖南大学出版社，2013.

[9] 胡海涛，邓卓鹏. 海洋与岛屿旅游［M］. 长沙：湖南大学出版社，2013.

[10] 马勇，李芳. 海滨旅游规划与开发：理论、方法与案例［M］. 北京：科学出版社，2013.

# 项目八
# 海南海洋人文活动旅游资源及其利用

▶ [学习目标]
- 掌握海洋人文活动旅游资源的概念、特点和分类。
- 熟悉海洋人文活动旅游资源的分类、布局。
- 理解海洋人文活动旅游资源和旅游的关系及意义。
- 了解海洋人文活动旅游资源的利用现状。
- 掌握海洋人文活动旅游资源的新业态。

▶ [引例]

祭祀兄弟公出海仪式：虔虔六百载　祈福远航人[①]

"我们春节可以不回家，但是祭兄弟公时是一定要回家的。"在琼海市潭门镇，渔民杨庆南告诉海南日报记者，每年的农历七月十五，潭门渔民都会回家进行祭祀，祈求平安和丰收。他所说的"祭兄弟公"，也称为祭祀兄弟公出海仪式，是琼海一项极具民俗色彩的活动。

108位潭门渔民的传奇故事

祭祀兄弟公出海仪式，和108位潭门渔民有关。

琼海人爱闯海，也敢闯海。《万泉河传》作者黎国器曾查找过大量史料，发现自古以来在南海诸岛进行渔业生产与海洋农业生产最多的是海南岛万泉河下游地区的人，而其中琼海潭门、博鳌渔民数量众多。

"108兄弟公"信俗是琼海海洋文化的独特体现。相传，过去南海一带海盗猖獗，经常袭击渔船。潭门108位渔民因此结拜为兄弟，他们立下生死与共的誓言，常常组成船队一同出海。一次出海捕鱼过程中，渔民们再次遇到了海盗。在危急关头，大家将船紧紧连在一起，最终一起击退了凶恶的海盗。从那以后，人们纷纷效仿108位兄弟的做法，一同出海抵御风险。"108兄弟公"也成了渔民们团结合作、共进共退的精神象征。

后来，有一年出海，108位兄弟遇到了恶劣的天气，他们全部被打翻在海里。但即便如此，大家也没有各自逃离。猛烈的风暴让108位兄弟最终全部遇难，但兄弟们之间的这份情谊令人铭记。

---

① 刘梦晓. 祭祀兄弟公出海仪式：虔虔六百载 祈福远航人 [N]. 海南日报. 2021-06-21.

明代中期以前，琼海潭门镇的渔民就在南海海域的西沙群岛、南沙群岛进行海参、贝类等海产品捕捞、建造房屋、农耕等活动。冬去夏返，他们的海上作业时达数月。部分渔民常驻群岛上，盖草棚或珊瑚石房居住，下海捕鱼，建庙祭神，世代相续，辛勤开拓。在以命相搏的航海途中，遍布潭门沿海、南海群岛众多的兄弟庙是出海渔民的一种精神寄托。

**沿袭600多年的祈福仪式**

"108兄弟公"祭祀仪式从明朝沿袭至今，已有600多年的历史，通常被分为三种模式：远航启程前的祭祀通常叫"做福"，也就是"祭兄弟公出海仪式"；远航归来后的祭祀通常叫"洗咸"；逢年过节和航船到达某新海域时的一般拜祭通称"做兄弟公"。

这三种形式的祭祀仪式过程大同小异，都是以肉、饭、酒贡祭"108兄弟公"，然后焚纸钱和燃鞭炮等。其中，最为重要和隆重的就是"祭兄弟公出海仪式"，主要包括船主在"108兄弟公"庙里和渔船上向"108兄弟公"祈祷等仪式过程。

据潭门渔民介绍，为了纪念108位兄弟，近几十年来，潭门人在每个村子里都建起了庙，意味着"潭门人出海就是兄弟，遇事要互相帮助"，现已成为潭门一种独有的海洋文化。

记者了解到，现存的文教村兄弟庙始建于1937年，庙门前的对联"兄弟联吟镜海清，孤魂作颂烟波静"道出了兄弟庙的意义——兄弟与孤魂联系在一起。人们在祭祀"兄弟公"保佑渔民平安的同时，也在祭祀那些曾在南海出海时未能归来的遇难者。

# 任务一 认识海洋人文活动旅游资源

## ▶ [任务导入]

（1）展示海洋图片，竞猜海洋文化，并做延伸分享。

（2）班级分组，制作小视频介绍宣传家乡的海洋人文活动旅游资源。

## 一、海洋人文活动旅游资源的定义

人文活动旅游资源是指以社会风情为主体，反映社会风貌、人文意识、人文教育以及人文文化等内容，可以被旅游业开发利用的活动性、过程性资源。

海洋人文活动旅游资源，应该继承人文资源的特性，并呈现出海洋属性。故此，本书认为，海洋人文活动旅游资源是指与海洋相关的，能够吸引人们进行旅游的各种人文活动，包括海洋名人名事、海洋文化节庆、海洋体育赛事、海洋民俗活动等。这些资源可以向游客提供独特的体验和学习机会，同时也为旅游业的发展提供了丰富的资源。

## 二、海洋人文活动旅游资源的特点

### (一) 历史性

海洋人文活动是人类对抗海洋、与海洋共存的漫长发展过程。在这漫长的发展历程中,人类通过自身的努力,适应海洋、改造海洋、利用海洋,创造了丰富的历史文化成果。其中一部分在人类的发展进程中消失了,而另一部分却被保存了下来,或以文字、思想、精神的形式,或以风俗习惯等形式记录着历史的状况。海洋人文活动旅游资源最凸显的特征就是历史性,即任何海洋人文资源都是在一定的历史条件下形成的,不可能脱离历史而存在。

### (二) 民族性

海洋人文活动旅游资源是在一定历史背景下产生的,同时也是在特定的民族生活和民族文化背景中形成的。在中国,与海洋相关的民族不多。但由于不同的生活环境和文化气质,这些民族也会有着不同的生活方式和生产方式以及审美标准,因此势必会产生不同的物质文明和精神文明。当这些带有民族风格的物质文明和精神文明成为旅游资源时,必然带有民族性,比如海南的黎族建筑船型屋。黎族同胞为纪念渡海而来的黎族祖先,以船型建造住屋,因外形酷似船篷通常称为船型屋。船型屋是黎族最古老的民居,有高架船型屋与低架(落地式)船型屋之分。其呈拱状,用红、白藤扎架,拱状的人字屋顶上盖以厚厚的芭草或葵叶,几乎一直延伸到地面上,从远处看,犹如一艘倒扣的船。其圆拱造型利于抵抗台风的侵袭,架空的结构有防湿、防瘴、防雨的作用,茅草屋面也有较好的防潮、隔热功能。建造船型屋能就地取材,而且船型屋拆建也很方便。鉴于这些优点,船型屋得以世代流传下来。

### (三) 地域性

海洋人文活动旅游资源通常具有鲜明的地域特色,与当地的历史文化、民俗风情、社会环境等密切相关。这些资源反映了特定地区的人文景观和自然景观,具有独特的地域魅力。这些资源在地域上的差异性和独特性,使得游客可以体验不同地域的海洋文化和风情。

### (四) 文化艺术性

海洋人文活动旅游资源具有丰富的文化内涵,包括历史遗迹、传统节日、民俗活动、艺术表演等。这些资源体现了人类在海洋活动中的智慧和创造力,是传承和弘扬海洋文化的重要载体。这些资源不仅可以供游客加强对海洋文化的了解和体验,还可以促进文化交流和传承。这些资源不仅可供观赏和娱乐,还可以让游客了解当地的文化传统和历史背景,增强文化认同感和归属感。

海洋人文活动旅游资源也具有鲜明的艺术性特征,甚至很多海洋人文活动旅游资源本身就是精美的艺术品。比如渔歌等,都是具有极高艺术价值的海洋人文旅游资源。

### （五）互动性

海洋人文活动旅游资源往往需要游客的积极参与，例如参加当地的节庆活动、品尝当地的美食、与当地居民交流等。这种互动性可以让游客更加深入地了解当地的文化和传统，增强旅游体验和参与感。

### （六）宗教性

在人类文化中，宗教占有很重要的地位，宗教活动有着很长的历史。宗教文化对人类生活的影响是巨大的，同时产生了众多具有旅游价值的宗教性资源。如妈祖作为中国东南沿海地区最重要的海上保护神，也是历代船工、渔民、商人等共同信奉的神祇。在海南，妈祖被称为"天后""天妃"等，妈祖巡游也是海口原住民最喜欢的民俗活动之一。妈祖文化在海南已有千年历史，深受广大民众推崇和信仰。妈祖文化集中反映的立德、行善、大爱、和合的精神和高尚情操千年不衰，成为中华民族优秀传统文化的代表。

## 三、海洋人文活动旅游资源的分类

参考旅游资源分类国家标准 GB/T 18972—2017，结合海洋人文活动旅游资源的特点，又因海洋宗教信俗有突出特点，本书将宗教习俗从民间习俗中挑出单列，将海洋人文活动旅游资源分成五大类别。

### （一）人事活动记录类

此类旅游资源主要包括海洋名人和发生过的著名事件，包括历史人物、文化名流、革命先烈等相关人事活动记录。人事活动记录类旅游资源通常具有一定的纪念意义，是对历史人物和文化名流的缅怀和纪念。游客可以通过参观这些资源，了解相关人事活动记录的历史背景和意义，增强对历史的认知和理解。

### （二）文学艺术类

主要包括表演戏剧、歌舞、曲艺杂技和地方杂艺的团体，以及对社会生活进行形象概括而创作的文学艺术作品。

文学艺术是人类文化的组成部分，包括小说、散文、诗词、音乐、电影、电视、歌舞、绘画、书法等等。它们在旅游活动中，是一类特殊的旅游资源，在旅游活动中起着特殊的作用。第一，能直接导致旅游资源产生。人们可以根据文学作品中所描述的内容开发出旅游地，如根据陶渊明的《桃花源记》开发出的"桃花源"，湖南有，重庆也有，并且都取得了较好的效益。电影《芙蓉镇》的上演，使拍摄地湖南省永顺县王村成为湘西重要的旅游地。第二，某种艺术形式可成为旅游资源，如重庆大足石刻、四川乐山大佛、河南龙门石窟等。以一些艺术形式而形成的节日也成为旅游盛会，如山东潍坊的风筝节。第三，文学艺术修养是旅游从业人员必备的素质。因为旅游与文化的关系很密切，若旅游从业人员不具备较高的文艺修养，那么他经营的旅游地或策划的旅游项目的文化含量是较低的，质量无疑是较差的。导游人员更是如此。第四，文艺修养也是旅游者必备的素质。具较高文艺修养的旅游者能提高对景物的鉴赏能力，获得较好的旅游效益，真正得到美的享受。

### （三）民间习俗类

民间习俗类旅游资源种类繁多，主要包括地方风俗与民间礼仪、民间节庆、民间演艺、民间健身活动与赛事、庙会与民间集会、特色饮食风俗、特色服饰等等，可以说涉及居民日常生活的方方面面。

民间习俗就是人民群众的风俗习惯，是社会上长期形成的风尚、礼仪、社会生活方式和习惯的总称。一般说来，这类旅游资源具有广泛性、丰富性、自发性、参与性和时间性等特点。所谓广泛性，是指地球上凡是有人居住的地方都存在这种旅游资源。所谓丰富性，是指这类资源的内容和活动项目极多，从传统观念、道德修养到生产方式和生活习惯，体现在衣、食、住、行、婚、丧等方方面面。所谓自发性，即民风民俗是自发产生的，不受是否开展旅游活动的制约。它在该民族这种风俗习惯形成时，就成为一种固定的模式，历代传承下来，在一定条件下（例如节庆时）自发地重复进行。所谓参与性，即旅游者要参与其中，才能真正体会原汁原味的各民族的风土人情。所谓时间性，表现为这类旅游活动有一定时间限制，如汉族春节、傣族泼水节、彝族火把节等，都只在固定的时间内举行。由于具备上述特点，这类旅游资源就能满足旅游者求奇、求异、求知、求美、求乐的旅游需求。这类旅游资源包括节庆、服饰、饮食、民居、婚嫁等。

### （四）宗教习俗类

原始宗教的产生主要是人们对自然现象、社会现象无法解释、不能控制，于是便想象出能够主宰一切的神，幻想以祈祷祭献或巫术来影响神灵而避祸趋福。原始宗教产生后，逐渐向人类生活的各个领域扩展，最后形成宗教文化。除了世界三大宗教——佛教、基督教和伊斯兰教以外，还有一些宗教在某些国家某些地区流行，如我国东南地区的许多省份就有非常浓郁的海洋宗教文化。

如在舟山，海龙王是舟山渔民心目中的大海之神。靠海吃海的渔民们把命运寄托在龙和海龙王身上，认为海是龙的世界，龙也是保护渔民们的神灵。舟山处处充满了浓郁的龙崇拜、龙信仰的氛围，官方和民间祭海的热情高涨。现在，岱山、定海、普陀等地分布着大大小小的龙王宫、龙王庙等相关建筑，用于祭拜龙王。

丰富的海洋宗教知识，能满足游客求知的心理。宗教艺术、雕刻、建筑、绘画等具有强烈的艺术感染力，可给予游客美的享受。海洋宗教仪式独特神秘，可以满足游客猎奇的心理。因此，海洋宗教是重要的海洋人文资源，尤其是海洋宗教绘画、雕塑、音乐、书法等。

### （五）现代节庆类

现代节庆类旅游资源主要包括各类旅游节、文化节、商贸农事节和体育节事。现代节庆类旅游资源以其独特的文化内涵和形式，能够吸引大量游客前来参与和体验。这些节庆活动通常具有浓厚的民俗特色和地方色彩，对于游客来说具有很强的吸引力，有利于促进旅游业的发展，为当地经济带来可观的收益。

## 任务二　海洋人文活动旅游资源和旅游

▶ [任务导入]

(1) 观看《远方的家·行走海岸线：珍珠海岸美丽陵水》，分享观后感。
(2) 为什么说海洋人文活动旅游资源对旅游业的发展具有重要意义？

### 一、海洋人文活动旅游资源和旅游的关系

海洋人文活动旅游资源和旅游之间存在着密切的关系。海洋人文活动旅游资源是旅游的重要组成部分，能够为旅游业的发展提供丰富的资源和市场。而旅游的发展也可以促进对海洋人文活动旅游资源的保护和开发，实现其可持续性发展。

1. **有助于突出海洋文化特色**

海洋旅游区的规划建设，应注重对海洋文化特色的突出，围绕海洋文化配置自然、人文景观以及旅游硬件设施、软件服务等。注重与陆地旅游区规划建设的差异化，围绕大众海洋人文活动旅游资源的精神、物质需求，在国内外海洋文化旅游区中突出特色，注重区域化差异的同时，凸显区域特色。

2. **有助于海洋旅游开发与保护并举**

借助海洋人文活动资源开发海洋旅游，应当开发与保护并举，实现海洋人文活动资源的科学与人性开发。旅游区的民众，包括旅游者在内，都应当具备海洋文化保护意识，将其污染、负面影响降到最低。尤其是海洋文化遗产、自然文化风光等旅游资源应加强保护，以实现海洋文化旅游的可持续发展。海洋文化资源的开发，应围绕旅游项目主题、定位等合理选择，避免追求全方位海洋文化建设，并应充分认识旅游功能，突出海洋旅游的特色。同时，避免海洋历史文化、时代文化的失衡发展，围绕旅游市场发展，将海洋文化的地域性、民族性等与海洋旅游的外放性、拓展性等有效结合，为旅游资源增添时代活力。

3. **注重海洋文化名城建设**

海洋文化名城建设处于摸索性前进阶段，其市场声誉远不如北京等历史文化名城。在海洋旅游业的带动下，海洋文化名城建设逐渐被提上日程，如舟山市政府把规划建设"海洋文化名城"明确列入"十五"计划。建设海洋文化名城，对海洋文化的传播与传承、海洋文化旅游开发、海洋文化和经济产业互动、城市品牌塑造等有着现实意义。在其基础上，充分认识海洋人文活动旅游资源的特征，围绕海洋文化内涵科学、针对性的主题定位，提升城市特色形象。如岱山开放了中国台风、海洋渔业、盐业等6个海洋系列博物馆，仅中国台风博物馆就有650幅图片和57件实物，总投资500余万元。

## 二、海洋人文活动旅游资源开发的典范

### 1. 中国妈祖节

妈祖是流传于中国沿海地区的汉族民间信仰。相传，妈祖原名林默娘，于公元960年出生在福建省莆田市湄洲湾。她精医术、熟水性、乐施好善，经常救助在海中遇险的人，但28岁时就英年早逝。人们十分敬仰她的博爱胸怀和美好品德，就尊之为女神。妈祖逝世后，后人敬仰她的功德为她修建了妈祖庙，从古至今都有大量渔民、航海者进香参拜，祈求平安。

相传，农历三月二十三和九月初九，是妈祖的诞生日和忌日。每到这两日，数以万计的民众都来朝圣妈祖。节期有拜妈祖、妈祖文化研讨、工艺品展销活动，亦可观赏富有特色的民间歌舞，品尝特色菜。

被誉为"海上明珠"的湄洲岛是闻名遐迩的海上女神妈祖的故乡，拥有独特的妈祖文化。湄洲妈祖庙分布在全球20多个国家和地区，约4000座，信众达2亿多人，仅台湾就有800多座妈祖庙，信众达1400多万人，约占岛内总人口的2/3。对外开放以来，每年赴湄洲岛进香朝圣的人数都超过百万，其中台胞达十万人之众。

### 2. 巴西海神节

每年2月2日，是巴西的海神节。巴西人尊敬崇拜的海神叫伊曼雅，被认为是水、鱼类和一切同水有关的物种的母亲，她原是西非人崇拜的偶像。在16世纪初，大批非洲人被当作奴隶卖到巴西。巴西人说：当年非洲人到巴西时，到处是疾病和死人，人们只有向海神伊曼雅祈祷，"因为她是大海，是人类和陆地上一切生灵的母亲"。因此，到达巴西的幸存者十分感激海神，认为生命是她恩赐的。

所以，他们对伊曼雅的崇拜也传入巴西。海神节也成为今天巴西最隆重的宗教节日之一，巴西每年都要隆重举行海神节祭祀。海神节最热闹的地方，便是当年葡萄牙人首先登陆的萨尔瓦多。节日清晨，人们云集在里约维尔梅乌湾，手提装满玫瑰花、香水、镜子、烟、酒等礼物的篮子，等待着向海神献礼。中午时分，歌舞音乐声停止，运载礼物的船驶向岸边。成千上万的献礼者把礼物送到船上，目送船只向大海驶去。送礼船驶到一定地点，便把礼物篮放置于水面。如果篮子下沉了，就证明海神接受了这份礼物，日后会满足送礼者的愿望。否则，篮子会漂回岸边。当送礼的船驶到岸边，告诉大家海神接受了全部礼物时，人们皆大欢喜，歌舞到天明。

### 3. 新加坡郑和文化馆

新加坡郑和文化馆是为了纪念中国明朝三保太监郑和下西洋到访新加坡而建立的公园。郑和曾于1405年首次访问新加坡，并在其后的几次航行中，每次都会在新加坡停留。

文化馆位于新加坡市区的东部，园内设有郑和像、中国风格的亭子和花坛等景观，其中，郑和像是一座高达14.5米的石雕像，面向大海，背对市区，遥望祖国。郑和文化馆总面积约8000平方米，共3个楼层，分"郑和在中国""郑和在马六甲""郑和宝船"三

大部分。郑和文化馆设有明皇宫、马六甲厅、妈祖宫、科学航海厅、李甲茶馆、郑和宝船、官厂模型、元明瓷器珍藏、郑和生平木偶戏，展出郑和下西洋所带的数百件瓷器、海产品、宝船模型等，还布置模拟了郑和和船员生活的场景。

除了自然景观和雕像，馆内还有许多文化活动和展览。例如，馆内展示了关于郑和下西洋的文物和历史资料，包括船只模型、地图、图片等。每年的7月11日，即郑和下西洋的日子，文化馆都会举行庆祝活动，包括文化表演、展览等。

新加坡郑和文化馆是新加坡华人文化和历史的重要组成部分，也是展示中国和新加坡之间历史联系的重要场所。它不仅为人们提供了了解郑和下西洋历史的机会，也展示了新加坡华人社区的文化传统和价值观。

## 任务三　海南海洋人文活动旅游资源

### ▶ [任务导入]

（1）开展班级讨论，分享自己所知道的海南海洋人文活动旅游资源。

（2）班级分组，每组展示一幅海洋名人图并进行介绍。

海南岛犹如一颗耀眼的明珠镶嵌在中国南海之上。早在1万年前，海南先民就已经在岛上生活栖居。人们滨海而居，面朝大海，以海为田，耕海为生。海洋因素深深地渗入其文化生活之中，海南历史文化因此而具有鲜明而独特的海洋文化色彩。

将海南人文活动海洋旅游资源按照《旅游资源分类、调查与评价》（GB/T 18972—2003）进行划分，形成下面的分类表。

**海南海洋人文活动旅游资源分类表**

| 主类 | 亚类 | 基本类型 | 海南海洋人文活动旅游资源 |
| --- | --- | --- | --- |
| H 人文活动 | HA 人事记录 | HAA 人物<br>HAB 事件 | 黄道婆、海瑞、白玉蟾、鉴真、郑和等 |
| | HB 艺术 | HBB 文学艺术作品 | 疍歌（咸水歌、白话渔歌） |
| | HC 民间习俗 | HCA 地方风俗与民间礼仪<br>HCB 民间节庆<br>HCC 民间演艺<br>HCD 民间健身活动与赛事<br>HCE 宗教活动<br>HCF 庙会与民间集会<br>HCG 饮食习俗 | 端午节海边"洗龙水"、二月二"龙抬头"祭典、中元节"祭船公"、"赶海文化节""开渔节""洗夫人节"、拜公等 |
| | HD 现代节庆 | HDA 旅游节<br>HDB 文化节<br>HDC 商贸农事节<br>HDD 体育节 | 海南欢乐节、环海南岛国际大帆船赛等体育赛事，海南休闲渔业博览会、中国国际消费品博览会等 |

在这些分类中，海南海洋人文活动以"宗教活动""地方风俗""民间节庆""体育节

庆"最有代表性。我们把这些具有代表性的海南海洋人文活动归纳成"海南海神信仰文化""海南海洋民俗文化""海南海洋饮食文化""海南海洋人事记录""海南海洋文学艺术""海南海洋现代节庆"等类型。

## 一、海南海神信仰文化

海南具有悠久的海神信仰崇拜习俗，如妈祖崇拜、水尾圣娘崇拜、海龙王崇拜、108兄弟公崇拜、伏波将军崇拜等等。海南海神信仰文化不仅源远流长，而且往往独具特色而又丰富多彩。时至今日，海神信仰文化成为海南人民的重要文化符号，也是海南文化的重要表现形态之一。

在千百年来"面海而居，向海而生"的历史长河中，海南渔民也形成了丰富的海洋信仰文化。他们以海为生活，也以海为信仰，在与海洋打交道的过程中，由衷地信奉海洋神灵，希冀得到海洋神灵的护佑。特别是出海途中经常会遇到恶劣天气、风涛巨浪等困境，祈求海神保佑成为他们重要的精神支柱。

海南渔民及其家庭成员对于海神的信仰主要有两种方式：一种是前往庙宇祭祀，另一种是在渔船上安放海神神主予以祀奉。所以，在海南岛沿海地区的渔村，几乎每一个村庄都建立自己的海神庙宇，其内所祀奉的既有妈祖、南海龙王等大家所熟知的海上保护神，也有本地所独有的神灵，一般以"××夫人""××圣娘""××公"等称之。而在出海捕鱼的渔船上，渔民常常会安放神灵牌位，在航海捕鱼的时候进行祭祀。

海南的民间信仰特别是海神信仰，与内陆地区有一定差异。其中一个特征体现为，在内地的一些神灵，本与海洋没有什么关系，但是在传入海南岛之后，却具有海神信仰的因素。特别是在沿海地区，当地人们信仰关公、龙王、伏波将军等，都具有海神信仰的性质。而关公信仰、龙王信仰和伏波将军信仰等，虽然在内地较为常见，但一般都与海洋没有什么关系。这与海南岛所处的海洋地缘环境相关。这里人们的生活环境、远渡出行、海上渔业以及生产等，都离不开海洋因素，涉海神灵信仰根深蒂固。

海南黎族人民多居住在山区，其信仰信俗似与海神信仰无关，但是黎族先民的龙蛇图腾崇拜，亦可以看作海南海神崇拜的先导。

## 二、海南海洋民俗文化

海南是我国移民海外历史最早的区域，500万名海南籍海外华人分布在世界各地。华侨文化的血缘、地缘亲情形成了海南独特的民俗文化。黎族是海南岛上最早居住的民族，汉族、黎族、苗族、回族是世居民族，各民族的民俗文化极为丰富。

1. 开捕祭海

潭门南海的传统文化节内涵极为丰富。自宋朝、元朝开始，潭门、文昌等地的渔民就自编自用了《南海航道更路经》，其于2008年6月被列入第二批国家级非物质文化遗产名录。自古以来，潭门渔民就有开捕祭海的民俗，其文化内涵非常丰富。

祭祀兄弟公出海仪式和108位潭门渔民有关，"108兄弟公"信俗是海南海洋文化的独特体现。相传，过去南海一带海盗猖獗，经常袭击渔船，潭门108位渔民因此结拜为兄弟，他们立下生死与共的誓言，常常组成船队一同出海。一次出海捕鱼过程中，渔民们再次遇到了海盗。在危急关头，大家将船紧紧连在一起，最终一起击退了凶恶的海盗。从那以后，人们纷纷效仿108位兄弟的做法，一同出海抵御风险。"108兄弟公"也成了渔民们团结合作、共进共退的精神象征。

▶ [相关链接]

### 海南省公安厅海岸警察七支队为渔民开渔保驾护航[①]

9月14日开渔，海南省公安厅海岸警察总队第七支队通过提前部署、积极走访、海陆联动等多种方式，联合相关职能部门为儋州渔民顺利"开渔"保驾护航。

在开渔前夕，第七支队民警做了大量的准备工作，科学部署警力走进白马井中心渔港码头和洋浦白沙码头，登上渔船，开展法律宣讲及安全检查，进一步规范生产秩序，维护治安稳定，为渔民顺利"开海"上好安全"第一堂课"，教育广大渔民提高安全生产意识，做到守法出海、安全出行。

2. 传统节日与海洋习俗相融合

因为临近海洋，海南的很多传统节日与海洋有着不解之缘，传统节日与海洋习俗融合较深。端午节是中华民族的传统节日，在海南很多地方，农历五月初五既是端午节也是渔家的"平安节"。在这一天，渔民先去祭石，然后成群结队去海边"洗龙水"，祈求身体健康、平平安安。

3. 船型屋

黎族人普遍认为船型屋是为纪念渡海而来的祖先而建的。船型屋因其外形酷似船篷而得名。船型屋的建造技艺已于2008年6月被列入国家级非物质文化遗产名录。目前，东方市江边乡白查村保存了81间船型屋，被誉为"黎族最后的精神家园"和少数民族传统民居的"活化石"，这些船型屋承载着黎族人诸多的传统文化和原始记忆。

4. 疍家文化

疍家人属于汉族，祖祖辈辈都生活在海上，形成了区别于陆地的独特习俗，逐渐产生了水上婚嫁、疍家调等独具特色的疍家文化。一排排船屋漂浮在海岸边，船屋外是由"田"字形养殖网箱组成的疍家渔排，每家每户的船屋、渔排相互挨着，由点成线，由线成片，形成了广阔的海上村落。

---

[①] 海南省公安厅海岸警察七支队为渔民开渔保驾护航 [EB/OL]. (2022-09-19) [2023-12-11]. http://www.mzyfz.com/html/2172/2022-09-19/content-1572855.html.

船屋里客厅、卧室、厨房、厕所等一应俱全。村民们白天在海面工作,晚上回屋里休息。为了出行方便,疍家人还创造了一种出行工具——"海上出租船",穿行于各渔排与码头间,供村民买卖、孩子上学、游客参观等使用。疍家人靠渔为生。渔民们凌晨时分就出海打鱼,清晨带着新鲜海货赶回码头贩卖。留在家中的成员则负责整理渔获、洗刷渔排、编织渔网等工作,一家人相互配合。

常年漂泊海上,疍家人创作出独特的疍家曲调"咸水歌"。"咸水歌"是一种渔歌,也是海南民俗文化中的代表民歌之一,承载着"一曲传情,景寄于情"的疍家海上民俗文化记忆。

5. 海南的"春节"

深受中原文化影响的海南春节习俗与内地大同小异,但又因在历史文化交流与发展中受到南洋"海"文化的熏陶,海南人过春节逐渐形成了自己的特色。

在海南人看来,所有的民俗都是按人的意志、人的愿望而人为地做出来的,所以,在海南方言中,所有的民俗行为前面均会加上一个"做"字,如做清明、做亲家(即结婚),而北方人的"过年"在海南方言中叫"做年"。需要说明的是,"做年"指的是"做旧年",即过春节。而北方所说的过元旦,海南叫"做新年"。

海南人喜热闹,更喜追求热烈的氛围,而燃放爆竹是营造这种热闹氛围的最好方式。在海南,如果今年哪家燃放的爆竹最多,这一家的收成一定很好,来年的收成也会更好。海南人的过春节还会买几条鲥鱼,在除夕之夜将鱼蒸好,存放到正月初二才用来祭祖。海南人为了庆祝过去一年的好收成,并想告诉先祖今年的收成最好,且有盈余,就会在除夕祭拜祖先时挑最大最肥的鸡。而到初二,鱼已经在家里存放了两天,鸡肉才刚刚吃完,寓意年年有余。在文昌,几乎家家户户都有做糖糕的习惯。制作糖糕的原料非常丰富,有花生、芝麻、爆米花、沙红等。大年初一,邻居互相拜年时,都会拿出糖糕招待,并互相祝福新一年的日子过得比糖还甜蜜。海南人还有一个独特的习惯,那就是为祈求大吉大利,在供奉先祖的台上放几个大橘子。

## 三、海南海洋饮食文化

海南是中国唯一的热带海洋大省,拥有得天独厚的自然资源优势和风情浓郁的少数民族文化。海南的海洋饮食文化因此表现出几个显著的特点。

1. 新鲜天然

海南四面环海,海洋资源丰富,新鲜的海产品是当地饮食的主要来源。从海鲜到各种海鱼,海南人都能够充分享受新鲜和天然的美味。

2. 喜食海鲜

海南是全国最大的海洋省,水产资源首屈一指。海南的水产资源比渤海、黄海、东海更丰富、更优质,有金枪鱼、马鲛鱼、红笛鲷鱼、金线鱼、带鱼、大黄鱼、石斑鱼、海鳗、海鲤、鲳鱼、鲨鱼、宝刀鱼等,还有丰富的软体类食材如鱿鱼、墨鱼、章鱼等,有甲壳类食材如螃蟹、对虾、龙虾等。还有海参类、贝类、海藻类等。蒸、煮、煸、烤、炸、炖等烹调技术可以将海南的海产品做成丰富多样的美味佳肴。当年，周恩来总理宴请美国尼克松总统，一道"琼台金鱿"就让这位美国总统念念不忘。

3. 丰富的烹饪方式

海南人对海鲜的烹饪方式多种多样，包括清蒸、白灼、煲汤、打边炉等。每种食材都有最适合其特性的烹饪方法，这也使得海南的海鲜风味丰富多样。

4. 注重原汁原味

在海南吃山珍海味，讲究清淡鲜活、原汁原味，这与海南人追求自然、健康的饮食理念相符合。

5. 独特的海南风味

海南粉、抱罗粉、后安粉、陵水酸粉等是海南人日常的美食，配以各种海鲜和调料，味道鲜美，令人回味无穷。如黎族特有的风味美食"南杀"（黎家酸菜），腌制方法独特。无论是鱼类、肉类，还是野菜、野果类"南杀"，都有一股浓郁的气味，是黎族招待贵客的佳肴。还有回族的美食"酸汤鱼"，以三亚产的天然酸豆、酸杨桃等为配料，精心制作而成，味道极鲜。可见，在征服、利用海洋的过程中，海南少数民族的饮食民俗也发生了重大改变。

6. 文化与民俗的体现

在海南，饮食不仅仅是满足口腹之欲，更是一种文化和民俗的体现。海南人在享受美食的同时，也传承和弘扬了当地的文化和传统。

7. 热带水果的盛宴

海南地处热带，各种热带水果应有尽有，如椰子、榴莲、山竹、菠萝、菠萝蜜等。这些水果为当地人的饮食增添了丰富的选择和风味。

可以说，在海南，海洋饮食文化不仅仅是一种饮食习惯，更是一种生活方式，是一种对自然和健康的追求。

▶ [相关链接]

## 海南著名海鲜

1. 曲口海鲜

曲口湾位于东寨港，出产的青蟹、血蚶、对虾为最佳。其所产青蟹一般每只重达0.5千克，似和乐蟹。曲口除8—9月因母蟹排卵期而少见青蟹外，其余10个月均产蟹，尤以清明和冬至前后为最好。青蟹食法多样，多为清蒸。民间所制蟹饼，甜脆清香，别具风味。血蚶体内汁液似血，开水稍烫即食，味甚甘美，还有化痰、治胃酸过多之效。民间有用炭火烤的食法，叫做"原味血蛇"。一些人家有大年初一吃血蚶的习俗。人们把蚶壳当作两扇"门"，把蚶肉视为"元宝"。大年初一吃蚶就是新春伊始开"门"见宝。蚝为牡蛎之肉，味道鲜美，营养丰富，还有药用价值，煮汤似奶汁，素有"海底牛奶"之称。蚝的食法，炸、烧皆宜，而铁板生蚝更有风味。血鳗是一种特别的鳗类，无骨干刺，浑身是血，肉细汤浓，营养极丰富，可清蒸可油炸。曲口的对虾有墨吉对虾和斑节对虾，以体大、味美而著称。

#### 2. 后安鲻鱼

后安鲻鱼是万宁特产之一，盛产于后安小海。鲻鱼又分为乌头鲻、白宜鲻、赤鱼鲻、青鲻、硬磷鲻5种。后安鲻鱼，体长稍扁，头部平扁，下颌前端有一突起，上颌中央有一凹陷，背鳍两个。小的长约10厘米，大的长约50厘米，鲻鱼以泥表所附的硅藻及其他生物为食物。后安鲻鱼四季均可捕获，秋冬为旺季。它是高档鱼种、海鲜补品，不但是宴席上的佳肴，又是老少病弱者、妇女产后的最佳补品之一。

#### 3. 海胆

又叫海刺猬，是一种棘皮动物，呈圆形、半球形或心形。文昌市龙楼所产的海胆比较有名。虽然其貌不扬，但海胆的生殖腺即海阳膏却是一种味道极鲜美的食物，营养价值很高。它可生食，也可加工成酒海胆、盐渍海胆、冰鲜海胆或蒸熟食用。我国早在清朝已利用海胆膏加工成"云丹"，列为风格别致的宴席佳品。海胆膏加上瘦猪肉同煮，吃起来鲜美可口，别有风味。

#### 4. 梅花参

梅花参是海南省特有的海珍，属三亚"三绝"之一。海南省的海参主要产在南海诸岛海域，海参为"海产八珍"之首，尤以梅花参最为珍贵。梅花参最长可达1.2米，重12～13千克，故称"海参之王"。梅花参对环境变化敏感，当受到刺激时，如海水污染、海水比重和温度剧变，会引起自身腐烂或自行吐出内脏。排脏后的海参，在良好水质条件下，又会再生。更有趣的是，梅花参的泄殖腔内有一种鱼共生。此鱼像手指般大，全身呈棕红色，头部稍大，身体光滑细长，约20厘米左右。当它感到水恶化时，会从参体内部伸出头来。因而，凭它可观察梅花参对环境变化的反应。梅花参经济价值很高，既是滋补品，又可治病抗癌，有一定的防衰老作用。梅花参可用鸡汤清炖，也可切片加辅料清炒，还可以甜吃，即将海参、鸡蛋、桂圆加冰糖清炖。

#### 5. 鲍鱼

鲍鱼是三亚"三绝"之一。鲍鱼非鱼，而属于贝类，是一种海产软体动物，主要种类有杂色鲍、半纹鲍、羊鲍、耳鲍和皱纹盘鲍五种。鲍鱼有昼伏夜出的习性。白天，它紧贴在数米水深的石块和石洞壁上。采鲍者拿小铁钩，悄悄下海底，窥见鲍鱼迅速用铁钩一钩，鲍鱼就从岩壁上脱下来了，然后马上把它装进网袋里。钩鲍鱼第一钩就得成功，否则，就是把它钩得四分五裂，它也不会脱离岩壁。每年3—9月是采鲍季节，7—8月是鲍鱼的繁殖期，这时鲍鱼性腺发达，肉又厚又肥。文昌市龙楼镇一带也盛产鲍鱼。

#### 6. 龙虾

龙虾是生活于热带、亚热带浅水海域的海洋动物，是虾中佼佼者。它披盔带甲，还有两条长长的触鞭，美丽威武。海南产好几种龙虾。在文昌东郊御林等地，游人可在养殖网中自选鲜活龙虾，即时品尝美味。龙虾是名贵的食品，其肉软滑，鲜美可口。在海南，人们多是生吃龙虾（放芥末和调料），并以虾头、尾、足等熬粥；也有炸、爆炒、清蒸的吃法。龙虾、对虾、基围虾构成海南美食主菜一族。

## 四、海南海洋人事记录

1. 《南海更路簿》

《南海更路簿》即《南海航道更路经》，是千百年来海南人民在实践过程中总结出来的南海航行的路线知识及实践。据史料记载，早在公元18世纪，中国南海沿岸的居民就已从事南海水产资源的开发。汉代，中国在南海开通了海上丝绸之路。海南省文昌市有南海航行的重要港口清澜港，出航南海诸岛多从此启航。海南岛沿海的居民总结航海经验，写成《南海更路簿》，以手抄本形式流传。除此以外，民间还流行着口头传承的"更路传"。2007年7月，《南海航道更路经》入选第二批海南省级非物质文化遗产名录，申报机构为文昌市文化馆；2008年6月，《南海航道更路经》经国务院批准列入第二批国家级非物质文化遗产名录，编号X-120；2011年5月，《南海航道更路经》列入第三批国家级非物质文化遗产名录。

2. 海南名人的海洋事件

海南历史上名人众多，包括路博德（西汉）、马援（东汉）、冼夫人（隋）、鉴真大师（唐）、李德裕（唐）、苏东坡（北宋）、赵鼎（南宋）、胡铨（南宋）、李光（南宋）、白玉蟾（南宋）、黄道婆（宋元）、钟芳（明）、海南四大才子（海瑞、丘濬、王佐、张岳崧）、唐胄（明）、宋庆龄（民国）、张云逸（建国大将）等等。这些名人或平定一方疆土，或开辟一条航线，或带来一次革新，或传播先进文化。由于海南的天然海岛属性，这些名人名事组成了丰富多彩的海洋人文活动旅游资源。

(1) 带领海南回归中央的第一巾帼英雄——冼夫人

冼夫人（522—602），又称冼太夫人，名英，高凉郡人，南北朝时期岭南（今广东、广西、海南）地区的俚人领袖，历经梁、陈、隋三代。她一生致力于维护国家统一，坚持民族团结，促进汉俚民族融合，坚决革除社会陋习，极大地推动了岭南社会、经济和文化的发展。其历史功绩彪炳千秋。周恩来总理曾称颂冼夫人为"中国巾帼英雄第一人"。

冼夫人出身南越部落首领世家，自幼贤良聪颖、武艺超群，善于行军用兵，得到远近部落和峒俚人的拥护。后来，其与汉人高凉太守冯宝联姻，协助冯宝处理政务，并在岭南部落中大力推行法治，发展生产。

冼夫人20岁时，向梁朝力请在海南复置崖州，使自汉元帝时起已实际脱离大陆500多年的海南岛重新回归中央政权的统治。

(2) 东渡日本传播佛法的大法师——鉴真

鉴真（688—763），我国唐代北派律宗的传人，著名的佛学家、经文译著家，他"东渡弘法"是大唐帝国民间文化对外交流的壮举。唐天宝七年（748 年）六月，鉴真率弟子15 人、随员 2 人，另船工 18 人，共 35 人东渡失败，是年十一月船漂流至振州（今海南省三亚市）。振州别驾冯崇债笃信佛法，特派 400 名甲兵迎护鉴真一行入城，并在太守衙设斋供养，在大云寺安置其起居。鉴真一行在此修造大云寺佛殿，开大法会讲律度人，还把中原文化包括先进的建筑、绘画、雕塑、医药等科学技术传授给振州百姓。鉴真在振州滞留了一年多，重建开元寺传授佛法，数月后从澄迈出海返回扬州。《唐大和上东征传》记有其事。唐天宝十二年（753 年），66 岁高龄且双目失明的鉴真继续第六次东渡，并获得成功。唐广德元年（763 年），鉴真在日本唐招提寺圆寂，时年 76 岁。

（3）传播和革新黎族棉纺织技术的发明家——黄道婆

黄道婆又称黄婆、黄母，是我国元代著名的棉纺织技术革新家，生活在宋末元初时期。其为松江府乌泥泾镇（今上海徐汇区东湾村）人，因不堪公婆的虐待而流落到崖州（今三亚市）。其先居水南村，嫁后随夫姓叫宋五嫂，后夫病逝出家当道人。她在崖州生活了 30 余年，虚心向当地黎族妇女学习棉纺织技术并取得成功。在元朝元贞年间约 1295 年，她从崖州返回乌泥泾。她根据自己几十年丰富的纺织经验，一边教家乡妇女学会黎族的棉纺织技术，一边改革出一套赶、弹、纺、织的工具，使纺纱效率一下子提高了两三倍。很快，淞江一带就成为全国的棉织业中心，历几百年久而不衰。16 世纪初，当地农民织出的布，一天就有上万匹。18 世纪乃至 19 世纪，淞江布更远销欧美，获得了很高声誉。当时淞江布匹被称"衣被半天下"，这伟大的成就中当然凝聚了黄道婆的大量心血。

黄道婆是古代崖州普通劳动女性中的杰出代表，她的勤劳、智慧和无私奉献的精神，是崖州地区妇女传统美德的集中体现，是崖州地区人民的优良传统和宝贵财富。

## 五、 海南海洋文学艺术

1. 疍歌

疍家人所唱的歌称作疍家调，又名疍家渔歌或咸水歌，三亚的疍家人习惯称其为咸水歌。咸水歌就是疍家人的"流行歌曲"，也有人称其是疍家人的《诗经》。咸水歌源于疍家人的生活、劳作，是疍家人生活的重要组成部分，是疍家文化的重要标志。可以说，"有咸水的地方，就有咸水歌""疍家人的历史就是咸水歌的历史"。

"咸水歌"的名称来源，目前有两种说法：一种说法认为咸水歌与疍家人生活的地域有关。疍家人生活的地区地处海河交界地带，每当南海咸潮涌入，咸水流经的地方大多是疍民聚居之地。由于长期与咸咸的大海打交道，因此疍家人传唱的歌被称为"咸水歌"。另一种说法则认为由于咸水歌中反映男欢女爱内容的情歌占了相当大的比例，所以叫做"咸水歌"。《水仙花》《渔家哥妹织网又唱歌》等咸水歌，堪称咸水歌的经典。

咸水歌最初是疍家人为了抒发生活的孤寂和苦闷随口而唱的，后来，这种口头文化经过传承和发展，成为疍家人一种重要的精神生活载体。疍民无论是婚丧嫁娶、互诉衷肠，或是唱山唱水、唱花唱月，都以咸水歌作为一个重要载体。

根据史载,明末清初时,咸水歌已为人们所传唱,成为疍民婚嫁生活的重要内容。《广东新语》中记载:"疍人亦喜唱歌,婚夕两舟相合,男歌胜则牵女衣过舟也。"到清代,咸水歌已相当盛行,在江河边上经常可听到咸水歌声。

### ▶ [相关链接]

#### "疍家"的得名

关于"疍家"的得名,一说来源于其舟楫外形酷似蛋壳漂浮于水面,一说是因为这些生活在海上的人家,像浮于饱和盐溶液之上的鸡蛋。疍家人自己则有一个凄婉的解释——从风浪之中讨食,生命如同蛋壳一般脆弱。过去,疍家被视为"不谙文字,不记岁年"的蛮民而饱受歧视,不得随意上岸,更不能与岸上人家通婚,船中疾病横生。生活的困苦衍生出一系列冗长的"清规":碗碟不得覆置,讲话最忌翻、沉、慢、逆等词语,吃鱼不许翻转鱼身……

2. 大型歌舞《三亚千古情》

大型歌舞《三亚千古情》是获得海南省"五个一工程"奖的旅游演艺作品。

这是一场无法用语言和文字定义的演出,它立足于三亚长达一万年的恢宏历史长卷,以其崭新的舞台设计使整场演出突破了传统空间与感觉的界限,呈现出诗画般令人目眩神迷的美学感受。400平方米的巨型悬空透明膜从天而降,4 700位观众伸手与头上的比基尼美女零距离互动……每一寸角落都满盈着怒放的张力,撼动着观众的视觉与听觉神经。

这里能听到落笔洞的万年回声,这里有巾帼英雄冼夫人的荡气回肠,这里有海上丝路的异域风情,这里能看到鉴真东渡时的惊涛骇浪,这里还有鹿回头的美丽传说,让观众在椰风、海韵、沙滩的醉人风景中,寻一段浪漫邂逅。

序《落笔洞》——三亚,中国的热带滨海旅游城市,自古就是一片十分适合人类栖息、繁衍的乐土。早在一万年前,断发文身的先民们就在三亚大地上创造出灿烂的史前文明——"落笔洞文化"。

第一幕《鹿回头》——"最爱凤凰临宝地,三亚难舍鹿回头。"三亚不仅有着悠久的历史,也流传着许多动人的爱情故事,鹿回头就是其中最美的传说。

第二幕《冼夫人》——冼夫人是中国巾帼英雄第一人,她建立了三亚历史上的第一个政治机构——崖州,使孤悬海外600年的海南岛回到祖国的怀抱。历史总是充满着神奇和巧合。今天我们所在的大剧院正是建在当年冼夫人的封地之上!听,那穿越时空的鼓角声声……

第三幕《海上丝路》——根据《崖州志》记载,三亚港在宋代已成为"海上丝绸之路"的中转站,中国的瓷器从这里运往海外,来自印度洋、波斯湾的香料也在这里汇集,"海上丝绸之路"也被称为"香瓷古道"。这一年的八月十五,三亚的崖州知府举办盛大的中秋赏月会以款待各国宾朋，苏东坡等名人雅士也应邀吟诗作赋。

第四幕《鉴真东渡》——唐天宝年间，高僧鉴真为了弘扬佛法第五次东渡扶桑，在海上遭遇飓风，漂流至三亚。鉴真在三亚滞留期间，修建大云寺，在当地传播中原文化和农耕技术，深得当地黎族、苗族等各民族百姓的爱戴。但他一刻也没有忘记自己的使命。唐天宝十二年（753年），他又一次踏上了艰辛的旅程。

尾声《美丽三亚》——时光荏苒，穿越千年，椰风海韵依旧。今天，三亚翻开了建设国际旅游岛的华彩篇章，每年数百万游客相聚在"三亚千古情"景区，感受黎苗文化的独特魅力，体验"三亚千古情"的震撼与辉煌。

## 六、海南海洋现代节庆

海南在原有的体育赛事基础上进行资源整合并创新发展思路，推出一系列国际性、全国性和全省性体育品牌赛事，突出海南特色，强调"体育＋旅游＋文化"融合发展。海南在打造高品质国际品牌体育赛事的同时，兼顾全民健身赛事活动的开展，为海南建设国际旅游消费中心、打造国家体育旅游示范区提供优质的体育旅游产品。

1. **潭门赶海节**

以"潮起潭门，扬帆南海"为主题的2022年第八届琼海潭门赶海节在琼海市潭门镇排港村开幕，围绕"玩""吃""学"三大板块，整合人文风情、美食文化、低空飞行、赶海体验等元素，解锁滨海休闲度假新体验。作为赶海节开幕式主会场的排港村，是海南省五椰级乡村旅游点，也是琼海三色文化5条旅游路线之一——"浪漫滨海游"路线的始发站。这里有保存较完整的南海古渔村、渔船出海的"祭兄弟公仪式"、年末岁尾的"鲤鱼灯节"、非物质文化遗产《南海更路簿》等。

2. **海南各地的沙滩音乐节**

海南的沙滩音乐节庆众多，草莓音乐节是较为出名的音乐节品牌。草莓音乐节是国内音乐厂牌摩登天空继"摩登天空音乐节"之后，于2009年创办的另一音乐节品牌。该音乐节于2018年首次落地海南，往后每年都在海南举办，目前已在海口、陵水、万宁等地举办过。

此外，海南还有万宁日月湾M_DSK音乐节、万宁TIDE音乐节、白沙门啤酒音乐节，其中三亚海岛音乐季"跨年·迷笛之夜"也是迷笛音乐节首次在海南举办。

这些海南各地的沙滩音乐节不仅给观众带来一场视听盛宴，也能让人们在海滩上享受阳光、沙滩和美好的音乐时光。沙滩音乐节已成为众多音乐爱好者的期待和热爱，也是展示城市旅游魅力和特色的重要活动之一。

3. **环海南岛国际大帆船赛**

在国家体育总局、中国帆船帆板运动协会和海南省委省政府的大力支持下，在社会各界的广泛参与下，海帆赛已经成长为国内首屈一指的大帆船多日离岸拉力赛，为推进帆船运动在海南普及、促进国际体育交流、发展体育产业、营造体育文化氛围，助力海南自由贸易港和海南国际旅游消费中心建设作出积极的贡献。

#### 4. 环海南岛国际公路自行车赛

环海南岛国际公路自行车赛（简称"环岛赛"）创办于2006年，由国家体育总局和海南省人民政府共同主办，中国自行车运动协会、海南省旅游和文化广电体育厅联合承办，是《国务院关于推进海南国际旅游岛建设发展的若干意见》中明确提出重点培育、海南省委省政府倾力打造的重大国际性品牌体育赛事。

比赛途经海南全岛15个市县（除三沙、文昌、乐东和洋浦经济开发区），总里程为1 190.7千米。截至2023年年底，环海南岛国际公路自行车赛已成功举办14届，赛事级别为2.Pro级，是亚洲水平最高、影响力最大的顶级公路自行车赛之一。

#### 5. 海南国际马拉松赛

海南国际马拉松赛定位为以外地、外国游客参赛为主的旅游型、群众性赛事。经过几年培育，海南将其打造成大规模、标杆式马拉松赛，并力争3年获评全国金牌赛事、5年获评国际金标赛事，成为海南国际旅游岛响亮的营销名片。赛事支持单位为海南省人民政府，主办单位为中国田径协会、海南省旅游文化广电体育厅、三亚市人民政府，承办单位是海南体育赛事有限公司。

#### 6. 海南高尔夫球公开赛

由中国高尔夫球协会与海南省旅游和文化广电体育厅联合主办。作为海南四大品牌赛事之一的海南高尔夫球公开赛（创办于2009年）已历经14年发展。创办以来，其在赛事品质、国际化水平以及品牌影响力上对海南体育产业、旅游事业发展发挥了推动及促进作用。

#### 7. 中国（海南）环岛海钓大奖赛

海南不仅是知名的国际旅游岛，同时也是海钓资源最为丰富的海钓盛地，有68个绝美海湾、丰富多样的鱼类资源、四季如春的气候。作为中国海洋面积最大的省份，海南在开展海钓运动上具有得天独厚的优势。

2022年，中国（海南）环岛海钓大奖赛海口站开幕式在海口市国家帆船基地启动，标志着本次中国（海南）环岛海钓大奖赛正式拉开帷幕。赛事在海南沿海市县设6站，海口为首站，比赛持续至12月18日，来自全国各地的180支队伍参赛，争夺28.8万元总奖金。本次比赛设矶钓、滩钓、礁钓，每站招募90位全国顶尖水平的海钓爱好者组成30支队伍进行比赛。中国（海南）环岛海钓大奖赛作为海南省重点打造的一项体育旅游品牌活动，已经连续3年（2021—2023年）在海口扬杆启幕，成为海口风土人情对外展示的窗口和平台。

> [相关链接]

## "体育+旅游"新玩法！2022定安全域自驾游打卡赛发车[①]

11月5日，2022定安全域自驾游打卡赛在海南热带飞禽世界发车，赛事吸引全省各地赛员驾驶50辆新能源汽车进行"集结赛+定向赛"的挑战。本次赛事为期3天。6日，赛员们前往定安香草田园，尽享"体育+旅游"的乐趣。

**2022定安全域自驾游打卡赛**

本次赛事依托定安优美的生态环境、悠久的人文历史和特色美食文化，倡导低碳环保、绿色出行，以新能源汽车全域集结赛和特色园区徒步定向赛相结合的全新比赛形式，将定安景点串联成线，将"体育+旅游"效应辐射成面，探索定安全域旅游新方向，形成定安精品自驾游路线，促进定安体育旅游消费，展现定安城市独特魅力，让"活力定安，静美家园"的形象深入人心，为海南自贸港建设贡献力量。

比赛当天，赛员们驾驶纯电MPV海马7X-E等新能源汽车有序从海南热带飞禽世界出发，途经集结赛签到点醉花岛、大山咖啡、久温塘冷泉，最终到达母瑞山革命根据地纪念园。一路比赛，一路风景。在文笔峰赛段和母瑞山赛段，赛员们以徒步打卡的方式完成定向赛。趣味十足的出行方式获得赛员好评。

---

① "体育+旅游"新玩法！2022定安全域自驾游打卡赛发车[EB/OL]．（2022-11-08）[2023-12-20]. http://www.hns-sports.cn/dt_80558/202211/t20221108_3402883.html.

本次自驾游打卡赛是 2022 年中国（海南）国际新能源汽车拉力赛系列赛第一站，接下来还有白沙自驾游穿越雨林以及环岛拉力赛。2022 年也是中国（海南）国际新能源汽车拉力赛举办的第五年，首次增加周末城市打卡赛，旨在加快推广新能源汽车和节能环保汽车普及，推动"体育＋旅游"发展，助力海南生态文明建设，为海南创建国家体育旅游示范区献力。

## 任务四　海南海洋人文活动旅游资源的利用

### ［任务导入］

（1）随着旅游业的不断发展，海南海洋人文活动旅游资源应该如何开发和利用？

（2）如何提升游客对海南海洋人文活动旅游资源的认知度和兴趣，以提高其旅游体验的质量？

（3）分享你所知道的"南海故事"。

海南丰富多彩的海洋人文活动为文化旅游产品的蓬勃发展提供了有力支撑，这些活动不仅展现了海南独特的海洋文化魅力，还吸引了大量游客前来体验和参与，极大地促进了各项文化旅游产品蓬勃发展。

### 一、海洋海神信仰文化游

我国本土宗教道教与海洋文化有着不解之缘，佛教、伊斯兰教、基督教等外来宗教的东渐亦与海上交通息息相关，妈祖民间信仰更是海洋文化的直接产物，在海内外享有较高的知名度。再如海南本土的水尾圣娘崇拜、海龙王崇拜、108 兄弟公崇拜、伏波将军崇拜，都可以整合成各种专项海洋信仰旅游产品，展现源远流长的海外交通史和涉波履险、勇敢无畏、有容乃大的中华海洋文化精神。

2013 年 4 月 30 日至 5 月 2 日的首届琼州妈祖文化节，以"与美好同行"为主题，弘扬民族文化，传播妈祖精神，并祈福国泰民安和促进和谐发展。现场还举行了民俗经乐团祈福、慈善功德活动等，龙队表演、腰鼓队表演、各宫庙神像巡游等文化特色表演也纷纷上演。妈祖文化在中国已有上千年历史，随着华人足迹走向世界，妈祖信众已遍布全球 20 个国家和地区，全球有数亿信众把妈祖作为信仰的神明。2009 年，联合国教科文组织将妈祖信俗列入非物质文化遗产代表作名录。海南妈祖信仰历史悠久，自宋时起，妈祖文化信仰就随着闽人渡琼流传进海南岛。2012 年，第一座从"妈祖出生地"福建莆田妈祖祖祠分灵到海南的妈祖像安放于海南比干妈祖文化园。

### 二、海洋民俗体验游

"海上人家"疍家自古生活在江河湖海间，自唐朝起从两广、福建沿海迁徙至海南。

沿海地区特有的地理生态、气候环境使得疍家人的生产生活多带有"海"的印记,反映在疍歌中,就出现了如"海""浪""鱼""船""艇"等大量富有海洋文化色彩的典型物象。

疍民这个古老族群"以舟为宅,以渔为业"的日常生活,反映了疍民对海洋的认知及态度,展现了疍民开放进取、不畏艰难的精神面貌,具有极其丰厚的海洋文化内涵。

2022年11月25日至26日,2022陵水疍家文化美食节在陵水黎族自治县新村镇举行。疍家特色美食、疍家文化摄影作品展、"非遗"刺绣展等吸引了众多市民和游客沉浸式体验。此外,现场乐队、舞蹈表演和世界杯赛事观赛等活动,也极大丰富了本次文化美食节的可玩性与可看性。此次疍家文化美食节,旨在通过活动讲好疍家故事,进一步推广疍家美食、宣传疍家文化,培育陵水旅游餐饮特色品牌,丰富陵水文化旅游供给体系,着力推动陵水文旅融合,推动旅游产业转型升级。

再如,每年农历二月初二是民俗"龙抬头"的日子,海南各地民众会组织祭海活动,以传统方式祭拜南海,虔诚祈福。祭海大典多以海洋文化和祭海文化为主,充分展示了本土民俗文化资源与海洋旅游元素的结合。同时举行的还有南海祈福活动,锣鼓声声,龙王旗飞扬,演员跳起六俏舞,呈现海南特有的琼剧、崖州民歌、黎族打柴舞、临高人偶戏等民间艺术表演。当地市民和游客向"南海龙王"敬献鲜花,上百艘渔船则在海面集结,渔民们燃放鞭炮祈求渔业兴旺。

"海洋强国"是几代国人的梦想,而海南是全国海洋面积最大的省份,无论是从历史遗存还是从民俗传统来说,海南海洋人文活动资源都非常独特而丰富,开展花样民俗体验旅游的资源优势明显。

## 三、海南美食文化游

海南美食旅游市场呈现出多样化、丰富化和国际化的趋势,吸引了越来越多的游客前来品尝当地的美食。游客们采取各种形式,增强美食旅游体验感。

1. 探索海鲜市场

在海南,每个地方都有自己的海鲜市场,提供各种各样的新鲜海产品。游客可以参观这些市场,了解当地的海鲜品种和购买习惯。

2. 品尝当地小吃

海南有许多独特的小吃,如海南粉、清补凉、煎棕等。游客可以在当地的夜市或小吃摊品尝这些美食,体验海南的饮食文化。

3. 参与烹饪课程

一些旅游机构提供烹饪课程,教游客如何制作海南的传统菜肴。这是一种很好的方式,游客可以深入了解海南的烹饪技巧和食材。

4. 参观渔船

游客可以参观当地的渔船,了解渔民的生活和工作方式。这不仅是一种独特的体验,还可以让游客了解当地的海鲜捕捞技术。

5. 品味特色酒水

海南的酒水也很有特色，如椰子酒、咖啡酒、槟榔酒等。游客可以在当地的餐馆或商店品尝这些酒水，了解其制作方法和文化背景。

6. 观赏海鲜美食节

海南经常举办各种海鲜美食节。游客可以参加这些活动，欣赏当地的海鲜烹饪技艺、品尝各种美食，并参与各种有趣的互动活动。

7. 了解少数民族饮食文化

海南是一个多民族聚居的地方，每个民族都有自己独特的饮食文化。游客可以走进当地的少数民族村落，了解他们的饮食习惯和食材，体验不同的文化氛围。

通过这些活动和体验，游客可以深入了解海南的海洋饮食文化，并在旅途中获得丰富的感官享受和文化认知。此外，海南的美食旅游市场也在不断发展和创新。当地政府和旅游部门加大了对美食旅游的宣传和推广力度，推出了一系列美食旅游线路和活动，吸引了越来越多的游客前来体验。

▶ [相关链接]

### 海口美食之旅

早餐：在海口市的早茶市场品尝当地的特色小吃，如海南粉、抱罗粉。

上午：参观海口市的海鲜市场，了解当地的海鲜品种和购买习惯。

午餐：在海口的海鲜餐厅享用丰富的海鲜大餐。

下午：游览骑楼，参观老海口人的小巷美食，找家老爸茶店体验海口下午茶。

晚餐：本地餐厅享用东山羊、嘉积鸭、文昌鸡等海南名菜。

夜宵：品尝海南特色的椰奶清凉补。

## 四、"海上丝绸之路" 文化之旅

海上丝绸之路，是古代中国与外国贸易和文化交往的海上通道，也称"海上陶瓷之路"和"海上香料之路"，1913年由法国的东方学家沙畹首次提及。海上丝路萌芽于商周，发展于春秋战国，形成于秦汉，兴于唐宋，转变于明清，是已知最为古老的海上航线。中国海上丝路分为东海航线和南海航线两条线路，其中主要以南海为中心。

海南作为海上丝绸之路的重要一环，具有非凡的历史地位和研究价值。海南可以将海洋文化和海南侨乡文化有机结合，开发"海上丝绸之路"旅游文化产品，如"海上丝绸之路"国际邮轮线路、文化巡演、主题旅游商品展销等，乃至构建"海上丝绸之路"与华商经济的桥梁，也可组合"海上丝绸之路"始发港广州、泉州、宁波等地的古港口、灯塔、祈风石刻、古船遗物等。另外，"海上丝绸之路"贸易的繁荣极大地带动了当地及附近地区手工业和交通的发展，所以，相关的古窑址、手工作坊遗址、驿道、桥梁等亦应组织进来。

## 五、海洋科技考察游

海南背靠辽阔南海，蕴涵着无穷的宝藏和无数的奥秘。在"海洋世纪"里，海洋科技是各国竞争的焦点之一。海南环岛沿海及南海岛屿有众多的海洋科研、教育单位，可以有选择地对公众开放，组织海洋科技旅游文化产品，以进行海洋科普教育，提高全民的海洋意识。

中国科学院深海科学与工程研究所（简称"深海所"）成立于2011年，由海南省人民政府、三亚市人民政府和中国科学院三方联合共建，位于中国海南省三亚市鹿回头半岛。中国科学院深海科学与工程研究所依靠深海工程技术与装备、实验平台和基础设施，结合所处的区位优势，开展相关深海科学问题研究。作为中国科学院在海洋科学与技术领域的总体单位，深海所不仅开展与深海有关的科学问题研究，同时以深海观测方法与仪器设备、深海潜器技术、海洋资源开发与利用为主要研究方向，重点发展与海洋科学研究、深海开发结合密切的深海工程技术与装备，从装备、条件和设施上支撑深海科学和海洋工程的研究。

深海所以深海环境与生态过程、深海地质构造、沉积演变及油气矿产资源、深海环境下的生物学特征为主要研究方向，致力于深海核心科学问题的解决，并促进与深海科学研究相关的深海工程技术与装备设备研发；利用地域位置，避开传统领域的竞争，形成专业特色，营造文化优势，进入国际前沿，在中国最为临近深海的省份建立完备的国立深海研发基地，成为国家深海研发试验的共享开放平台，填补中国深海战略上的地域空白。

## 六、海洋体育赛事游

2010年，海南省政府出台《海南国际旅游岛建设发展规划纲要》，把文化体育产业列为海南重点培育的八大新兴产业之一，加快促进体育产业发展成为海南国际旅游岛建设的战略选择，作为体育产业重要组成部分的体育赛事也因此备受关注。在海南能够举办的各种类型的赛事中，海上体育赛事成为关注的焦点，因为海南是海洋大省，人们有充分的理由对其海上赛事寄予厚望。

海南四季春常在，拥有全年举办观赏性、大众参与性赛事的优良条件。每年的海洋体育竞技，吸引了国内外游客前来感受难忘的自贸港"赛事之旅"。系列赛事将助推海南国际旅游岛、国际旅游消费中心建设，向世界宣传海南，展示海南丰富独特的海洋风情和人文魅力。

近年来，国内体育旅游日益升温，已经成为旅游行业发展的新风口。海南更是具备了发展体育旅游得天独厚的生态环境、地理区位。由中国旅游研究院与马蜂窝旅游联合发布的《中国体育旅游消费大数据报告（2021）》显示，2019年，海南、长三角、环渤海等地区体育游热度攀升。海南空气质量高、植被丰富，为休闲运动打造了一个天然大氧吧。同时，海南四面环海、四季无冬，为开展水上运动等体育活动提供了优越条件，且使其不受季节限制。这些独特优势不但让海南成为越来越多体育项目国家队的集训地，也让海南正在成为国内乃至国际知名的体育旅游目的地。

如今，一批独具海南特色的体育旅游项目越来越受到市民游客青睐：在海口国家帆船基地公共码头感受碧海蓝天下帆船运动的魅力；在万宁日月湾开启迎风踏浪的冲浪之旅；在保亭槟榔谷景区体验真人 CS、攀岩……海南"体育＋滨海""体育＋民俗""体育＋探险""体育＋健康""体育＋科技""体育＋极限""体育＋会展""体育＋演艺"等"体育＋"特色显现明显优势。

## ▶ [复习思考题]

### 一、选择题

1. 海南渔民及其家庭成员对于海神信仰，主要有两种方式，一种是_____，另一种是在渔船上安放海神神主予以祀奉。（　　）
   A. 前往庙宇祭祀　　　　　　　　B. 龙蛇图腾崇拜
   C. 体育竞技　　　　　　　　　　D. 开捕祭海

2. 在国家体育总局、中国帆船帆板运动协会和海南省委省政府的大力支持下，在社会各界的广泛参与下，_____已经成长为国内首屈一指的大帆船多日离岸拉力赛。（　　）
   A. 环海南岛国际大帆船赛　　　　B. 环海南岛国际公路自行车赛
   C. 海南国际马拉松赛　　　　　　D. 海南高尔夫球公开赛

3. _____定位为以外地、外国游客参赛为主的旅游型、群众性赛事。（　　）
   A. 环海南岛国际大帆船赛　　　　B. 环海南岛国际公路自行车赛
   C. 海南国际马拉松赛　　　　　　D. 海南高尔夫球公开赛

4. 我国本土宗教道教与海洋文化有着不解之缘，佛教、伊斯兰教、基督教等外来宗教的东渐亦与海上交通息息相关，_____更是海洋文化的直接产物，在海内外享有较高的知名度。（　　）
   A. 伏波将军崇拜　　　　　　　　B. 108 兄弟公崇拜
   C. 海龙王崇拜　　　　　　　　　D. 妈祖民间信仰

5. _____这个古老族群"以舟为宅，以渔为业"的日常生活，反映了其对海洋的认知及态度，展现了开放进取、不畏艰难的精神面貌，具有极其丰厚的海洋文化内涵。（　　）
   A. 疍民　　　B. 黎族　　　C. 苗族　　　D. 渔民

### 二、判断题

1. 自宋朝、元朝开始，琼海、海口等地的渔民就自编自用了《南海航道更路经》，其于 2008 年 6 月被列入第二批国家级非物质文化遗产名录。（　　）
2. 《南海更路簿》即《南海航道更路经》，是千百年来两广和海南人民在实践过程中

　　　　总结出来的南海航行的路线知识及实践。（　　）
　3. 海南环岛沿海及南海岛屿有众多的海洋科研、教育单位，可以有选择地对公众开放，组织海洋科技旅游文化产品，以进行海洋科普教育，提高全民的海洋意识。（　　）
　4. 海南作为海上丝绸之路的重要一环，具有非凡的历史地位和研究价值。（　　）
　5. 海上丝绸之路，是古代中国与外国贸易和文化交往的海上通道，也称"海上陶瓷之路"和"海上香料之路"，1913 年由德国的东方学家沙畹首次提及。（　　）

### 三、问答题

1. 谈谈你对海南海神信仰文化的感受和理解。

2. 对于海南发展海洋体育竞技，你有哪些建议？

3. "108 兄弟公"信俗在海南十分广泛，谈谈你对此的看法。

4. 你如何看待"海上丝绸之路"旅游文化产品的开发？

5. 谈谈如何开发海南特色海洋游乐产品。

## 参考文献

[1] 杜珂. 我国海洋文化产业发展模式研究 [M]. 青岛：中国海洋大学出版社，2020.
[2] 古小松，方礼刚. 海洋文化研究（第一辑）[M]. 广州：世界图书出版公司，2022.
[3] 齐欣. 海洋文化遗产看南海 [N]. 人民日报（海外版），2023 - 06 - 05 (11).
[4] 韩洋. 传承非遗，发展疍家文旅产业 [J]. 文化产业，2023 (15)：4 - 6.
[5] 詹长法. 海洋文化遗产保护利用 [J]. 自然与文化遗产研究，2023，8 (2)：1 - 2.
[6] 金兆芹. 咸水歌诞生的由来：抒发生活的孤寂和苦闷 [N]. 海南日报，2015 - 09 - 29.

# 项目九

# 海南海洋旅游商品资源及其利用

▶ [学习目标]
● 掌握海洋旅游商品资源的概念、特点和分类。
● 理解海洋旅游商品资源和旅游的关系。
● 掌握海南海洋旅游商品资源的种类和特点。
● 掌握海南海洋旅游商品资源的利用现状和新业态发展。

▶ [引例]

## 故宫文创：让文创走进生活[①]

故宫，这座世界上最大的宫殿复合体，不仅是中华五千年文化的缩影，更是人类文明的瑰宝。如今，故宫已经不再只是历史的见证者，它以一种全新的方式——故宫文创，走进了我们的生活。

从雪糕、口红，到盲盒、抱枕，再到太空 T 恤、月饼礼盒、卷纸……博物馆五彩缤纷的文创"显眼包"，你见过哪些？曾经我们走进博物馆只能隔着玻璃一览"国家宝藏"的真容，而如今随着各式文创的出现，我们有了机会将历史价值满满的文化宝藏带回家。这些既有颜值又有内涵的文创不仅让博物馆成为打卡圣地，更是吸引更多人走进历史，享受艺术文化的熏陶。

**故宫微信团队表情包**

故宫文创不仅让人们可以拥有一件具有实用价值的艺术品，更通过这些产品将历史与文化传递给更多的人。购买一件故宫文创的产品，不仅仅是购买一件商品，更是对文化传承与弘扬的支持。

---

① 拼颜值更拼内涵，看博物馆如何"内卷"文创？[EB/OL]. (2024-04-03) [2024-06-05]. https://city.cri.cn/20240403/271a80b1-909c-d18a-8dd5-a4de61e783c3.html.

## 任务一 认识海洋旅游商品资源

> [任务导入]

（1）海南拥有丰富的自然和人文资源，拥有众多特色旅游商品，请向游客介绍一款你觉得特别能代表海南的旅游商品。

（2）谈一谈你觉得需要政府组织大力推广的一款旅游商品，并说说理由。

### 一、海洋旅游商品资源的定义

旅游业产品包括工艺美术品、文物仿制品、风味土特产、旅游纪念品、旅游日用品、轻工产品等，具有满足游客购物需求、传播旅游地形象的双重价值。精美的旅游商品，可以唤起游客的美好回忆，展示游客的生活体验，能让游客长期保存或乐意赠送亲友，并乐于向外界介绍。这是一条旅游地形象传播的良好途径，有利于提高旅游区的知名度。

海洋旅游商品资源是指依托海洋资源，结合旅游市场需求，经过设计和开发的具有海洋特色和文化内涵的旅游商品。这些商品不仅具有实用性和纪念性，还能体现海洋的魅力和文化特色，满足游客在旅游过程中对特色商品的购买需求。

海洋旅游商品资源包括各种与海洋相关的特色产品，如海洋生物制品、海洋珠宝、海洋工艺品、海洋食品等。这些商品的设计和生产融入了海洋元素和海洋文化，使其具有独特的海洋风情和特色。这些商品是旅游者感受、体验海洋文化的主要对象，也是游客能带走的海洋文化艺术成果。

### 二、海洋旅游商品资源的特点

海洋旅游商品资源是旅游者直接感受、体验海洋文化的主要对象，其特点主要体现在以下几个方面。

1. 海洋性

这是海洋旅游商品最本质的特点。这些商品的设计、制作和材料选择都紧密围绕海洋元素，如贝壳、珊瑚、海藻等，具有浓郁的海洋风情和特色。

2. 多样性

海洋旅游商品种类繁多，包括海洋生物制品、海洋珠宝、海洋工艺品、海洋食品等。这些商品在形态、功能、用途等方面都呈现出多样性，满足了不同游客的需求和喜好。

3. 地域性

海洋旅游商品通常与特定地域的海洋资源和文化紧密相关，反映了该地区的独特性和特色。这使得海洋旅游商品具有鲜明的地域标签和文化内涵。

4. 文化性

海洋旅游商品不仅是物质产品，更是文化载体。它们融入了海洋文化、地域文化、民俗文化等多种文化元素，并通过商品的形式传达给游客，增强了游客的文化体验和认同感。

5. 可持续性

开发海洋旅游商品资源，应注重可持续发展原则，通过采用环保材料、绿色生产等手段，减少对环境的影响，确保海洋旅游商品资源的长期利用和发展。

综上所述，海洋旅游商品资源具有海洋性、多样性、地域性、文化性和可持续性等特点。这些特点使得海洋旅游商品在市场上具有独特的竞争力和吸引力，为海洋旅游产业的发展提供了有力支撑。

## 三、海洋旅游商品资源的分类

海洋资源丰富，可开发成旅游商品的资源也很多，有直接进行加工的，如鱼类、贝类、珊瑚、礁石、沙等，也有以海洋为主题进行艺术创作的绘画、雕塑等。海洋高新技术的发展，使得海洋旅游商品更加丰富。一些新开发的旅游商品科技含量高，实用价值、观赏价值等都得到了提高，如海洋药物、海洋化妆品、精深加工的鱼虾等，丰富了海洋旅游商品市场，促进了海洋旅游的发展。海南工艺品和旅游纪念品皆倚资源优势就地取材，具有浓厚的海洋气息和民族特色。海洋旅游商品资源可以根据不同的标准进行分类。我国《旅游资源分类、调查与评价》（GB/T 18972—2017），将旅游商品分成了种植业产品及制品、林业产品及制品、畜牧业产品及制品、水产品及制品、养殖业产品及制品、旅游装备产品、日用工业品等。

本书参考海洋旅游商品的特点，结合海南海洋的风土物产，根据商品属性和用途对海洋旅游商品进行分类，包括以下几种。

1. **海洋生物制品**

这类商品是利用海洋生物资源（如海藻、贝类、鱼类等）进行加工和提炼制成的产品。例如海藻面膜、鱼油保健品、贝壳工艺品等。

2. **海洋珠宝与饰品**

利用海洋中的宝石、珍珠、珊瑚等珍贵材料制作的珠宝和饰品。这些商品不仅具有观赏价值，还有一定的收藏价值。

3. **海洋工艺品**

以海洋元素为设计灵感，采用各种材料（如木头、贝壳、海藻等）制作的手工艺品。这些工艺品具有独特的地域特色和文化内涵，是海洋旅游商品中的重要组成部分。

4. **海洋食品**

海洋食品是以海洋生物为主要原料制作的食品，如海鲜干货、海藻食品、鱼类加工品等。这些食品不仅美味可口，还具有一定的营养价值。

5. **海洋文化产品**

海洋文化产品包括与海洋相关的书籍、音像制品、电子游戏等。这些产品能够满足游客对海洋文化的探索和了解需求。

6. **海洋旅游纪念品**

海洋旅游纪念品是以海洋元素为主题设计的纪念品，如明信片、钥匙扣、冰箱贴等。

这些纪念品具有小巧轻便、价格适中的特点，适合游客作为礼物或纪念品购买。

总之，海洋旅游商品资源种类繁多，涵盖了生物制品、珠宝饰品、工艺品、食品、文化产品、纪念品和体验产品等多个领域。这些商品不仅具有实用性和纪念性，还能满足游客对海洋特色和文化的需求，是海洋旅游产业发展不可或缺的重要组成部分。

## 任务二　海洋旅游商品资源和旅游

### ▶▶ [任务导入]

（1）开展班级讨论，思考如何将海洋文化、地域文化和民俗文化融入海洋旅游商品中，以提升商品的文化价值和内涵。

（2）探讨如何在旅游商品设计中保护和传承海洋文化，同时满足游客文化体验的需求。

### 一、海洋旅游商品资源和旅游的关系

#### （一）海洋旅游商品资源是旅游业的重要组成部分

1. 海洋旅游商品资源有旅游纪念价值

游客在旅行中寻求独特的体验，他们希望带回家一些具有纪念意义的物品。海洋旅游商品，如贝壳工艺品、海洋主题的饰品或明信片等，都是很好的选择。这些商品不仅承载了游客的旅行记忆，而且也是他们分享给亲朋好友的谈资。

2. 海洋旅游商品资源有深刻的文化体验价值

海洋旅游商品经常融入当地文化元素，如海洋神话、渔业传统等。购买这些商品实际上是对当地文化的支持和体验，增强了游客的文化参与感。

3. 海洋旅游商品资源增加了旅游目的地特色

一个地方的海洋旅游商品往往反映了其独特的海洋资源和文化。这些商品成为目的地的标志，帮助游客识别和记住某个地方。例如，某些海滨城市因其特色的海洋珠宝或工艺品而闻名。

#### （二）海洋旅游商品资源的开发推动旅游业发展

深入挖掘海洋资源，设计和开发具有创新性和市场潜力的旅游商品，可以吸引更多的游客前来旅游，增加旅游收入，促进旅游业的繁荣。海洋旅游商品的销售收入是旅游业收入的重要组成部分。当游客购买这些商品时，他们实际上是在为当地经济作贡献，这可以支持更多的旅游活动和服务。同时，海洋旅游商品的开发还可以带动相关产业的发展，如制造业、物流业、营销业等，可以形成产业链效应，进一步推动旅游业的全面发展。

#### （三）旅游业的繁荣带动海洋旅游商品资源的开发

随着旅游业的发展，游客对旅游商品的需求也在增加，这为海洋旅游商品的开发提供了广阔的市场。制造商和设计师会根据市场需求调整和创新他们的产品。旅游业的发展也鼓励了更多的创新与合作。制造商、设计师和旅游景点可能会合作，共同开发具有地方特

色的海洋旅游商品。

总之，海洋旅游商品资源与旅游之间的关系是多维的，它们相互依存、相互促进。通过深入理解这种关系，我们可以更好地开发和利用海洋旅游商品资源，为旅游业和海洋经济作出更大的贡献。

## 二、海洋旅游商品资源开发的典范

1. 舟山的海鲜旅游商品开发

舟山群岛是中国第一大群岛，包含1 393个大小岛屿，素有"千岛之城"之称。舟山也是中国最大的海水产品生产、加工、销售基地，素有"中国渔都"的美称。舟山利用丰富的渔业资源，打造丰富的海鲜旅游商品。其中，"嵊泗贻贝""舟山带鱼""舟山大黄鱼""舟山三疣梭子蟹""舟山鲳鱼""佛渡紫菜"和"舟山小黄鱼"这7种海水产品均获批了国家地理标志证明商标。

对于舟山来说，这些极具舟山特色、拥有国家地理标志证明商标的舟山海鲜均是提升城市形象的"金名片"。2023年3月，舟山市制定发布《地理标志产品 嵊泗贻贝》舟山市地方标准，该标准为全省首个海洋水产品地理标志产品地方标准。该地方标准的出现，为舟山海洋水产品发展提供了规范化标准。

舟山海洋水产品

▶ ［相关链接］

嵊泗贻贝

嵊泗贻贝，产地为浙江省舟山市嵊泗县。2012年6月8日，其成为舟山市首个地理标志商标，打响了"嵊泗贻贝"品牌。

嵊泗贻贝，舟山方言称之为"淡菜"，别名海红（东海夫人）、红蛤、壳菜。嵊泗县海域环境优越，水质肥沃，饵料丰富，温度适中，利于海洋生物栖息，为嵊泗贻贝提供优良的生长环境。

嵊泗贻贝，是浙江省舟山市嵊泗县特产。嵊泗县海域特别适宜海洋生物栖息，所产贻贝具有个大、鲜嫩、肉肥、出肉率高、营养丰富、无污染等特点。而且贻贝还具有一定药用价值，素有"海中鸡蛋"之称。目前，嵊泗贻贝为地理标志保护产品。

舟山嵊泗贻贝

舟山市制定发布《地理标志产品 嵊泗贻贝》舟山市地方标准，该标准为全省首个海洋水产品地理标志产品地方标准。该标准适用于根据《地理标志产品保护规定》批准保护的嵊泗贻贝，规定了地理标志产品嵊泗贻贝的术语和定义、地理标志产品保护范围、养殖海域环境条件、养殖及加工要求、质量要求、检测方法、检验规则、标志、标签、包装、运输和贮存。标准的制定和实施，将引领和推动贻贝全产业链向高效化、优质化、生态化方向发展，促进渔民增产增收。

2. 青岛培育"海洋药谷"

生物医药和生物制品作为新兴产业，近年来吸引资本和企业竞相进入。其中，山东在海洋生物医药产业方面潜力大、发展迅速。而青岛作为全国海洋药物教育和研发中心，经过近几年的培育发展，已经成为国家重要的海洋生物产业基地，在海洋医药及海洋生物制品细分领域独树一帜。

为加快推动海洋生物医药产业高质高速发展，青岛还在政策面上不断为海洋药物研发转化助力。继前期出台《关于支持"蓝色药库"开发计划实施意见》《关于支持生物医药产业高质量发展的若干政策措施》《关于推进和鼓励仿制药质量和疗效一致性评价若干政策措施》等三项政策后，青岛又出台《关于进一步支持生物医药产业高质量发展若干政策》。相比原有政策，新政策的支持力度更大，其中一类创新药最高可获得5 000万元资金支持、三类医疗器械最高可获得1 000万元资金支持。

3. 肯尼亚 Ocean Sole

Ocean Sole 在内罗毕卡伦区，距凯伦故居、长颈鹿保育中心大概20分钟车程，是一家由环保人士朱莉（Julie）创办的海洋环保组织。Ocean Sole 鼓励当地人回收从海边飘来的塑胶拖鞋，将它们利用起来加工成十分有当地特色的玩具和工艺品出售。其部分收入投入海洋保护，既拯救了海洋，又带动了当地就业。

**Ocean Sole 工作人员用废拖鞋制作的斑马玩具**

## 任务三　海南海洋旅游商品资源

### ▶ [任务导入]

（1）开展班级讨论，谈谈主要的海南海洋旅游商品资源有哪些。

（2）请为游客推荐一种海洋食品。

海南作为中国的一个热带海岛省份，全年降雨充沛、长夏无冬，所管辖的海域面积约为 200 万平方千米，其海洋水产资源无论在数量还是种类上都极为丰富。独特的海洋旅游商品资源禀赋条件和卓越的生产环境使得海南渔业在国内具有巨大的发展优势。

**海南海洋旅游商品资源的分类**

| 主类 | 亚类 | 主要基本类型 | 海南海洋旅游商品资源 |
| --- | --- | --- | --- |
| 旅游商品 | 地方旅游商品 | 菜品饮食 | 糟粕醋、酸汤鱼、马鲛鱼、和乐蟹等各类海鲜餐饮 |
| | | 水产品与制品 | 珍珠生物制品、海藻面膜、鱼油保健品等，贝类、鱼类、藻类等水产品（详见项目五） |
| | | 中草药材及制品 | 玳瑁、海龙、海马、海蛇、珍珠、海参、珊瑚、蛤壳、牡蛎、石决明、鱼翅、海龟板等，制品如海马贡酒、椰岛鹿龟酒等 |
| | | 传统手工产品与工艺品 | 海水珍珠系列、贝壳饰品及贝雕、珊瑚盆景等 |
| | | 日用工业品 | 海南岛服等旅游纪念品、书籍影像等旅游文创产品 |

## 一、海南海洋菜品饮食

### 1. 糟粕醋

随着海文大桥建成通车，海口到文昌市铺前镇的车程一下缩短至20多分钟，铺前镇便成为许多游客从海口向东走的第一站。吃货们喜欢去铺前，是为了那一碗大名鼎鼎的糟粕醋。铺前糟粕醋历史悠久，但准确的年代已无从考证。也许是从铺前人懂得酿酒之时起，就懂得从糟粕中制醋、用醋、吃醋，并流传至今。经独特手法调制出的糟粕醋，醋面油花漂浮，醋色黄中微红，具有酸、辣、甜、咸、香五味合一的独特品质，让人口舌生津。除了细软的米粉，糟粕醋还有多种配料可以选择，其中素菜有本地的海菜、石葱、海带丝、卷心菜等，海货一般为尖嘴螺、海螺肉、海蛏子等，还可加猪杂和牛杂，营养与口味也更丰富。

### 2. 酸汤鱼

在儋州、东方一带和陵水、三亚疍家人生活的地区，酸汤鱼也是一道亮眼的美食。酸汤鱼汤水的主料是酸豆。百年老树上的酸豆经过发酵，煮制成汤，就有了来自植物本身的酸味。使用发酵的酸豆做酸汤鱼的这种吃法，和贵州的酸汤鱼用发酵的番茄做汤底类似。另外一种吃法则是将酸豆直接入汤，让汤汁有了更原始的酸味。有的时候，酸汤鱼中还会加入酸杨桃，使得鱼汤带有水果的清香。

### 3. 马鲛鱼

在海南，马鲛鱼俗称黑鱼，产自南海深处，是以小鱼等肉类为食的野生鱼类。每年清明前后是马鲛鱼产卵的时节，此时鱼体最肥，滋味尤为鲜美。马鲛鱼是鱼类中凶猛的一族，牙齿长而锋利。马鲛鱼是我国南部沿海地区昂贵的鱼类品种之一。海南文昌铺前镇与万宁大洲岛都是全国著名的马鲛鱼产地。由于旧时缺乏机械化捕鱼工具，黑鱼是较为难得的海鲜珍品，因此海南部分农村有"无黑鱼不成席，无黑鱼不成祭"的说法。如今，现代化渔业作业使捕捞量大增，马鲛鱼走上寻常百姓的餐桌，渔村的孩童得以坐享珍馐，敢于"无黑鱼，不吃饭"。海南马鲛鱼经营走上品牌化高端路线，经专卖店切片抽真空，包装成礼品后，成为方便游客携带的海南特产之一。铺前牌马鲛鱼荣获2010年中国（海南）国际热带农产品冬季交易会海产品（唯一）名牌金奖。

### 4. 和乐蟹

和乐是万宁的一个镇，名字寓意"天地人和，平安快乐"。据传，唐朝时期，从福建莆田迁居港北小海西面的和乐村渔民，专门制作一种蟹网在港北一条长而宽的海湾河汊之中捕捞肥蟹，因风味独特，遂以"和乐蟹"称之。和乐蟹是海南省地方优良海鲜品种，是传统名牌产品，具有体肥肉嫩、味美、卵满膏肥、营养俱佳等特色，以独特的香、鲜、嫩、酥四绝，荣居海南"四大名菜"之一，与文昌鸡、东山羊齐名。和乐蟹在中外饮食文化的历史长河中驰誉一千余年，早在唐朝时期就声名远播。自古以来，和乐蟹就是产地官吏和老百姓招待嘉宾的佳肴，曾被列为"贡品"进贡朝廷。相传，清朝时期就有"唐立送蟹"的故事。清朝康熙年间，琼州（海南）各地官吏均进贡海南传统名优特产给朝廷高官，万州（万宁）知县派员（唐立）把万州（万宁）海鲜名优特产——和乐肥蟹用土埕包装，千里迢迢"进贡"朝廷官员。品尝过和乐蟹的朝廷官员均赞不绝口，称"和乐肥蟹乃水产之珍品也"。

## 二、海洋水产品与制品

### 1. 珍珠生物制品

珍珠养殖产业现已成为集珍珠养殖、研发、生产、销售和文化展示于一体，横跨珍珠饰品、珍珠化妆品、珍珠保健品等行业的珍珠全产业链品牌。

珍珠生物制品是以珍珠为主要原料，通过一系列的科学工艺加工而制成的产品。珍珠作为一种珍贵的天然材料，自古以来就被人们视为瑰宝，不仅被用于制作各种首饰和装饰品，还因具有独特的药用价值而被广泛应用于医药、保健品和化妆品等领域。

珍珠生物制品的种类繁多，涵盖了多个领域。其中，珍珠粉是最常见的珍珠生物制品之一。珍珠粉是将珍珠研磨成粉末状，保留了珍珠中的多种营养成分和活性物质。它具有美白淡斑、保湿抗皱、延缓衰老等多种功效，被广泛用于护肤品、保健品和食品添加剂中。

除了珍珠粉，珍珠生物制品还包括珍珠胶囊、珍珠口服液、珍珠美容丸等保健品，以及珍珠首饰、珍珠摆件等装饰品。这些制品不仅具有独特的外观和质感，而且富含多种氨基酸、微量元素和矿物质等营养成分，对人体健康具有积极的促进作用。

珍珠生物制品的制作过程需要经过多个环节，包括珍珠的采集、清洗、研磨、提取等。其中，珍珠的采集是制作珍珠生物制品的第一步，通常采用人工或机械的方式从贝壳中取出珍珠。采集后的珍珠需要经过清洗和处理，以去除表面的污垢和杂质。接下来，珍珠被研磨成粉末或经过其他方式加工，以提取出其中的活性物质和营养成分。最后，根据不同的用途和配方，珍珠粉末与其他原料混合制成各种珍珠生物制品。

总之，珍珠生物制品是以珍珠为主要原料，经过科学工艺加工而制成的产品。它们不仅具有独特的外观和质感，而且富含多种营养成分和活性物质，对人体健康具有积极的促进作用，在护肤品、保健品、珠宝首饰等领域都有广泛的应用前景。

▶ [相关链接]

京润珍珠

京润珍珠创立于1994年，现已成为集珍珠养殖、研发、生产、销售和文化展示于一体，横跨珍珠饰品、珍珠化妆品、珍珠保健品等行业的珍珠全产业链品牌。

京润珍珠集团是基于全产业链和品牌的优质珍珠产品供应商，其旗下产品覆盖珍珠化妆品、珠宝饰品、保健品、母婴护理、口腔护理5大品类；致力于珍珠应用的不断开发，并遵循传统工艺。京润珍珠为"珍珠美容汉方应用"的深化和推广作出了非凡贡献，获评"非物质文化遗产"。"养颜国粹"是京润珍珠的品牌定位。该企业更在珍珠深加工领域持续取得科研突破，连续获评"国家高新技术企业"称号。

京润珍珠集团始终以"专业、负责、高效、创新"的工作作风和态度致力于珍珠的开发与利用，以"诚信、周到、树立良好口碑"的经营理念致力于珍珠产业的科技化、规模化、品牌化发展，并注重与专业权威的科研机构合作进行研制、开发；推广了一万余种珍珠饰品，上百系列珍珠化妆品、珍珠粉、珍珠保健品、珍珠孕婴童产品及珍珠口腔护理产品；先后攻克多个技术难关，在珍珠保健品及化妆品的研发上取得了珍珠纳米技术、珍珠水溶技术、液体钙技术、生态活体技术、珍珠活性功能肽技术、23 项国家专利技术、90 多项美白特证。

2. 海藻面膜

海藻面膜是一种以海藻为主要原料而制作的多功能有效美容面膜。海藻富含多种营养成分，如蛋白素、维生素 E 等，这些成分能够对面部皮肤起到去皱、去斑、美白、消炎、消除眼部眼袋和皱纹、增加营养水分的作用，使肌肤更有弹性和青春力。

海藻面膜的制作方法多种多样，常见的方法是将海藻颗粒与适量的纯净水混合，搅拌成糊状后敷在面部，等待 10~20 分钟后清洗干净。使用海藻面膜可以补水保湿、控油、清洁毛孔、镇静疲劳和改善粗糙的皮肤，使皮肤维持细腻、有光泽。此外，海藻面膜还具有美白、去痘印、修复受损肌肤、消炎杀菌等多种功效，可以满足不同肌肤类型的需求。

3. 鱼油保健品

鱼油保健品是以鱼油为主要原料制成的保健食品，具有多种益处。鱼油富含两种重要的 $\omega$-3 多不饱和脂肪酸，即二十碳五烯酸和二十二碳六烯酸，这些脂肪酸对人体健康至关重要，尤其是对心血管系统的健康至关重要。

鱼油保健品的主要功效包括降低甘油三酯水平、预防心脏病和中风、降低血压、抗炎症等。此外，鱼油还被认为对大脑和神经系统有益，可以提高认知功能、缓解焦虑和抑郁等情绪问题。因此，鱼油保健品在市场上备受欢迎，成为许多人日常保健的选择。

在选择鱼油保健品时，消费者需要注意产品的质量和纯度。优质的鱼油保健品应该采用经过严格筛选和检测的鱼油原料，以确保其 $\omega$-3 多不饱和脂肪酸的含量和纯度。此外，消费者还需要注意产品的剂型和剂量，根据自己的需求和健康状况选择合适的产品。

## 三、海南海洋中草药材及制品

海南的海洋中草药材及制品非常丰富。海南具有海洋渔场广、海洋水产品种多且生长快和渔汛期长等特点，是全国发展热带海洋渔业的理想之地。海南的海洋水产在 800 种以上，鱼类就有 600 多种，主要的海洋经济鱼类 40 多种。

海南的海洋药材资源包括玳瑁、海龙、海马、海蛇、珍珠、海参、珊瑚、蛤壳、牡蛎、石决明、鱼翅、海龟板等近 50 种。这些海洋药材在中医中有着广泛的应用，被认为具有滋补强身、滋阴降火、养血益精、滋养肝肾等功效。

1. 玳瑁中草药制品

玳瑁是一种大型海龟，其背甲可用来制作精美的装饰品。在中医中，玳瑁被认为具有清热解毒、平肝定惊的功效。产于台湾、广东及海南沿海的玳瑁，其背甲和头顶鳞片为红棕色和黑色相间，平滑而有光泽，十分美丽。

2. 海龙中草药制品

海龙是一种小型海洋鱼类，因其形似传说中的龙而得名。海龙具有温肾壮阳、散结消肿的功效，常用于治疗阳痿遗精、症瘕积聚等症状。海龙游动缓慢，善于伪装和藏匿，是一种非常有趣的海洋生物。

3. 海马中草药制品

海马是一种小型海洋动物，因其头部弯曲与体近直角而得名。海马具有温肾壮阳、散结消肿的功效，常用于治疗肾虚阳痿、症瘕积聚等症状。海马行动迟缓，却能很有效率地捕捉食物，是行动迅速、善于躲藏的桡足类生物。

海马贡酒是以海马为主要原料制成的一种保健酒。海马具有温肾壮阳、散结消肿的功效，因此海马贡酒也具有类似的药用价值。适量饮用海马贡酒可以滋补身体、强壮腰膝、温肾壮阳等。

4. 海蛇中草药制品

海蛇是一种生活在海洋中的毒蛇，制成中药具有祛风除湿、舒筋活血的功效。海蛇毒腺分泌物为蛇毒，主要毒素是神经毒素。在中国，海蛇分布于广西、广东、海南、台湾、福建等地沿海。

5. 珍珠中草药制品

珍珠是一种古老的有机宝石，主要产于珍珠贝类和珠母贝类软体动物体内。珍珠具有滋阴降火、养血益精的功效，常用于治疗心悸失眠、头晕目眩等症状。珍珠可做装饰或入药，其英文名称为Pearl，意为"大海之子"。

6. 海参中草药制品

海参是一种棘皮动物，具有补肾益精、养血润燥的功效。海参的营养和食疗价值较高，可以促进个体发育，提高免疫力，延缓皮肤衰老。在中国，海参主要分布在温带区和热带区，如黄渤海域和广东、广西、海南沿海等地。

7. 蛤壳中草药制品

蛤壳又称蛤蜊壳，是一种常见的海洋生物贝壳。在中医理论中，蛤壳被认为具有清肺化痰、软坚散结、利尿消肿、镇惊安神等功效。对于存在肺热咳嗽、咳痰黄稠等症状的患者，蛤壳能够起到一定的治疗作用。同时，它还能帮助缓解甲状腺结节、乳腺结节等疾病的肿胀、疼痛等不适症状。

8. 牡蛎中草药制品

牡蛎是一种双壳类海洋生物，其肉质鲜美、营养丰富，被誉为"海里的牛奶"。在中医中,牡蛎被认为具有益阴潜阳、软坚散结、固涩等功效。生用牡蛎可以治疗阴虚阳亢的潮热盗汗、头痛眩晕、烦躁失眠等症状。煅制的牡蛎则具有收敛固涩的作用,常用于治疗多汗、遗精、带下、崩漏、泄泻等症状。此外,牡蛎还可以用于胃酸过多的治疗,常配乌贼骨使用。

9. 石决明中草药制品

石决明是鲍鱼的贝壳,具有平肝潜阳、除热、明目的功效。它可以治疗风阳上扰、头痛眩晕、惊搐、骨蒸劳热、青盲等症状。石决明还可以镇肝、明目,治眩晕,对于眼部疾病和眩晕症状有一定的缓解作用。

10. 鱼翅中草药制品

鱼翅是鲨鱼等鱼类的背鳍和胸鳍,被认为具有补五脏、长腰力、益气开膈、清痰健胃的功效。在中医理论中,鱼翅被用于治疗脾胃虚弱、消化不良、痰多咳嗽等症状。同时,鱼翅还被认为具有滋补强壮的作用,可以提高人体免疫力,延缓衰老。

11. 海龟板中草药制品

海龟板是海龟的腹甲,具有滋阴潜阳、补肾健骨、养血补心的功效。它可以治疗阴虚阳亢的头晕目眩、阴虚潮热、盗汗遗精、筋骨痿软、心虚健忘等症状。此外,海龟板还被认为具有抗肿瘤、增强免疫力等作用,对于一些慢性病和肿瘤疾病有一定的辅助治疗作用。

这些海洋中草药材及制品具有丰富的药用价值和广泛的应用前景。然而,需要注意的是,虽然这些中草药材具有一定的药用价值,但在使用时仍需遵循医生的指导和建议,避免过量使用或不当使用导致不良反应。同时,对于野生海洋生物的保护和合理利用也至关重要,以确保海洋生态的可持续发展。

## 四、海南海洋工艺品

1. 海水珍珠系列

海南岛周边海域海水温度适宜、毫无污染,海洋生物丰富,为珍珠贝的生长提供了良好的条件。海南珍珠粒质优,最大的"珍珠王"直径为15.5毫米。海水珍珠装饰品有项链、耳坠、胸花、戒指等,其做工精细、晶莹华美、档次齐全。另外,还有物美价廉的珍珠粉,具有良好的保健美容之功效。

2. 贝壳饰品及贝雕

贝雕是一种将贝壳制成各种形状的工艺品,它是海南传统工艺品中的一个重要组成部分。贝雕的制作工艺非常烦琐,需要经过多道工序,包括挑选贝壳、打磨、雕刻、上色等等。每一道工序都需要工匠的精湛技艺和耐心细致的态度,只有这样,才能制作出高质量的贝雕作品。

多种多样的贝壳、螺壳,形状奇特,色彩斑斓。其中,虎斑贝、白玉贝、夜光贝、五爪螺、猪母螺、珍珠贝、贞洁螺、唐冠螺、七角贝、猪耳壳,以及可作为烟灰缸的马蹄螺、渔民用作号角的大角螺等等，都是惹人喜爱的天然工艺品。用光滑油亮的海贝壳雕琢、镶嵌制成的各种画屏、器具、摆设等，具有色泽明丽自然、格调名贵雅致的特色。贝壳还被制成多种多样的实用工艺品，如酒具、摆件、挂件、项链、胸饰等，其精美华贵不亚于玉石。

海南贝雕工艺在明代就有了很高的水平。海南传统工艺品贝雕的特点是以海洋为主题，以各种海洋生物和海洋景观为主要表现对象。它以其独特的艺术风格和精湛的工艺技巧，展现了海南丰富的海洋文化和深厚的历史底蕴。明丽的贝雕与古朴的椰雕对比强烈，夺人眼目。近年，以椰林风光、天涯海角、五公祠、马鞍岭火山口等海南名胜古迹为主题制成的各种小件贝雕画，深受游客们的喜爱。

3. 珊瑚盆景

珊瑚盆景是海中奇葩，产于热带海洋，人称"海石花"。其实，它既不是植物，也不是矿物，而是由无数珊瑚虫的遗骸集结而成的化石。其在海中天然长成，奇形怪状、美妙绝伦，白者胜雪，红者如血，绿似翡翠，黄色类金。这些"海底奇花"经过工匠们的加工，配上贝壳海柳和精致的底盘，便成为雅俗共赏、形态各异的珊瑚盆景了。

## 五、海洋文化产品及纪念品

1. 海洋文化产品

海洋文化产品是指以海洋为主题或元素，通过创意设计和制作工艺，将海洋文化融入产品之中，具有独特文化内涵和市场价值的产品。这些产品不仅具有实用性和美观性，还能传递海洋文化的精神内涵，增强人们对海洋的认知和保护意识。

海洋文化产品的种类繁多，涵盖了多个领域。例如，海洋主题的艺术品、工艺品、家居装饰品等，这些产品以海洋元素为设计灵感，通过巧妙的创意和精湛的制作工艺，展现出海洋的广阔、神秘和美丽。海洋文化创意产品如海洋主题的电影、动画、音乐、文学等，通过艺术化的表现形式，传递海洋文化的情感和价值，引领人们感受海洋的魅力和力量。

2. 海洋旅游纪念品

海洋旅游纪念品是以海洋文化、海洋生物、海洋景观等元素为主题，结合旅游地的特色和文化内涵而设计制作的具有纪念意义、实用价值和艺术价值的商品。它们不仅能够满足游客的购物需求，还能够传播海洋文化和旅游地的形象，促进旅游业的发展。同时，海洋旅游纪念品的开发和设计也需要注重创新和实用性，以满足不同游客的需求和喜好。

▶ [相关链接]

### 海南海洋旅游纪念品的典范：海南岛服

海南岛服是海南省最流行的海南旅游衫，人们习惯称之为"岛服"。"岛服"是一种宽松适体的花衬衫，但花样千姿百态，其花样全部取材于海南岛的人文风情和自然物产。

海南岛服

"岛服"起源于海南旅游企业,起初作为营造独特文化的工作服。原海南省旅游局（现海南省旅游和文化广电体育厅）借助"岛服"弘扬海南旅游文化,设计"岛服"作为海南"导游服",订制"岛服"作为促销人员服,还将"岛服"作为礼品赠送给来海南的官员、专家、记者和旅行商。海南省外事部门将"岛服"变成省领导会见外宾的礼服。多方面的示范效应,加上宽松的"岛服"适合热带海岛度假休闲,且其花样体现出独特地域文化,因此引发较大的市场需求。最终,"岛服"成为海南最热门的旅游纪念品。

## 任务四　海南海洋旅游商品资源利用

### ▶ ［任务导入］

（1）开展班级讨论,谈谈海南海洋旅游商品资源如何与旅游业相结合。

（2）海南海洋旅游商品资源开发面临哪些挑战和机遇？

海南海洋资源丰富,我们可利用开发成为旅游商品的资源不计其数,如鱼类、贝类、珊瑚、礁石、沙等可以直接进行加工,也有以海洋为主题进行艺术创作的绘画、雕塑等。海洋高新技术的发展,使得海洋旅游商品更加丰富。一些新开发的旅游商品科技含量高,实用价值、观赏价值等都得到了提高,如海洋药物、海洋化妆品、精深加工的鱼虾等,丰富了海洋旅游商品市场,促进了海洋旅游的发展。注重对海南海洋民俗文化传统艺术形式的保护和开发,并且使其更符合当代人的审美,让参观者成为参与者,可以使游客体验式地参与民俗活动,感受民俗工艺之美,进而了解民俗文化。海南工艺品和旅游纪念品皆倚资源优势就地取材,具有浓厚的海洋气息和民族特色。

## 一、文创商品购物游

海南的文创商品展以中国（海南）南海博物馆为代表，通过深度挖掘南海文化资源，充分发挥博物馆公共文化属性作用。中国（海南）南海博物馆围绕南海人文历史、自然生态、水下文化遗产保护、海上丝绸之路文化交流等主题，将馆藏文化资源转化为旅游资源，精心打造集展览、文创、宣传教育等于一体的特色旅游产品，并呈现在"南海之梦"号邮轮的旅游线路中。在文化资源创新理念指导下，博物馆围绕馆藏文物进行文化延伸，结合海洋生态、"非遗"元素开发了"南海礼物""华光礁Ⅰ号""南海拾贝""耕海牧渔""海上丝绸之路"5个系列500余款文创产品，深受观众欢迎。

中国（海南）南海博物馆的文创产品系列

在自贸港建设的时代大背景下，中国（海南）南海博物馆"博物馆+旅游"带动潭门南海渔业风情小镇和旅游景区相互配合，打造了业态丰富、品牌集聚、环境舒适、特色鲜明的国际旅游消费目的地，现已成为海南高人气旅游景区。

## 二、陵水珍珠产业体验游

陵水珍珠产业体验游是一种结合海洋文化与旅游体验的特色活动，主要围绕陵水地区的珍珠产业和珍珠文化展开。陵水县位于海南岛的东南部，拥有得天独厚的海洋资源，历史上就是优质"南珠"的产地。这里海水清澈，光照充足，盐度适中，为珍珠贝的生长提供了良好的环境。

在陵水珍珠游中，游客可以参观珍珠养殖场，了解珍珠养殖的过程和技术，感受珍珠贝的神奇生长。同时，游客还可以参观珍珠加工厂，亲眼见证一颗颗珍珠从贝壳中取出，经过精细加工变成美丽的珍珠首饰。此外，游客还可以在当地的珍珠市场挑选购买各种珍珠制品，如珍珠项链、珍珠耳环、珍珠手链等，作为纪念品或礼物赠送给亲朋好友。

除了珍珠产业，陵水珍珠游还包括对陵水海洋文化的体验和了解。游客可以参观当地的海洋博物馆或文化中心，了解海洋生物的多样性和海洋文化的历史渊源。此外，游客还可以参加各种海洋主题的活动，如潜水、浮潜、海钓等，亲身感受海洋的魅力和神秘。

## 三、海南椰子制品体验游

海南椰子制品体验游是一种独特的旅游，它结合了海南丰富的椰子资源和深厚的椰子文化,为游客提供了深入了解椰子制品制作过程和文化的机会。

在海南椰子制品体验游中,以海南春光食品椰子王国、南国健康产业园、文昌椰子大观园、东郊椰林等为代表。游客可以参观椰子种植园,了解椰子的生长过程和采摘技术。接着,游客可以前往椰子加工厂,亲眼见证椰子从果实到各种制品的华丽转变。这里的椰子制品琳琅满目,包括椰汁、椰子糖、椰子酒、椰子油、椰子粉、椰子薄饼等。游客不仅可以了解这些制品的制作工艺和流程,还可以亲自动手尝试制作,体验制作椰子制品的乐趣。

**琳琅满目的海南椰子制品**

此外,海南椰子制品游还包括对椰子文化的深入了解和体验。游客可以参观椰子文化博物馆或展览馆,了解椰子的历史渊源、文化内涵和经济价值。同时,游客还可以参加各种与椰子相关的文化活动和体验,如椰子雕刻、椰子画制作、椰子音乐演奏等,感受椰子文化的魅力。

▶ [相关链接]

## 海南春光食品椰子王国

海南春光食品椰子王国位于文昌市龙楼镇,是中国首座以椰子文化为主题的观光工厂,一期用地4万平方米。其于2015年由海南春光食品有限公司投资兴建,总投资额为人民币2.3亿元,2018年1月建成启用。

该项目现建有主体建筑5幢,分别是办公楼、故事馆、观光厂房、员工宿舍与仓库,总建筑面积达3万平方米,下步还将建设2 400平方米的椰子主题餐厅。整个园区建有约1.33万平方米的热带风情园林景观,营造"厂在景中、人在画里、快乐工作、享受生活"的意境,力争成为海南最富有吸引力的工业景区。椰子王国是春光食品又一重要生产基地,上马13条生产线,主要生产饼干、糖果、薯片和菠萝蜜等果蔬干;设计年产量超万吨,预计年产值5亿元;项目建成后,共产生500~600个就业岗位,主要提供给文昌航天发射中心失地农民与周边贫困户,是一项市委、市政府重点关注、跟踪服务、抓落实的民生工程。

该项目作为"旅游+"综合体，具有研发生产、科普推广、旅游观光、体验购物等功能，能实现一二三产业融合发展，是春光食品坚持创新驱动发展的重要标志，凝聚了春光食品二十年的全部心血，必将成为海南实现全域旅游的新样板。

## 四、海南咖啡种植体验游

海南咖啡种植体验游以兴隆和福山为主要场所，吸引了众多游客参与。海南咖啡种植体验游是一种独特的旅游方式，让游客能够亲身参与咖啡的种植、采摘和制作全过程，深入了解咖啡的文化和魅力。

在海南咖啡种植体验游中，游客首先可以参观咖啡种植园，了解咖啡树的生长环境和种植技术。咖啡种植园通常位于海拔较高的山区，这里的气候和土壤条件都非常适合咖啡树的生长。游客可以在专业人员的指导下，学习如何种植、修剪和采摘咖啡树，了解咖啡的生长周期和采摘技巧。

接下来，游客可以参观咖啡加工厂，了解咖啡豆的加工过程和制作咖啡的工艺流程。在这里，游客可以亲眼见证咖啡豆从采摘到烘焙、研磨、冲泡的整个过程，并亲自动手尝试制作一杯香浓的咖啡。制作咖啡的过程需要一定的技巧和经验，但在专业人员的指导下，游客也可以轻松掌握制作咖啡的基本技能。

除了了解咖啡的种植和制作，游客还可以品尝各种美味的咖啡食品，如咖啡蛋糕、咖啡冰激凌、咖啡巧克力等。这些咖啡食品都是以新鲜咖啡豆为原料制作而成的，口感独特，让游客在品尝美食的同时，也能感受咖啡的香气和魅力。

总之，海南咖啡种植体验游是一种让游客亲身参与咖啡种植、制作和品尝的旅游方式，让游客深入了解咖啡的文化和魅力。对于喜欢探索新鲜事物、体验不同文化的游客来说，这是一次难得的机会。同时，海南的咖啡种植和加工技术也具有较高的水平，游客可以在这里获得专业的指导和帮助，更好地了解咖啡的种植和制作技术。

## ▶ [相关链接]

### 海南福山咖啡文化风情小镇

福山咖啡文化风情小镇位于著名的长寿之乡澄迈县福山镇，是海南省最早种植咖啡的地区之一，也是全国首个以咖啡为主题的文旅小镇。

福山咖啡文化风情小镇是集世界咖啡种植文化观赏、咖啡交易中心、咖啡制作观摩品尝区、休闲娱乐度假、购物旅游于一体的风情小镇。福山咖啡文化风情镇被授予"中国咖啡第一镇"称号，是国家3A级旅游景区、海南省旅游刷卡无障碍优秀示范景区，是2010年（第十一届）中国海南岛欢乐节主会场。

福山咖啡文化风情小镇致力打造具有福山咖啡文化特色的国际休闲度假旅游风情小镇、咖啡贸易集散中心、世界咖啡文化旅游区及世界咖啡文化交融平台。

福山咖啡文化风情小镇计划2023年结合第一期一阶段提升改造工程，打造澄迈首个国家级4A级景区。

## 五、海南热带水果采摘游

海南热带水果采摘游是一种非常受欢迎的旅游，可以让游客亲身感受海南丰富多样的热带水果文化。热带水果园广泛分布在全海南各地。

在海南热带水果观光游中，游客可以参观热带水果种植园，了解不同热带水果的生长环境和种植技术。海南作为中国最重要的热带水果产地之一，拥有丰富的热带水果资源，如椰子、菠萝蜜、芒果、火龙果、荔枝等。游客可以在种植园里漫步，欣赏各种热带水果树的美丽景象，感受热带水果的奇妙生长过程。

除了参观种植园，游客还可以参加热带水果采摘活动。在种植园里，游客可以亲手采摘新鲜的热带水果，体验采摘的乐趣和丰收的喜悦。采摘下来的水果可以直接品尝，也可以带回家与家人分享。

此外，海南热带水果观光游还包括参观热带水果加工厂和品尝热带水果美食。游客可以了解热带水果的加工过程和制作方法，品尝各种美味的热带水果制品，如椰子汁、菠萝蜜干、芒果冰沙等。这些美食不仅口感独特，而且含有丰富的营养成分，让游客在品尝美食的同时，也能感受到热带水果的健康价值。

总之，海南热带水果观光游是一种让游客亲身感受海南热带水果文化的旅游。通过参观种植园、采摘水果、品尝美食等活动，游客可以深入了解热带水果的生长过程、加工技术和文化价值。对于喜欢探索新鲜事物、品尝美食的游客来说，这是一次充满乐趣和惊喜的旅游体验。

## 六、海南热带水产购物游

海口东门海鲜市场、万人海鲜广场、板桥路、海南各市县海鲜市场、港口码头都是内陆地区游客能深入了解海南海岛风情的地点。

海南热带水产购物游是一种结合了海南独特的海洋资源、丰富多样的水产产品以及购物乐趣的旅行。海南，作为中国南海的璀璨明珠，拥有得天独厚的海洋环境，孕育了丰富

游客在海口东门海鲜市场购买特产、体验当地风情

的海洋生物，包括各种珍稀海鲜、鱼类、贝类等。

在海南热带水产购物游中，游客将有机会亲身探索当地的水产市场。这些市场里，琳琅满目的海鲜、色彩斑斓的鱼类和形态各异的贝类摆放得整整齐齐，每一样都新鲜诱人。游客可以自由地挑选自己心仪的水产品，无论是准备带回家烹饪，还是作为旅途中的美味佳肴。

除了直接购买，游客还可以选择参加一些特色活动，如海鲜烹饪课程、水产知识讲座等。这些活动不仅能让游客学习如何烹饪各种水产，还能深入了解它们的生长环境、营养价值等，使购物之旅更加丰富多彩。

此外，海南热带水产购物游还包括参观水产养殖基地和加工厂。在这里，游客可以亲眼见证这些美味佳肴从养殖到加工的整个过程，了解它们的生长周期、养殖技术以及加工工艺等。这不仅能让游客对水产产品有更深入的了解，还能增加购物的信心。

▶ [复习思考题]

一、选择题

1. _____正在培育"海洋药谷"。　　　　　　　　　　　　　　　　　　(　)
   A. 大连　　　　　B. 青岛　　　　　C. 博鳌　　　　　D. 舟山
2. 和乐蟹在中外饮食文化的历史长河中驰誉一千余年，早在_____时期就声名远播。　　　　　　　　　　　　　　　　　　　　　　　　　　　　　　　　(　)
   A. 宋朝　　　　　B. 明朝　　　　　C. 秦朝　　　　　D. 唐朝
3. 酸汤鱼汤水的主料是_____。　　　　　　　　　　　　　　　　　　(　)
   A. 酸汤　　　　　B. 酸豆　　　　　C. 酸鱼　　　　　D. 酸笋
4. 在海南，马鲛鱼俗称黑鱼，产自南海深处，是以小鱼等肉类为食的野生鱼类。每年_____前后是马鲛鱼产卵的时节，此时鱼体最肥，滋味尤为鲜美。　(　)
   A. 清明　　　　　B. 春分　　　　　C. 夏至　　　　　D. 秋分
5. 海南贝雕工艺在_____就有了很高的水平，海南传统工艺品贝雕的特点是以海洋为主题，以各种海洋生物和海洋景观为主要表现对象。　　　　　　　(　)
   A. 宋朝　　　　　B. 明朝　　　　　C. 秦朝　　　　　D. 唐朝

二、多选题

1. 珍珠粉是将珍珠研磨成粉末状，保留了珍珠中的多种营养成分和活性物质。它具有_____等多种功效，被广泛用于护肤品、保健品和食品添加剂中。　(　)
   A. 美白淡斑　　　B. 保湿抗皱　　　C. 延缓衰老　　　D. 利尿清肺
2. 海南_____都是全国著名的马鲛鱼产地。　　　　　　　　　　　　　(　)
   A. 文昌铺前镇　　B. 万宁大洲岛　　C. 三亚湾　　　　D. 和乐镇
3. 海南椰子制品体验游，以_____等为代表。　　　　　　　　　　　　(　)
   A. 海南春光食品椰子王国　　　　　B. 南国健康产业园
   C. 文昌椰子大观园　　　　　　　　D. 东郊椰林
4. 海南的美食有_____。　　　　　　　　　　　　　　　　　　　　　(　)
   A. 糟粕醋　　　　B. 酸汤鱼　　　　C. 马鲛鱼　　　　D. 和乐蟹

### 三、判断题

1. 舟山也是中国最大的海水产品生产、加工、销售基地，素有"中国渔都"美称。（　　）
2. 珊瑚盆景是海中奇葩，产于温带海洋，人称"海石花"。（　　）
3. 海南珍珠粒质优，最大的"珍珠王"直径为 60 毫米。（　　）
4. 经独特手法调制出的糟粕醋，醋面油花漂浮，醋色黄中微红，具有酸、辣、甜、咸、香五味合一的独特品质，让人口舌生津。（　　）
5. 优质的鱼油保健品应该采用经过严格筛选和检测的鱼油原料，以确保其 ω-1 多不饱和脂肪酸的含量和纯度。（　　）

### 四、问答题

1. 请简介海洋旅游商品资源。

2. 简介海洋旅游商品资源的特点。

**参考文献**

[1] 田长广，王颖. 现代旅游策划学新编［M］. 南京：南京大学出版社，2020.

[2] 魏丽英，路科. 中国旅游资源概论［M］. 北京：冶金工业出版社，2019.

[3] 羊绍全. 旅游资源调查与评价实训教程［M］. 北京：北京理工大学出版社，2019.

[4] 徐娜. 海洋旅游产业发展现状与前景研究［M］. 广州：广东经济出版社，2018.

[5] 孙玉琴，甘胜军，李华. 水上旅游管理［M］. 北京：旅游教育出版社，2017.

[6] 晁华山. 世界遗产［M］. 2 版. 北京：北京大学出版社，2016.

[7] 刘伟. 海洋旅游学［M］. 北京：旅游教育出版社，2016.

[8] 罗春祥，陈芳. 生态与海洋旅游［M］. 长沙：湖南大学出版社，2013.

[9] 胡海涛，邓卓鹏. 海洋与岛屿旅游［M］. 长沙：湖南大学出版社，2013.

[10] 马勇，李芳. 海滨旅游规划与开发：理论、方法与案例［M］. 北京：科学出版社，2013.

# 项目十
# 海洋旅游资源的开发与保护

▶ [学习目标]
- 掌握海洋旅游资源的调查内容和评价方法。
- 掌握海洋旅游资源开发的基本程序和主要内容。
- 了解旅游活动对海洋环境的影响。
- 掌握我国对海洋旅游资源的保护措施。

▶ [引例]

**日本核污染水排海将给海洋生态和人类健康带来巨大风险**

2023年8月24日,日本罔顾国际社会和组织的质疑和反对,强行启动了核污水排海计划,正式开始将福岛第一核电站的核污水排放至太平洋。根据该计划,核污水排海时间将至少持续30年。2023年度,日本将把约3.12万吨核污水分4次排放,每次约排放7 800吨,首次排放需要17天左右。核污水排海带来的危害将是不可逆的,造成的安全威胁是多方面的,产生的影响更是全世界的和长期的。

日本福岛核污水排海严重破坏全球海洋生态系统。自2013年福岛核污水泄漏事件以来,于太平洋海域打捞出的鱼类曾多次检测出含有放射性物质。例如,2019年福岛县渔业协同组合联合会曾捕获到铯元素严重超出标准的斑瓮鳐。2020年菲律宾科技部核研究所发现,西菲律宾海的放射性物质呈上升趋势,并从珊瑚虫身体中分离出了超常浓度的碘-129。福岛核污水净化不完全,含有的核素具有极强放射性与毒性,将会形成长时间的辐射危害,并可能诱发疾病和基因突变,这些危害是不可逆的。

## 任务一 海洋旅游资源开发的基本内容

▶ [任务导入]

(1) 思考为什么有些沙滩开发了,而有些沙滩还是一片野海呢?被开发的海滩有什么特别之处?

(2) 介绍一处你去过的海洋景区,分析其开发的项目和特点。

### 一、海洋旅游资源开发的条件和依据

海洋旅游资源是指能对旅游者产生吸引力的近海、中海、远海等自然资源和人文资

源，包括未开发资源和已开发资源。人类通过对海洋自然环境（包括海滩、海岸、礁石、海岛、海港、海滨等）进行规划、开发和管理，满足人们的精神和物质需要，从而引起旅游者旅游的动机，并产生经济效益、社会效益和环境效益。因此，海洋旅游资源开发应具有相应的条件和依据。

1. 资源依据

开发利用海洋旅游资源，应对海洋旅游资源进行综合考察并给予科学的评价，以确定其开发价值和前景，为旅游点和景区规划建设提供依据。同时，还要对海洋旅游资源分布地的环境质量进行评价，尤其是对水环境进行监测评价。例如，对于鲜为人知的福建省福鼎市的太姥山风景区，有关部门曾组织有关专家对海湾和海岛进行了全面考察和评价，并在此基础上进行了规划。

2. 可进入性依据

舟山群岛上的岱山县为省级风景名胜区，但进入性比较差。一旦东海大桥建成后，岱山至上海将只需2个小时左右，由此构成岱山海洋旅游蓬勃发展的历史性机遇。

3. 周围条件依据

对海洋旅游资源分布区周围的社会经济条件进行分析。海洋旅游资源开发离不开周围地区中心城市和所在地区相应经济水平的支撑，包括工农业生产、交通、旅游商品等。没有相应的依托基地和发达的经济，旅游资源开发是不可能收到预期效果的，这是现代旅游和旅游业发展的必要条件。

4. 效益依据

对旅游资源开发与投资效果进行分析、论证。旅游资源开发需要投入一定的资金。开发旅游资源首先要考虑开发和投资的经济效益，并且尽快回收投资、尽快收益。有关这方面的分析论证包括投资总额、建设周期长短、投资回收期和经济收益的预测等。

## 二、海洋旅游资源开发原则

对旅游资源进行合理分类，能够让我们更好地认识资源、利用资源，更好地做好旅游资源的规划与评价，避免对资源造成不必要的浪费和破坏。海洋旅游活动主要集中于特定的地点，即带状的海滨和独立的海岛，这些海滨与海岛资源是多样的，同时也是脆弱的。基于海洋旅游资源的这一特点，我们在发展旅游业、开发旅游资源时，就应当遵照下列的一些规范和原则，以达到合理利用资源的目的。

1. 保护生态环境原则

不论哪一类资源开发，都会对资源本身造成不利影响。因此，我们要注意对旅游资源的保护和资源所依托环境的保护，必须明确开发海洋休闲旅游资源是为了更好地利用资源，而保护资源及其周围环境也是为了更好地利用资源。海滨的生态系统（尤其是滨海珊瑚群）和无居民海岛的生态系统都非常脆弱，其生态环境一旦遭到破坏就很难恢复。因此，对人为因素的介入，应慎之又慎。这些资源的开发利用，应坚持以保护为主，并在保护中开发，以保证海洋休闲旅游资源的永续利用。

### 2. 市场导向原则

所谓市场导向（即客源导向）原则，就是通过市场研究，预测客源市场的需求和发展趋势，以最大限度地满足目标市场的需求为目标，对旅游资源进行开发。简言之，就是发现旅游者的需要并设法满足他们。海洋旅游资源的开发须以旅游市场的需要变化为依据，以最大限度地满足旅游者的需求为标准，要随着市场的变化而选择开发重点，避免开发的盲目性。海洋旅游的高度参与性和多样性恰好迎合了现今旅游的潮流。在资源开发上，我们也应在市场特点上多下功夫，进一步深度开发。

### 3. 综合开发原则

海洋旅游资源往往存在多种类型，要通过综合开发，使吸引力各异的不同资源结合为一个群体，使游客能从多方面发现其价值，从而提高其资源品位，提高其在旅游市场竞争中的知名度。如大连金石滩旅游开发区，不光注重海滩资源的开发，同时还注重人文休闲场所的建设，如金石滩高尔夫球场、发现王国主题公园、狩猎场和海滨国家地质公园，促使带状的海滨休闲旅游资源开发不断地向内陆扩展，以多样的综合休闲资源取胜。另外，综合开发还体现在考虑满足旅游者食、住、行、游、购、娱以及通信、联络等多方面的需求上，并做好有关设施的配套和供应。如新加坡是个小小的岛国，其自然与人文资源相对都比较匮乏，但是新加坡在综合开发上做文章，以综合实力取胜，创造了世界海洋休闲旅游的奇迹。

### 4. 突出个性原则

所谓突出个性，是有意识地开发，创造一个有吸引力的形象，并构建其特有的风格和形象识别。海洋休闲旅游开发首先应突出其与内陆文化有较大差异的海洋文化特色，注意深层次挖掘具有鲜明海洋文化特色的旅游产品，以适应旅游市场不断发展的要求；其次是突出海洋的自然美和人文美，尽可能地保持海洋旅游资源的原始风貌和原汁原味的地域文化，避免对原始风貌进行过分的修饰和全面的翻新，避免地域文化过度的商业化和庸俗化；最后是新景点的开发和新项目的建设要力戒模仿和雷同，应选择最有优势和无可替代的海洋旅游资源进行重点开发，在市场上树立自己鲜明而稳固的旅游形象，做到"人无我有，人有我精"，突出自己在资源方面的优越性和产品的独特性。如，法国的尼斯以其著名的"白色海岸"闻名于世，戛纳的海滨别墅，马赛的鲜美鱼汤，巴塞罗那的日光浴文化都以其独特的魅力吸引着世界游客。

### 5. 海陆一体化原则

从某种意义上讲，海洋休闲旅游就是海岸带和邻近大陆的海岛旅游，因此海洋休闲旅游与大陆旅游有着不可分割的联系。首先，大陆沿海及其中心城镇是发展海洋休闲旅游的主要依托基地。现代海洋旅游以休闲度假等较高档次的旅游消费形式为主，需要提供多种多样高档次的服务，大陆沿海及其中心城镇为发展海洋休闲旅游提供了物质保障。其次，海洋休闲旅游的客源来自大陆。最后,从旅游点的空间分布关系来说,海洋休闲旅游与大陆旅游有着相辅相成、相互延伸的内在联系。可以说,大陆是海洋休闲游的基础,大陆旅游向海洋延伸,两者具有互补性。

### 三、海洋旅游资源开发内容

1. 旅游市场需求预测与拓展规划

海洋旅游市场的开发包括现实市场和潜在市场的开发,需要对旅游市场进行规模、数量、客源地、吸引半径的动态预测,并制定相应的扩大客源地和开拓各种旅游市场的营销策略。

2. 旅游区发展的主题和形象

在以上规划基础上,确定海洋旅游区开发规划的指导思想、基本原则、性质、特色、创意、策划和总体构思,确定海洋旅游区开发规划的主题,形成鲜明的海洋旅游形象。

3. 用地结构功能区的划分和线路组织

旅游用地结构组织分为三大类,即直接为旅游者提供服务用地、旅游媒介建设用地、间接服务用地。功能区划原则上要突出景观的功能和特点,一般分为景观观赏区、休闲娱乐区、野外活动区、疗养度假区、服务中心区、专业园区、副食品供应区、自然保护区等功能区。设计这些功能区及其与外界联系的路线,需要考虑游览的组织方式、游览交通工具的选择与需求量、游览时间的安排及游览路线的安排。

4. 旅游服务设施规划

包括旅行社、旅游饭店、医疗保健、服务、休养设施的现状评价、层次分布、规模与预测等方面的规划。

5. 旅游基础设施规划

包括旅游交通规划、电力能源规划、邮政电信通信规划、给水排水规划、污物处理规划、绿化规划、防洪规划等。

6. 旅游环境容量分析和环境规划

包括旅游环境容量分析、环境保护与可持续发展、保护区的划分和保护重点等内容。

7. 旅游产品开发规划

旅游产品开发既要适应市场需求,又要与当地经济可持续发展水平相适应。开发要有超前意识,做到"人无我有""人有我优"或"人优我特"。

8. 从业人员培训计划

包括人力资源现状、需求预测与人才培养的指导思想和目标。旅游开发规划时就应该考虑所需的旅游服务人员的数量以及类型。

9. 旅游信息网络规划

包括信息网络开发的指导思想、工程规划和开发策略。

10. 分期规划和投资效益评估

包括分期规划建设项目、旅游投资规划、投资效益分析、综合评价。

11. 旅游管理规划

包括旅游区投资、开发和经营方面的管理体制，管理职能及管理机构的设置，以及政策法律的制定等，以保证海洋旅游资源开发顺利进行。

12. 旅游规划的图件

一般包括旅游资源分布图、交通位置图、开发现状图、总体规划图、保护规划图、游览路线图、工程管线图、旅游服务设施图、分期规划图、部分详规图。

## 四、海洋旅游资源开发现状

海洋旅游资源的开发是对人类宝贵财富的一种挖掘，这类资源的合理开发及优化对海洋旅游产业以及相关产业的作用是非常明显的。因此，这类资源的开发更要以长远、全面、综合性的思路作为指导，以在保证海洋旅游资源安全性的同时发挥其经济效益和社会效益。然而，现今海洋旅游资源的开发仍然存在许多亟待正视和解决的问题。

1. 海洋旅游资源优化配置体系不合理，缺乏整体性和综合性

开发海洋旅游资源需要一套综合、全面的开发规划，使得各个部门可以相互协调，合理分配和开发海洋旅游资源，形成相辅相成的资源共同体，促进各方面的平衡发展。现阶段，由于很多海洋部门对海洋旅游资源缺乏综合管理意识、没有形成总体规划、信息交流不足，导致资源的闲置和浪费，甚至是破坏。

2. 海洋旅游产品开发不足，多为传统的海洋旅游项目

海洋旅游一般可以分为海洋观光旅游，海洋度假旅游，水上游乐活动、探险等特色旅游，但是就目前来说，海洋旅游项目还相对单调，大部分集中于观光、游泳、沙滩活动等简单活动。因此，海洋旅游迫切需要产品创新以满足各种不同层次的海洋旅游需求。

3. 海洋旅游资源的污染严重

海洋旅游资源的污染主要分为对海洋自然旅游资源、海洋历史遗迹、海洋文化资源三大类的污染损害，这些污染主要来自工业污染、农业污染、服务业污染、遗迹地生活污染等方面。其中，工业污水、工业废气、油田溢油、农药化肥污染等传统污染源的影响作用较大。在经济高速发展的背景下，旅游垃圾、旅游设施污染以及生活垃圾等污染也日益成为主要的海洋旅游资源污染源。污染原因部分归结于风暴、海啸等自然灾害，然而更大一部分原因是缺乏管理、过度开发等。

4. 海洋旅游业的理论研究和实际结合不足，高端海洋旅游人才缺乏

要形成有生命力的海洋旅游业，只有结合当地的实际海洋旅游资源以及其他实际因素，才能保证其合理发展、有序开发以及可持续发展。海洋旅游人才的不足也造成了对海洋旅游的研究和规划不够、海洋旅游的服务水平不足等问题。

5. 海洋旅游资源的法律体系不完善

综合性的海洋资源法律法规的缺失使得海洋旅游资源的开发很容易进入一种无序、混乱的局面，不但造成人力、物力和财力的浪费，也对海洋旅游资源造成了巨大的损害。

6. 海洋旅游业与其他产业的合作不协调

海上资源的开发离不开陆域产业的支持。海洋旅游业与陆域产业的对接不充分，使海洋旅游业不能利用陆域资源的现有优势，限制了海洋资源的辐射效应，也阻碍了海陆协调发展的整体规划和思路。

# 任务二　海洋旅游资源开发的基本程序

▶ ［任务导入］

根据自己的旅游经历，讨论海洋旅游资源的开发可能涉及哪些内容。

海洋旅游资源的开发属于旅游资源开发的范畴。旅游资源的开发是一项复杂的系统工程，需要按照一定的程序和步骤进行。本书依据国家标准《旅游规划通则》，结合海洋旅游的特色进行编写。总体来说，海洋旅游资源的开发主要有开发项目的确定、开发项目的可行性研究、旅游规划的编制、项目实施与监控四大步骤。

## 一、开发项目的确定

开发项目的确定就是根据当地海洋旅游资源的独特性、旅游客源市场需求特点、区域经济发展水平和海洋旅游业发展水平，确定开发的海洋旅游资源项目，并对未来开发工作有一个初步的构想。这是海洋旅游资源开发工作的起点。

## 二、开发项目的可行性研究

开发项目的可行性研究就是要论证项目中所涉及的海洋旅游资源或海洋旅游项目是否具备开发前景，以及是否具备开发建设的必要性和可行性。可行性研究建立在广泛、深入的实地调查和市场调查，以及科学的海洋旅游资源分析评价和其他相关因素的客观评价基础之上。它不仅要研究现实的海洋旅游资源、开发条件、开发的必要性、建设的可能性，而且要对开发前景做出科学的分析与预测。

海洋旅游资源开发是一项经济技术活动，需要进行可行性分析论证来确定其开发的经济效益是否合算，能否产生良好的社会效益和环境效益，技术能否达到要求。如果项目可行，则进入下一步工作，否则将重新确定新项目。海洋旅游资源开发可行性研究主要包括以下六个方面。

（一）开发者的实力和资格

无论是政府投资开发还是企业投资开发，都应根据量力而行的原则对当地的经济实力、经营资格和经营管理能力进行分析与评价，这是项目能顺利完成的基本保证。

### （二）海洋旅游资源的调查（详见任务三）

海洋旅游资源调查与评价是开发旅游资源的首要工作，其目的是掌握海洋旅游资源的种类、性质、数量、体量、特色、结构与空间分布等，并做出客观、定量和科学的评价，以为该地海洋旅游业发展和旅游区总体规划提供参考依据。

### （三）海洋旅游资源的评价（详见任务三）

海洋旅游资源调查可以通过实地调查和对文献资料收集、分析、总结的方式进行。海洋旅游资源评价则是根据海洋旅游资源调查的结果，结合海洋旅游资源开发利用要求，对区域海洋旅游资源进行定性和定量评价。评价内容包括：

第一，海洋资源要素价值，包括观赏游憩使用价值，历史文化科学艺术价值，珍稀奇特程度，规模、丰度与概率，完整性等。

第二，海洋资源影响力，包括知名度和影响力、适游期或使用范围。

第三，海洋环境保护与环境安全，评定海洋旅游价值、功能、空间组合特征及游客容量。

海洋旅游资源评价的结果是判断项目可行与否的重要依据。

### （四）海洋旅游客源市场分析

海洋旅游资源开发必须以市场为导向，根据市场需求筛选资源。客源市场分析首先要求进行多方面的实地调查：

第一，客源地环境调查，包括区位条件、经济及社会环境等。

第二，海洋旅游市场需求和潜在需求调查，包括出游人数、出游率、游客流量变化及出游动机，游客旅游行为调查以及人口统计学特征等。

第三，研究市场的制约因素，如旅游产品空间竞争力、市场竞争态势等。

第四，预测海洋旅游客源市场的游客数量、人均消费和消费总额等。

### （五）海洋旅游开发条件分析

海洋旅游开发条件涉及开发地区的社会经济和环境承载力，如旅游区和所属社区的关系，以及投资环境、基础设施、土地利用、社会影响、环保等问题。海洋旅游资源开发不可能脱离当地的社会经济环境。区域的社会经济背景一方面反映了该地区进行海洋旅游资源开发的能力、实力和条件，另一方面则反映了该地区对海洋旅游资源开发提供保障的情况。

此外，海洋旅游资源开发必然对资源环境产生压力，这就要分析和评估这种影响压力是否超出环境的承受能力，并具体分析影响的类别、大小、程度、范围和可弥补的措施等。如果对海洋环境的影响压力超出其承受能力，则应质疑该项目的可行性，停止开发项目。

### （六）项目投资风险预测

海洋旅游资源开发投资风险预测就是对开发项目的投入与产出的预测。投入资源的预测一般要根据海洋资源开发的具体项目，如交通、基础设施、环保设施、游憩设施等，分类计算出投资额度，再汇总出投资总额。产出效益评估，则是利用从客源市场分析中获得的年游客数量、人次消费金额、年人均消费水平等资料，根据预算投入资金、资金流动周期等，从中核算出旅游收入总额、投资回收期限、投资回收率和盈利水平等。

同时，产出效益除了经济效益外，还包括社会效益和环境效益，即增加就业机会，促进基础设施建设、文物和环境保护工作、生态环境建设，促进区域间文化、科技和信息交流等。只有具备明显的经济、社会和环境效益的海洋旅游资源开发项目才是可行的、具有开发前景的。

### 三、海洋旅游规划的编制

#### （一）海洋旅游区总体规划

海洋旅游区总体规划是在海洋旅游资源调查和评价基础上，根据市场需求，为实现发展目标而进行的项目计划的设计过程和实践过程，是从总体上指导开发建设工作的计划和蓝图。规划可以由一个或多个规划机构承担，最后在不同的规划方案中选出最佳方案。规划承担者应及时与项目投资或主管部门进行沟通，不断修改和完善规划，最后提出规划文本和必需的图件资料。

总体规划主要是对宏观发展战略和整体发展思路的把握，具体包括资源调查分析、总体布局、功能区分、发展目标，同时应注重详细的市场细分、主要项目的策划、营销策略的筹划、特色产品的开发、旅游线路的组织、主题形象的设计、产业结构的调整、环境保护的规划以及支持保障系统的规划等。

#### （二）海洋旅游区控制性详细规划

海洋旅游区控制性详细规划是以总体规划为依据，确定旅游开发地区的土地使用性质、使用强度的控制指标、道路和工程管线控制性位置、空间环境控制的规划要求。具体的设计应详尽建设项目的各项经济技术指标的控制、环境的改造、景区容量的控制、市场的前景和开拓市场的手段以及具体旅游活动项目的实施参考方案等，需要具有较强的可实现性和可操作性。

#### （三）海洋旅游区修建性详细规划

海洋旅游区修建性详细规划是以总体规划或控制性详细规划为依据，制定用以指导各项建筑和工程设施的设计与施工的规划设计。修建性详细规划指导具体施工，是操作性很强的规划。

### 四、项目的实施与监控

开发项目通过相关部门的审批后就完成项目立项，然后进入具体的项目建设和管理阶段。项目建设实施过程中主要解决的是资金筹措和部门分工问题。筹措资金的方式多种多样，包括政府融资、集体融资、私企融资或国际融资等。为了保证开发项目的顺利开展，需要成立专门的组织机构负责整个项目的领导、指挥、协调和监督，以保证各部门能合理分工，优化人力资源配置。

在旅游开发实施过程中，相关组织机构还要随时对开发的工程质量、经济支出进行统计监管，将统计结果与预定目标和财务预算进行比较，找出偏差及原因，从而调整实施方案或预定目标，但前提是基本按总体规划执行，保证旅游资源开发过程的动态平衡。

## 任务三　海洋旅游资源的调查与评价

### ▶[任务导入]

（1）小组分工，请试着调查周围的旅游资源类型，并对其进行初步评价。

（2）选择某海滨旅游城市作为调查对象，调查其主要的海滨景点、历史文化遗址、当地特色美食等，并对其旅游资源特色进行初步评价。

海洋旅游资源调查是按照海洋旅游资源的分类标准对海洋旅游资源单体进行的研究和记录，即运用图片等方法和手段，有目的、有系统地收集、记录、整理、分析和总结海洋旅游资源及其相关因素的信息与资料，以确定海洋旅游资源的存量状况，并为旅游经营管理者提供决策依据。

海洋旅游资源调查是进行海洋旅游资源评价、开发、规划及合理利用保护的基本工作。通过调查，可以查明可供利用的海洋旅游资源状况，系统而全面地掌握海洋旅游资源的数量、质量、性质、特点、级别、成因、时代及价值等，为海洋旅游资源评价、分级、开发、规划和合理利用等做好准备，为海洋旅游业发展提供决策依据。

### 一、海洋旅游资源调查的内容

由于旅游资源的种类繁多、成因各异、构成要素复杂，对其调查既要注重旅游资源自身的各种情况，也要关注其所处外界环境的现状与发展趋势。因此，旅游资源的调查应包括以下基本内容。

#### （一）海洋旅游资源形成的背景条件

海洋旅游资源形成的背景条件调查包括自然环境调查、人文环境调查和环境质量调查三大部分。

其中，自然环境调查主要包括调查区概况、地质地貌要素、水体要素、气象气候要素、动植物要素等。人文环境调查主要包括调查区的历史沿革、经济环境和发展水平、制度措施，以及环境和交通、邮电通信、供水、文化、医疗、卫生等基础条件，同时还应包括当地的旅游发展水平和当地居民对发展旅游业的态度。环境质量调查包括调查影响旅游资源开发利用的环境保护情况，主要包括工矿企业生产、生活等人为因素造成的大气、水体、土壤、噪声污染状况和治理程度，以及自然灾害、传染病、放射性物质、易燃易爆物质等状况。

### (二) 海洋旅游资源自身条件

海洋旅游资源自身的调查包括对海洋旅游资源的类型、特征、成因、级别、规模、组合结构等基本情况进行调查，并提供调查区的海洋旅游资源分布图、照片、影像及其他有关资料，以及与主要旅游资源有关的重大历史事件、名人活动、文艺作品等。

### (三) 海洋旅游资源开发现状及条件

海洋旅游资源开发现状及条件调查包括旅游配套调查、客源市场调查、邻近资源及区域内资源的相互关系调查三大部分。

旅游配套调查主要调查"吃、住、行、游、购、娱"六大要素及与其相应的交通、饭店、餐饮、游览、购物、娱乐等软硬件条件如何。它们既是旅游业的主要组成部分，同时又是吸引游客的重要因素。

客源市场调查指调查旅游地和周围客源地居民消费水平和出游率，并依据旅游资源吸引力的大小进行必要的客源分析，包括形成客源的层面范围和客源的大致数量，以及产生客源的积极因素和不利因素等。

邻近资源及区域内资源的相互关系调查的内容主要包括自然和人文旅游资源的结合与互补情况、各要素的组合与协调性，以及景观的集聚程度等。此外，还应调查分析邻近资源与区域内资源的相互关系、所产生的积极和消极因素，以及区域内旅游资源在不同层次旅游区域中的地位。

## 二、 海洋旅游资源调查的方法

### (一) 资料统计分析法

几乎所有的调查都开始于收集现有资料，通过收集旅游资源的各种现有信息数据和情报资料，从中选取与资源调查项目有关的内容进行分析研究。这种基本的统计分析资料的方法，对确定一个调查区的旅游特色和旅游价值具有重大意义。资料具体包括两个方面：一是本区和邻近地区旅游资源方面的资料，包括有关调查报告、各种报道、经济发展规划、报刊上发表的论文、统计年鉴、统计报表、地方志、文学作品等文字、照片、影像资料；二是本区和邻近地区地理环境、社会环境、经济状况等方面的资料，包括地质、地貌、水文、气候、生物、生态环境及有关经济方面的文字、图表、图像和统计数据等。

### (二) 遥感技术调查法

遥感技术应用于旅游资源调查，能够取得较好的成效。采用遥感技术收集多种比例尺、多种类型的遥感图像和与之相匹配的地形图、地质图、地理图等，并解译图像中的旅游资源信息，不仅能对旅游资源的类型定性，而且能成为旅游资源的定量标志，还能发现一些野外综合考察等不易发现的潜在旅游资源。通过解读卫星照片、航空照片等遥感图像的整体性，人们可以全面掌握调查区旅游资源现状并判读各景点的空间布局和组合关系，为开发旅游资源提供可靠线索；进行旅游资源的主体观察和定量测量，实现景观派生信息的提取，特别是对人迹罕至、山高林密及采用常规方法无法到达的地区进行旅游资源的调查。

### （三）野外实地踏勘法

野外实地踏勘法是旅游资源调查常用的一种实地调查方法。对于旅游资源的分布位置、变化规律、数量、特色、特点、类型、结构、功能、价值的认知，只有通过现场综合考察，才能核实、获得各种资料，得出相关的旅游资源分析、评价意见。调查人员通过观察、踏勘、测量、登录、填绘、摄像等形式直接接触旅游资源，可以获得宝贵的第一手资料，再通过专业人员的感性认识和客观分析，可以得到翔实可靠的结果。野外实地踏勘要求调查人员一一核实所有已获得的资料，并且补充将来开发工作所需的一切资料。因此，调查者要勤于观察，善于发现，及时记录、填图，现场摄录，及时总结。

### （四）询问调查法

询问调查法是旅游资源调查的一种辅助方法，调查者可用访谈询问的方式了解旅游资源情况。应用这种方法，调查者可以从资源所在地部门、居民及旅游者中及时地了解旅游资源客观事实和难以发现的事物现象。调查者通常可以设计调查问卷、调查卡片、调查表等，通过面谈调查、电话调查、邮寄调查、留置问卷调查等形式进行询问访谈，以获取需要的资料信息。如果是访问座谈，调查者要预先精心设计询问或讨论的问题，且选择的调查对象应具有代表性；如果是问卷调查，问卷设计应合理、分发收回的程序应符合问卷调查的规定，以保证其结果有效、合理。

## 三、海洋旅游资源调查的步骤

### （一）调查准备阶段

#### 1. 成立调查组

调查人员应由不同管理部门的工作人员、不同学科方向的专业人员及普通调查人员组成。调查人员应具备相关的专业知识，并进行相关的技术培训，如资源分类、野外方向辨别、图件填绘、伤病急救处理、基础资料的获取等。

#### 2. 前期资料准备

收集一切与调查区有关的资料，主要包括本区和邻近地区的海洋旅游资源，以及自然、社会、经济和环境方面的文献资料、图形资料、照片、影像资料。通过对收集的资料加以系统整理和分析，调查者可以初步了解本区旅游资源的特色，并在此基础上制订野外工作计划。调查者要准备好调查区不同比例尺地形图，作为野外调查时的填图底图。

#### 3. 制订工作计划

制订工作计划和方案由调查组负责人负责，包括明确调查目的、调查区域、调查对象、主要调查方式、调查工作的时间表、调查的精度要求、调查组内的人员分工、调查成果的表达方式、投入人力与财力的预算、所需设备器材等内容。

4. 审定资源调查分类体系、调查表格与问卷

《旅游资源分类、调查与评价》（GB/T 18972—2017）已将旅游资源从高到低归为三个层次，即 8 个主类、23 个亚类和 110 个基本类型，同时对调查表格的形式、填写项目有较为完备的解释。调查者应依据以上文件，结合调查区海洋旅游资源分布、类型、数量的大致情况，设计海洋旅游资源调查表和到相关部门及社区进行社会调查的调查问卷，并将填表要求及调查工作中的注意事项编制成与表格和问卷并行的书面文件，以便于实际调查工作的协调和统一。

## （二）实地调查阶段

1. 概查

概查，是指在收集资料的基础上，对调查区的海洋旅游资源有个初步全面的了解，大致掌握具有开发价值的海洋旅游资源或适合开展的旅游项目，并将其标绘在相应比例尺图件上，划定远景区域，确定其分布状况和规律。

2. 普查

普查，是指对概查划定的发展区域进行系统调查，加密调查点、线，收集旅游资源的规模、质量、美感、客源等系统资料，将其结果标绘在 1∶50 000 至 1∶25 000 的地图上，并进行同类比较。

3. 详查

详查，是指在概查和普查的基础上，筛选拟定具有开发价值的区域和项目进行详细勘查，可使用大比例尺（如 1∶5 000 或 1∶10 000）地形图进行。调查中，调查者可以通过直接测量、校核基础资料，对重点问题和地段进行专题研究和鉴定，并对旅游开发所需要的外部条件进行详细调查，对关键问题提出规划性建议。

## （三）形成成果阶段

1. 整理分析调查资料

调查资料包括文字资料、照片、录像、图表等。整理调查资料包括将野外考察的现场调查表格归纳整理为调查归总表，将野外拍摄的照片和录像进行放大或剪辑编辑，并附上文字说明；整理反映旅游资源调查工作过程和工作成绩的填绘图件、手绘草图，进行复核、分析，并与原有地图和资料互相对比，做到内容与界限准确无误。整理分析调查资料，以便最终以旅游景区为旅游资源调查汇总的最小地域单元，完成调查文件，形成调查成果。这一工作包括填好基本类型调查表、调查小区信息采集表、调查区资料汇总表，绘制旅游资源分布图，整理调查日志，编写旅游资源调查报告，编辑录像资料，制作存储数据，以及对野外图片资料进行归类整理并撰写说明等。

2. 填写海洋旅游资源统计表

认真填写好海洋旅游资源调查统计表，既是有效实施和完成调查工作的重要环节，也

是做好旅游资源评价与规划的基础性工作。根据国家标准《旅游资源分类、调查与评价》(GB/T 18972—2017)，本书将海洋旅游资源统计表分为海洋旅游资源单体调查表和调查区实际资料表两种形式。

(1) 填写海洋旅游资源单体调查表

首先对各个海洋旅游资源单体进行评分，如下表。

**海洋旅游资源单体调查表**

| 评价项目 | 档次 | 规定得分 | 评分 |
|---|---|---|---|
| 单体为游客提供的海洋观赏价值，或游憩价值，或使用价值 | 全部或其中一项具有极高的观赏价值、游憩价值、使用价值 | 30~22 | |
| | 全部或其中一项具有很高的观赏价值、游憩价值、使用价值 | 21~13 | |
| | 全部或其中一项具有较高的观赏价值、游憩价值、使用价值 | 12~6 | |
| | 全部或其中一项具有一般观赏价值、游憩价值、使用价值 | 5~1 | |
| 单体蕴含的历史价值，或海洋文化价值，或海洋科学价值，或海洋艺术价值 | 同时或其中一项具有世界意义的历史价值、文化价值、科学价值、艺术价值 | 25~20 | |
| | 同时或其中一项具有全国意义的历史价值、文化价值、科学价值、艺术价值 | 19~13 | |
| | 同时或其中一项具有省级意义的历史价值、文化价值、科学价值、艺术价值 | 12~6 | |
| | 历史价值，或文化价值，或科学价值，或艺术价值具有地区意义 | 5~1 | |
| 海洋物种珍稀性，景观奇特性，现象遍在性在各地的常见性 | 有大量珍稀物种，或景观异常奇特，或此类现象在其他地区罕见 | 15~13 | |
| | 有较多珍稀物种，或景观奇特，或此类现象在其他地区很少见 | 12~9 | |
| | 有少量珍稀物种，或景观突出，或此类现象在其他地区少见 | 8~4 | |
| | 有个别珍稀物种，或景观比较突出，或此类现象在其他地区较多见 | 3~1 | |
| 个体规模大小，群体结构丰满性和疏密度，现象常见性 | 独立型单体规模、体量巨大；组合型旅游资源单体结构完美、疏密度优良级；自然景象和人文活动周期性发生或频率极高 | 10~8 | |
| | 独立型单体规模、体量较大；组合型旅游资源单体结构很和谐、疏密度良好；自然景象和人文活动周期性发生或频率很高 | 7~5 | |
| | 独立型单体规模、体量中等；组合型旅游资源单体结构和谐、疏密度较好；自然景象和人文活动周期性发生或频率较高 | 4~3 | |
| | 独立型单体规模、体量校小；组合型旅游资源单体结构较和谐、疏密度一般；自然景象和人文活动周期性发生或频率较小 | 2~1 | |
| 自然或人为干扰和破坏情况，保存完整情况 | 保持原来形态与结构 | 5~4 | |
| | 形态与结构有少量变化，但不明显 | 3 | |
| | 形态与结构有明显变化 | 2 | |
| | 形态与结构有重大变化 | 1 | |

续表

| 评价项目 | 档次 | 规定得分 | 评分 |
|---|---|---|---|
| 知名度和品牌度 | 在世界范围内知名，或构成世界承认的名牌 | 10～8 | |
| | 在全国范围内知名，或构成全国性的名牌 | 7～5 | |
| | 在本省范围内知名，或构成省内的名牌 | 4～3 | |
| | 在本地区范围内知名，或构成本地区名牌 | 2～1 | |
| 海洋适游时间或服务游客情况 | 适宜游览的日期每年超过300天，或适宜于所有游客使用和参与 | 5～4 | |
| | 适宜游览的日期每年超过250天，或适宜于80%左右游客使用和参与 | 3 | |
| | 适宜游览的日期每年超过150天，或适宜于60%左右游客使用和参与 | 2 | |
| | 适宜游览的日期每年超过100天，或适宜于40%左右游客使用和参与 | 1 | |
| 受污染情况，环境条件及保护措施 | 已受到严重污染，或存在严重安全隐患 | －5 | |
| | 已受到重度污染，或存在明显安全隐患 | －4 | |
| | 已受到轻度污染，或存在一定安全隐患 | －3 | |
| | 已有工程保护措施，环境安全得到保证 | 3 | |
| 本单体得分： | 本单体可能的等级： | 填表人： | 调查日期 |

资料参考：中华人民共和国国家标准《旅游资源分类、调查与评价》（GB/T 18972—2017）

（2）填写调查区实际资料表

调查区实际资料表是对调查区的基本资料，以及调查区的海洋旅游资源数量、质量进行的全面记录和描述，如下表所示。

**调查区实际资料表**

| 调查区名称 | | 调查时间 | 年 月 日至 年 月 日 |
|---|---|---|---|
| 行政位置 | | | |
| A. 调查区基本资料 | | | |
| 调查区概况（面积、行政区划、人口、所处的旅游区域） | | | |
| 调查工作过程（工作程序和调查重点，提交主要文件、图件） | | | |
| 调查区海洋旅游开发现状和前景（总体情况、产业地位、旅游开发潜力、旅游开发） | | | |

续表

| \multicolumn{4}{c}{B. 各层次海洋旅游资源数量统计} |||| 
|---|---|---|---|
| 系列 | 标准数目 | 调查区 ||
| | | 数目 | 占全国比例（%） |
| 主类 | 8 | | |
| 亚类 | 23 | | |
| 基本类型 | 110 | | |
| C. 各主类、亚类旅游资源基本类型数量统计 ||||
| 地文景观 | | | |
| 自然景观综合体 | 4 | | |
| 地质与构造形迹 | 4 | | |
| 地表形态 | 6 | | |
| 自然标记与自然现象 | 3 | | |
| 水域景观 | | | |
| 河系 | 3 | | |
| 湖沼 | 3 | | |
| 地下水 | 2 | | |
| 冰雪地 | 2 | | |
| 冰海面 | 3 | | |
| 生物景观 | | | |
| 植被景观 | 4 | | |
| 野生动物 | 4 | | |
| 天象与气候景观 | | | |
| 天象景观 | 2 | | |
| 天气与气候现象 | 3 | | |
| 建筑与设施 | | | |
| 人文景观综合体 | 9 | | |
| 实用建筑与核心设施 | 16 | | |
| 景观与小品建筑 | 14 | | |
| 历史遗迹 | | | |
| 物质类文化遗存 | 2 | | |
| 非物质类文化遗存 | 6 | | |
| 旅游购品 | | | |
| 农业产品 | 5 | | |
| 工业产品 | 2 | | |
| 手工工艺品 | 8 | | |
| 人文活动 | | | |
| 人事活动记录 | 2 | | |
| 岁时节令 | 3 | | |

续表

| 等级 | D. 各级旅游资源单体数量统计 |||||| 
|---|---|---|---|---|---|---|
| | 优良级旅游资源 ||| 普通级旅游资源 || 未获等级 |
| | 五级 | 四级 | 三级 | 二级 | 一级 | |
| 数量 | | | | | | |

| E. 优良级旅游资源单体名录（不敷需要时请另加纸） ||
|---|---|
| 五级 | |
| 四级 | |
| 三级 | |

| F. 调查组主要成员 |||||||||||
|---|---|---|---|---|---|---|---|---|---|---|
| 责任 | 姓名 | 专业 | 职称 | 分工 | 责任 | 姓名 | 专业 | 职称 | 分工 |
| 组长 | | | | | | 成员 | | | | |
| 副组长 | | | | | | 成员 | | | | |
| 成员 | | | | | | 成员 | | | | |
| 成员 | | | | | | 成员 | | | | |
| 成员 | | | | | | 成员 | | | | |
| 成员 | | | | | | 成员 | | | | |

| G. 主要技术存档材料（不敷需要时请另加纸） ||
|---|---|
| 类别 | 材料明细 |
| 文字资料（出版物、内部资料） | |
| 调查记录（采访记录、测试数据） | |
| 调查图件（原始地图、实际资料图） | |
| 影像资料 | |

| 填表人 | | 联系方式 | 单位：<br>电话：<br>电子信箱： | 填表日期：<br>年　月　日 |
|---|---|---|---|---|
| | | | | |

资料参考：中华人民共和国国家标准《旅游资源分类、调查与评价》（GB/T 18972—2017）

3. **编绘海洋旅游资源图**

海洋旅游资源图分为海洋旅游资源图和优良级海洋旅游资源图。其中，海洋旅游资源图表现所有1～5级的海洋旅游资源单体；优良级海洋旅游资源图表现五级、四级、三级海洋旅游资源单体。

编绘程序与方法：首先准备等高线地形图和调查区行政区划地图等工作底图；其次在

工作底图的实际位置上标注海洋旅游资源单体（部分集合型单体可将范围绘出）；最后在单体符号一侧加注海洋旅游资源单体代号或单体序号。

4. 编写海洋旅游资源调查报告

根据调查掌握的情况，组织力量编写海洋旅游资源调查报告。正文要有附件、插图和表格。各调查区编写的海洋旅游资源调查报告的基本篇目如下。

(1) 前言；
(2) 第一章　调查区海洋旅游环境；
(3) 第二章　海洋旅游资源开发历史和现状；
(4) 第三章　海洋旅游资源基本类型；
(5) 第四章　海洋旅游资源评价；
(6) 第五章　海洋旅游资源保护与开发建议；
(7) 主要参考文献；
(8) 附图：海洋旅游资源图或优良级海洋旅游资源图。

## 四、海洋旅游资源评价的内容

海洋旅游资源评价的内容十分丰富，主要包括旅游资源价值评价、环境条件评价与开发条件评价等几个方面。

1. **美学观赏价值**

美学观赏价值主要是指海洋旅游资源能提供给旅游者美感的种类及强度。无论自然景观，还是人文景观，它们首先必须符合美学原则。一般来说，人们能够感受到的美感种类越多、越强烈，对其评价就越高。

2. **历史文化价值**

一方面，海洋旅游资源自身所具有的历史文化内涵，即其具有或体现的某一历史时期的某种文化特征，往往与一个民族或国家的历史文化传统有着密切联系。海洋旅游资源都在不同程度上体现着某种文化，如建筑、文学艺术、民族风情等。另一方面，与海洋旅游资源有关的重大历史事件、海洋文艺作品、海洋传说故事等，如果艺术价值很高、影响很大，则会提高人们对此海洋旅游资源的评价。

3. **科学考察价值**

科学考察价值反映了海洋旅游资源的某种科学研究功能，在自然科学、社会科学和教学科研方面有什么样的特点，以及能否用作科教工作、科学探索或现场研究的场所。

4. **自身特色**

海洋旅游资源特色（如特色性、新奇性）是吸引游客出游的关键性因素，决定着该旅游资源开发市场的时空条件。在空间上，海洋旅游资源吸引力和社会经济环境决定了资源所能吸引的客源范围、辐射半径、吸引何种人群等；在时间上，客源的不均匀分布形成了旅游的淡旺季，这与当地气候季节变化有一定关系。

5. 投资条件

旅游资源开发需要大量的资金作为支撑。资金来源是否充裕、财力是否雄厚，直接关系到旅游开发的深度、广度以及开发的可能性。调查区良好的海洋旅游资源品位、社会经济环境、经济发展战略和给予投资者的优惠政策等，都会给海洋旅游资源开发提供有利契机，提高其利用价值。

6. 施工条件

旅游资源的开发还需要考虑项目的难易程度与工程量的大小。一方面是工程建设的自然基础条件，如地质、地貌、气象、水文等条件；另一方面是工程建设的供应条件，包括设备、食品、建材等。评价施工环境条件的关键是权衡经济效益，需要对开发施工方案进行充分技术论证，同时要考虑经费、时间的投入与效益的关系。只有合理地予以评价，才能既不浪费资金，又有可行的施工收益。

7. 现实状况

旅游资源地的现有开发状况，往往是旅游后续开发的基础和前提条件。有的旅游资源地已经有了一定程度的开发和利用基础，这无疑是旅游资源后续开发的有利条件。评价这类旅游资源地，应认真总结其开发过程中的成功经验和失败教训，找出目前尚存的主要问题及原因，为下一步旅游资源的开发、利用和保护提供建设性方案。

## 五、海洋旅游资源评价的方法

### （一）海洋旅游资源的定性评价方法

1. 一般体验性评价法

一般体验性评价法是评价者根据自己的亲身体验，对某一个或某一系列的旅游资源就其整体质量进行定性评估。常用方式是旅游者在问卷上回答有关旅游资源的优劣顺序，或由各方面专家讨论评价，或统计有关旅游资源在常见报刊、旅游书籍、旅行指南上出现的频率等。这种评价多由传播媒介或行政管理机构发起，如我国曾评选的"中国十大名胜古迹"和"中国旅游胜地四十佳"，就是运用这种方法得出的。评价的结果可以提高某些旅游地的知名度，客观上会对旅游需求流向产生诱导作用。一般体验性评价法很简单，只要求就旅游资源进行整体质量评价，或在问卷上按序号（表示质量优劣的顺序）填上评价者认定的旅游地（旅游资源）即可。这种方法常局限于少数知名度较高的旅游资源开发地，无法用于一般类型或尚未开发的旅游资源。

2. 美感质量评价法

美感质量评价法是一种对旅游资源美学价值的专业性评价方法，这类评价一般是在旅游者、旅游专家体验性评价基础上建立起规范的评价模型并进行深入分析，评价结果多具有可比性的定性尺度或数量值。其中，对于自然风景质量的视觉美评估技术较为成熟，目前公认的主要有四个学派。

一是专家学派，代表人物是林顿。该学派强调以受过专业训练的观察者或专家为主体，以艺术设计生态学以及资源管理为理论基础对景观进行评价。

二是心理物理学派，代表人物有丹尼尔和布雅夫等。该学派主要研究如何建立环境刺激与人类的反应之间的相互关系，应用较成熟的风景类型是森林风景。

三是认知学派（心理学派），代表人物有卡普兰、吉布利特、布朗等。该学派把风景作为人的生存空间、认知空间来评价，强调风景对人的认识及情感反映的意义，试图用人的进化过程及功能需要去解释人对风景的审美过程。

四是经验学派（现象学派），代表人物有洛温撒尔。该学派认为人对景观的评价体现了人的个性及文化历史背景、志向与情趣，将人在景观评价中的主观作用提到绝对高度。

3. "三三六"评价法

该方法是由卢云亭提出的，"三三六"评价法即"三大价值""三大效益""六大条件"评价体系。

"三大价值"指旅游资源的历史文化价值、艺术观赏价值、科学考察价值。

"三大效益"指旅游资源开发之后的经济效益、社会效益、环境效益。

"六大条件"指旅游资源所在地的地理位置及交通条件、景象地域组合条件、旅游环境容量、旅游客源市场、投资能力、施工难易程度六个方面。

4. 资源与环境综合评价法

该方法是由黄辉实提出的，即"六字七标准"评价法，主要从旅游资源本身和资源所处环境两个方面进行评价。

从旅游资源本身，本评价法采用了六个评价标准：美、古、名、特、奇、用。其中，"美"是指旅游资源是否给人以美感；"古"是指旅游资源是否具有悠久的历史；"名"是指旅游资源是否为高知名度的事物或与名人有关的事物；"特"是指旅游资源是否为特有的、别处没有或很少看见的；"奇"是指旅游资源能否给人以新奇之感；"用"是指旅游资源是否具有使用价值。

在评价资源所处环境时，本评价法具体采用季节性、环境污染状况、与其他旅游资源之间的联系性、可进入性、基础结构、社会经济环境、客源市场七个标准。

### （二）海洋旅游资源的定量评价方法

1. 技术性单因子评价法

技术性单因子评价法是指评价者在进行旅游资源评价时，集中考虑某些起决定作用的关键因素，如美感、地貌、水体、植被、气候等，并对这些因素进行适宜性评价或优劣评判。大量技术性指标的运用是这类评价的基本特征。这类评价工作一般限定于自然旅游资源评价，如沙滩、海水浴等尤为适用。下面以海滩和海水浴场为例，介绍技术性单因子评价法。

海滩和海水浴场评价主要考虑海滩和海水状况等决定因素对活动的影响程度。日本东急设计咨询公司在为我国台湾南部垦丁风景特定区制定的旅游开发规划中，曾提出如下表所示的海水浴场评价的技术指标。美国土地管理局也制定过海水浴场适宜性评估标准，如下表所示。

**海水浴场评价标准（日本）**

| 序号 | 评价技术指标 | 符合要求的条件 | 附注 |
|---|---|---|---|
| 1 | 海滨宽度 | 30～60 m | 实际总利用宽度 50～100 m 左右 |
| 2 | 海底倾斜 | 1/10～1/60 | 倾斜度愈低愈好 |
| 3 | 海滩倾斜 | 1/10～1/50 | 倾斜度愈低愈好 |
| 4 | 流速 | 游泳对流速要求在 0.2～0.3 m/s，极限流速 0.5 m/s | 无离岸流之类局部性海流 |
| 5 | 波高 | 0.6 m 以下 | 符合游泳要求的波高为 0.3 m 以下 |
| 6 | 水温 | 23 ℃以上 | 不超过 30 ℃但愈接近 30 ℃愈好 |
| 7 | 气温 | 23 ℃以上 | — |
| 8 | 风速 | 5 m/s 以下 | — |
| 9 | 水质 | 透明度 0.3 m 以上，COD 2 μg/g 以下，大肠菌群数 1 000 MPN/100mL 以下，油膜肉眼难以辨明 | — |
| 10 | 地质粒径 | 没有泥和岩石 | 愈细愈好 |
| 11 | 有害生物 | 不能辨认程度 | — |
| 12 | 藻类 | 在游泳区域中不接触身体 | — |
| 13 | 危险物 | 无 | — |
| 14 | 浮游物 | 无 | — |

**海水浴场适宜性评估标准（美国）**

| 指标 | 评估标准及计分 | | | | | |
|---|---|---|---|---|---|---|
| | 等级 | 计分 | 等级 | 计分 | 等级 | 计分 |
| 水质 | 清澈 | 5 | 混浊 | 4 | 污染 | 1 |
| 危险性 | 无 | 5 | 有一点 | 4 | 有一些 | 1 |
| 水温 | >22.2 ℃ | 5 | 19.4～22.2 ℃ | 4 | <19.4 ℃ | 1 |
| 颜色与混浊度 | 清明 | 3 | 稍混浊 | 2 | 混浊 | 1 |
| 风 | 全季适宜 | 3 | >1/2 季适宜 | 2 | <1/2 季适宜 | 1 |
| 1.5 m 深水域（距海岸线距离） | >30.5 m | 5 | 15.25～30.5 m | 2 | 9.15～15.25 m | 1 |
| 海滩状况 | 良好 | 5 | 一般 | 4 | 差 | 1 |

注：分等 A＝26～29，B＝21～25，C＝13～20
良好级：坡度低于 10%，海岸平滑，稳定性好，障碍物少且易于移除；一般级与差级，依此类推。
海滩状况包括坡度、平滑、稳定性、障碍性。

### 2. 多因子综合性评价法

此种方法在考虑旅游资源所在区域的特定空间的多因子基础上，运用一些数学方法，通过建模分析，对区域旅游资源及其环境和开发条件进行综合评价。评价的结果为数量化的指标数值，便于对不同地区旅游资源的评价结果进行比较。现有的多因子综合性评价方法很多，如综合价值评估模型、模糊综合评价法、层次分析法、价值工程法、指数表示法，以及国家标准《旅游资源分类、调查与评价》（GB/T 18972—2017）中的共有因子评价法等。以下就国家标准规定的综合打分评价依法作简要介绍。

国家标准《旅游资源分类、调查与评价》（GB/T 18972—2017）中的共有因子评价法从实践应用的角度对我国旅游资源的评价进行了最新总结，既相对科学合理，又简单易行，适用于自然旅游资源和人文旅游资源的评价，值得推广应用。

## ▶ [相关链接]

## 《旅游资源分类、调查与评价》（GB/T 18972—2017）中的共有因子评价法

**一、总体要求**

（1）在按照本标准的旅游资源分类体系对旅游资源单体进行评价。
（2）在采用打分评价方法。
（3）评价应由调查组完成。

**二、评价体系**

（1）根据"旅游资源共有因子综合评价系统"赋分。
（2）本系统设"评价项目"和"评价因子"两个档次。
（3）评价项目为"资源要素价值""资源影响力""附加值"。

其中，"资源要素价值"项目中含"观赏游憩使用价值""历史文化科学艺术价值""珍稀奇特程度""规模丰度与概率""完整性"5项评价因子；"资源影响力"项目中含"知名度和影响力""适游期或使用范围"2项评价因子；"附加值"项目中含"资源保护与环境安全"1项评价因子。

**三、计分方法**

（1）基本分值

旅游资源评价项目和评价因子用量值表示。资源要素价值和资源影响力总分值为100分。其中，"资源要素价值"为85分，分配如下："观赏游憩使用价值"30分、"历史文化科学艺术价值"25分、"珍稀奇特程度"15分、"规模、丰度与概率"10分、"完整性"5分。"资源影响力"为15分，分配如下："知名度和影响力"10分、"适游期或使用范围"5分。附加值中，"资源保护与环境安全"，分正分和负分。每一评价因子分为4个档次，其因子分值相应分为4档（旅游资源评价赋分标准可参考表10-1）。

(2)计分

根据对旅游资源单体的评价,得出该单体旅游资源共有综合因子评价赋分值。

(3)等级划分

依据旅游资源单体评价总分,将旅游资源评价划分为5个等级(见下表)。此外,未获等级旅游资源得分小于或等于29分。

**旅游资源评价等级与图例**

| 旅游资源等级 | 得分区间 | 图例 | 使用说明 |
| --- | --- | --- | --- |
| 五级旅游资源 | ≥90分 | ★ | 图例大小根据图面大小而定,形状不变;自然旅游资源主类使用蓝色图例,人文旅游资源主类使用红色图例。 |
| 四级旅游资源 | 75~89分 | ■ | |
| 三级旅游资源 | 60~74分 | ◆ | |
| 二级旅游资源 | 45~59分 | ▲ | |
| 一级旅游资源 | 30~44分 | ● | |

注:五级旅游资源称为"特品级旅游资源";四级、三级旅游资源称为"优良级旅游资源";二级、一级旅游资源称为"普通级旅游资源"。

资料来源:中华人民共和国国家标准《旅游资源分类、调查与评价》(GB/T 18972—2017)

## 任务四 海洋旅游资源的保护

▶▶ [任务导入]

(1)讨论:旅游活动对海洋环境的影响是多方面的,包括污染、物理性破坏、生态压力等。面对这些问题,我们应该做些什么?

(2)实践活动:如果您居住的海边,请开展公益净滩活动。如果您居住的地区没有海洋,也可以开展一次公益环保活动,进行环境保护宣讲。

### 一、旅游活动对海洋资源的影响

旅游业的发展在促进区域基础设施完善、人居环境改善、生态环境保护等方面起到了较大的积极作用。海洋旅游活动的开展对于环境的依赖度较大,因此,滨海地区相关部门往往投入较多资金对旅游资源加以保护,积极打造海洋自然保护区,保护濒危物种,维护海洋生态环境,以防止当地特色资源和海洋历史文化资源的退化或消失。但是,通过不同游客、旅游开发商、旅游经营管理者等旅游主体的建设、发展、运行和管理行为,旅游系统的"食、住、行、游、购、娱"六大产业要素将会作用于区域生态环境、资源环境、经济环境和社会环境,改变原有植被、河流或者湖泊情景,改变地表结构,破坏动植物赖以生存的生态环境。各大产业运营过程、游客的旅游过程中,势必会产生固体废弃物、废水和废气污染物。不良的开发行为、不当的旅游行为将会对生态系统产生直接或间接的破坏作用，如旅游发展造成景观不协调、建筑物垃圾和废水随意向海里倾倒、占用农业及自然植被用地、游客乱扔垃圾、一次性餐具的使用、游船溢油事件等，会对区域环境造成诸多负面影响。

1. 旅游活动对滨海土地环境的影响

旅游活动的开展不断占用森林土地、耕地、滨海用地。在近海岸建设各类建筑物，直接影响海陆循环系统，阻挡海沙的自然移动，最终可能导致海岸线被侵蚀。住宿饭店、旅游港口、车站、停车场、道路、厕所等公共基础设施均是旅游业得以正常发展的物质载体，这些餐馆、旅游度假区、旅游景区、旅游购物街区、旅游公共娱乐场所等旅游设施以及机场、码头的建设，需要占用一定的土地资源，并在土地上开展各种开采挖掘、兴修土木作业。随着旅游业向海洋的不断延伸，海上旅游开发日益加剧，围海造陆的开发建设力度也随之加大。但由于人们保护意识薄弱，产生乱扔垃圾等不道德行为，造成大量白色污染物，侵蚀土地资源，加剧了沿海土地资源的破坏。

2. 旅游活动对海洋水体环境的影响

旅游设施运营和旅游者活动过程中产生的污染，对海洋水体造成了严重的威胁。游船、游艇是河流、海上旅游活动的重要交通工具，其运行过程中必然会排放大量的污染物质，如垃圾、废气、废水等，以及因意外事故排放的石油、化肥等有毒化学污染物，这些均会对水体资源造成负面影响。

3. 旅游活动对海洋生物环境的影响

不合理的旅游开发经营活动会对滨海地区的植物覆盖率、动植物生长环境、动植物种群结构、生物习性等造成负面影响。有些旅游开发商为追求利益最大化，对海洋生物进行过度捕捞，使海洋渔业资源遭到破坏，导致海洋生态环境失去平衡。一些地区旅游设施的建设、旅游地产的开发、填海造陆造岛等，打破了海洋生态系统的平衡，造成了不可修复的破坏。据统计，海南省海洋旅游的开发对海洋生物多样性造成了威胁。1970—2011年，海南省已经有200多种植物灭绝，常见鸟类由100多种减少到30多种，高度濒危保护动物长臂猿由2 000只减少到13只，沿海14种主要经济鱼类资源呈现不同程度的衰竭趋势甚至面临消失的威胁，亚龙湾地区的珊瑚礁50%已经遭到破坏，海洋生物资源受到巨大威胁。

4. 旅游活动对海洋旅游地社会环境的影响

海洋旅游目的地尤其是海岛型旅游地，地理空间较为封闭，受外界影响较小，往往会形成特色的社会文化。但是，旅游活动要求旅游目的地必须是对外开放的，而外来旅游者以及其带来的文化入侵会对当地的民族风俗、传统社会文化造成影响。由于经济利益的驱使，许多旅游地的居民改变传统的艺术形式、传统文化的精神意义和社会及艺术含义来满足旅游者的需求，造成区域民族传统文化保护意识减弱，导致传统文化逐渐丧失并呈现舞台化、商品化的趋势。旅游业会带来不良的"示范效应"，对当地居民的生活方式、价值观、社会道德和社会公共资源造成负面影响，导致传统道德观念削弱、社会公共资源减少，干扰了当地居民的生活，以致影响社会的和谐发展。另外，旅游业的发展会造成区域的物价上涨。特别在沿海地区旅游旺季时期，住宿酒店、餐馆、购物需求量上升，旅游商品价格随之上涨，促使区域生活消费成本提升，造成区域居民满意度下降，降低了区域居民的心理承受能力。

## 二、海洋旅游资源保护的必要性

1. 海洋环境是发展海洋旅游的物质基础

与其他旅游活动相比，海洋旅游本身对环境有更为强烈的依赖。海陆交界和大陆近海海域、海岛所形成的海洋环境系统，资源丰富多样，自然景观独特，区域特色明显，为海洋旅游活动的开展提供了物质条件。随着人们物质生活的极大丰富、文化水平的不断提高，以及休闲消费需求的日益增强，选择远离城市喧嚣的海滨（岛）旅游区游憩、休闲与度假，已成为现代生活的新时尚。中国海域辽阔，区域海洋特色明显，从南到北拥有极为丰富的海洋自然生态资源和历史文化资源，这是我国发展海洋旅游、提高旅游吸引力的关键所在。因此，海滨（岛）所具有的天然、优美、丰富而独特的环境，是海洋生态旅游业得以发展的物质基础。

2. 海洋旅游活动与环境保护之间的矛盾统一性关系

发展海洋旅游与海洋环境保护始终是一对矛盾。按照对立统一的观点，海洋旅游与海洋环境保护只有在发展的过程中相互促进、相互协调，才能最终实现动态平衡。那种把经济发展作为唯一考虑的"经济中心论"和主张对环境实行绝对保护的"生态中心论"，在海洋旅游的可持续发展中都是不可取的。而且，实践中也不可能存在"零破坏"和"零污染"的纯粹保护性旅游。因此，生态环境的保护并不意味着要禁止发展海洋旅游，而是强调在发展海洋旅游的过程中尽可能地把负面影响降到最低限度。

3. 环境条件决定着海洋旅游未来的发展方向

海洋所蕴含的独特的、原生态的环境条件，是海洋旅游得以发展的根本动因和价值所在。我国海南国际旅游岛的发展充分说明了环境对于海洋旅游的重要性，因此，环境条件的优劣直接决定着海洋旅游发展的方向和潜力。在开发利用海洋资源环境的过程中，包括在旅游具体项目和具体线路的设计与选择中，对于环境的原生态，我们应当充分地加以保护，做到对环境影响最小。事实上，旅游业本身就是依附自然禀赋和人文脉络而发展起来的产业，特别是海洋旅游，与环境的关系更直接、更紧密，更需要有良好的环境条件来支持。盲目开发、过度开发，破坏海洋环境，只会使海洋旅游难以为继，进而使海洋丧失生态价值和旅游价值，并最终导致海洋旅游产业衰落。因此，加强环境保护，维护海洋生态平衡，是实现海洋旅游可持续发展的关键。

## 三、海洋旅游资源保护的原则

1. 以保护为前提

正确处理好保护与开发的关系。开发是为了保护海洋旅游资源不被破坏，保护是为了海洋旅游得到永续发展。保护海洋旅游环境的目的在于促使海洋区域生态系统保持或转化为良性循环状态，为海洋旅游以及海洋未来的可持续发展提供基础条件和必要保障。

2. 防治结合

在保护的前提下，要防治结合，树立"防重于治"和"源头治理"的环境管理理念。要依照相关的法律、法规和条例，在科学规划的基础上保护环境，加强海洋旅游区污染防治和生态保护设施建设，提高海洋环境管理能力，约束各种不当的开发行为和旅游消费行为，防止旅游景区出现资源枯竭、生态破坏和环境污染等问题。

3. 因地制宜，合理开发

要按照"合理布局、重点发展、发展有序"的原则，积极探索适合海洋旅游与环境协调发展的开发模式。在提高旅游经济效益的同时，要统筹考虑旅游景区及周边区域的资源环境状况以及当地居民的需求和社会发展要求，科学、严谨地进行旅游基础设施建设和景观设计。特别要尊重海洋生态系统规律，对于生态脆弱、环境敏感区和珍贵的海洋自然保护区，应采取更为严格的保护措施；在分析相关区域资源环境承载力的前提下，合理设计生态旅游产品，限制游客规模和流量，严格控制旅游活动的强度和范围，杜绝因追求短期经济效益而牺牲环境的经营行为的发生。

## 四、我国海洋资源保护区制度

我国通过建设海洋自然保护区和海洋特别保护区来保护海洋资源，并取得了阶段性成果。海洋特别保护区包含海洋特殊地理条件保护区、海洋公园、海洋生态保护区、海洋资源保护区。

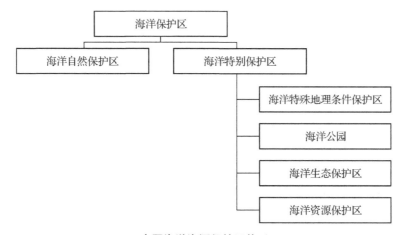

中国海洋资源保护区体系

### （一）海洋自然保护区的建立

《海洋自然保护区管理办法》第六条：凡具备下列条件之一的，应当建立海洋自然保护区：

1. 典型海洋生态系统所在区域；
2. 高度丰富的海洋生物多样性区域或珍稀、濒危海洋生物物种集中分布区域；
3. 具有重大科学文化价值的海洋自然遗迹所在区域；
4. 具有特殊保护价值的海域、海岸、岛屿、湿地；
5. 其他需要加以保护的区域。

### （二）海洋自然保护区分级

《海洋自然保护区管理办法》第七条：海洋自然保护区分国家级和地方级。

国家级海洋自然保护区是指在国内、国际有重大影响，具有重大科学研究和保护价值，经国务院批准而建立的海洋自然保护区。

地方级海洋自然保护区是指在当地有较大影响，具有重要科学研究价值和一定的保护价值，经沿海省、自治区、直辖市人民政府批准而建立的海洋自然保护区。

### （三）海洋自然保护区功能划分

《海洋自然保护区管理办法》第十三条：海洋自然保护区可根据自然环境、自然资源状况和保护需要划为核心区、缓冲区、实验区，或者根据不同保护对象规定绝对保护期和相对保护期。

核心区内，除经沿海省、自治区、直辖市海洋管理部门批准进行的调查观测和科学研究活动外，禁止其他一切可能对保护区造成危害或不良影响的活动。

缓冲区内，在保护对象不遭人为破坏和污染前提下，经该保护区管理机构批准，可在限定时间和范围内适当进行渔业生产、旅游观光、科学研究、教学实习等活动。

实验区内，在该保护区管理机构统一规划和指导下，可有计划地进行适度开发活动。

绝对保护期即根据保护对象生活习性规定的一定时期，保护区内禁止从事任何损害保护对象的活动；经该保护区管理机构批准，可适当进行科学研究、教学实习活动。

相对保护期即绝对保护期以外的时间，保护区内可从事不捕捉、损害保护对象的其他活动。

### （四）海洋特别保护区

海洋特别保护区是指具有特殊地理条件、生态系统、生物与非生物资源及海洋开发利用要求，需要采取有效的保护措施和科学的开发方式进行特殊管理的区域。根据《海洋特别保护区管理办法》，海洋特别保护区分为海洋特殊地理条件保护区、海洋生态保护区、海洋公园和海洋资源保护区四种类型。与海洋自然保护区的禁止和限制开发不同，海洋特别保护区按照"科学规划、统一管理、保护优先、适度利用"的原则，在有效保护海洋生态和恢复资源的同时，允许并鼓励合理科学的开发利用，从而促进海洋生态环境保护与资源利用的协调统一。

截至 2019 年，我国共有国家级海洋自然保护区 33 个、国家级海洋特别保护区 23 个、国家级海洋公园 49 个，初步形成了包含海洋特殊地理条件保护区、海洋生态保护区、海洋资源保护区和海洋公园等多种类型的海洋特别保护区网络体系，为公众提供了生态环境良好的滨海休闲娱乐空间，在促进海洋生态保护的同时，也促进了滨海旅游业的可持续发展，丰富了海洋生态文明建设的内容。

### 五、海洋旅游资源保护的策略

1. 综合运用行政手段，落实海洋环境管理

（1）从实施旅游规划环境影响评价制度入手，采取更为严格的环境保护和管理对策。对旅游开发、经营和消费活动可能引起的环境影响进行科学分析、预测和评价，从而落实环境承载力和环境容量管理，为旅游景区和旅游项目的保护性开发提供科学决策的依据，并为实施环境管理提出标准和具体的要求。对于海洋旅游项目，如设立旅游观光区、开发相关旅游资源、划分自然保护区域、防治污染和生态建设方案等，都必须建立起环境影响评价制度。

（2）在对海洋旅游资源环境全面普查的基础上，实际调查和评估海域、海滨和海岛的环境容量，从而明确旅游开发区和旅游项目的环境目标要求，以选择确定合理的旅游开发模式。

（3）制定更为具体的、可操作性更强的海洋旅游开发管理法规和政策，加强环境行政管理，健全海洋环境管理体系。明确环境目标与责任，监督检查海洋环境保护规划的执行情况和实施效率，坚决制止那些高投入、高污染、高消费项目的开发和建设，严格控制海洋旅游活动的强度、规模和范围。

2. 强化技术管理手段，改善海洋生态环境

（1）充分利用高新技术手段提高海洋旅游战略管理决策的科学性，利用遥感技术、地理信息系统、虚拟技术以及信息网络技术等服务于海洋生态环境保护，对大面积的海洋旅游资源进行普查，对海洋环境状况进行周期性监测，以便及时了解海洋资源环境的退化、污染和被破坏情况，进而采取相应的防止和保护措施。

（2）加强环保技术在海域、海滨、海岛的生态化管理中的应用，如利用生态技术治理海洋旅游造成的某些污染问题。采用污水处理技术，在景区隐蔽处建立小型污水处理系统和中水净化处理与循环利用系统；对固体废弃物则采用回收利用技术，根据废弃物种类的不同分别采用一级资源化技术和二级资源化技术；采用新型生态环保材料进行景区景点和基本设施建设；在绿色能源利用方面，充分开发利用旅游区的太阳能和潮汐能资源。

（3）加大海洋旅游科技投入。对于景区景点适用性环境保护技术、能源节约技术、信息化灾害防治技术、自动化和智能化管理技术等，要加大攻关和推广力度，以依靠高新技术实现海洋旅游与环境保护的协调发展。

### 3. 运用经济手段促进旅游景区环境保护

经济手段是实现海洋旅游与环境保护双赢的有效管理手段。

（1）变革海洋旅游经营机制，充分调动海洋旅游开发主体的环保积极性和主动性。通过划定专门海区（岛）生态旅游区来控制游客人数，并采取海洋旅游产品的"绿色价格"策略调整景区景点的旅游规模，在保证一定经济效益的前提下，使海洋旅游区的环境保护得以落实。

（2）按照政府及有关区域的海洋规划，应尽快将海洋旅游规划纳入当地国民经济和社会发展年度计划中，地方财政在年度计划中，应相应地增加海洋旅游环保投资安排。同时，在现有国有资产管理体制下，各级税务部门应将征收的相关旅游经营所得税按照一定比例返还给职能管理部门，专项用于海洋生态环境的保护。

（3）积极探索建立海洋生态环境补偿机制，合理收取环境保证金和自然环境恢复保护费，坚持实行"谁投资、谁建设、谁管理、谁受益、谁保护"的管理原则。

（4）加快制定与海洋旅游发展相适应的环境保护投资机制，确保海洋旅游发展中环境保护资金的落实和投入。在市场机制的作用下，采取多种方式拓宽引资渠道，鼓励社会各类投资主体加入，引进利用各种资金，积极争取世界银行、世界自然基金会、全球环境基金会等国际组织对海洋旅游发展的资助，形成众多投资主体参与的多元化投资体系，保证海洋旅游环境保护与基础设施的建设投资。

### 4. 重视海洋生态环境教育手段

（1）加强海洋旅游环境保护知识的宣传，在全社会广泛开展海洋资源环境重要性与不可再生性的宣传，提高人们的海洋环境保护意识。向游客、旅游开发与从业人员，以及旅游区附近的居民宣传海洋旅游环境保护的知识和相关法规，提高他们在旅游活动和日常生活中维护环境、节约资源的自觉性。

（2）注重生态伦理教育，教育人们在海洋旅游活动中遵守生态道德，倡导生态文明，自觉履行生态环境保护义务，特别是提高人们对海洋生态系统良性循环发展的认识。

（3）海洋旅游景区日常管理要刻意营造"生态性"，从景观设计、设施布局乃至标识引导牌的设立与解说词的选择等各个环节加强环境保护宣传教育，让游客意识到自己的每一个行为都会给景区带来影响，从而杜绝乱扔垃圾、破坏环境、浪费资源等"非生态"的消费行为。

（4）寓教于游。旅游项目的规划与设计要融入海洋生态教育内容，让旅游者通过广泛参与获取海洋生态环境保护知识，从而自觉地融入海洋资源保护的实践中。

### ▶ [复习思考题]

一、选择题

1. 四级旅游资源的分值应达到_____。　　　　　　　　　　　　　　　（　　）

　　A. 75～89 分　　　B. 70～80 分　　　C. 85～90 分　　　D. 90 分

2. 四级、三级旅游资源称为_____。（　　）
   A. 特品级旅游资源　　　　　　　B. 优良级旅游资源
   C. 普通级旅游资源　　　　　　　D. 潜力级旅游资源

3. 日本东急设计咨询公司在为我国台湾南部垦丁风景特定区制定的旅游开发规划中，曾提出海水浴场评价的技术指标，提出海水的水温接近_____最好。（　　）
   A. 40 ℃　　　B. 30 ℃　　　C. 25 ℃　　　D. 35 ℃

4. 我国通过建设_____和海洋特别保护区来保护海洋资源取得了阶段性成果。
   　　　　　　　　　　　　　　　　　　　　　　　　　　　　　　　（　　）
   A. 海洋自然保护区　　　　　　　B. 海洋公园
   C. 海洋生态保护区　　　　　　　D. 海洋资源保护区

5. 美感质量评价法中的专家学派代表人物是_____，即以受过专业训练的观察者或专家为主体，以艺术设计生态学以及资源管理为理论基础对景观进行评价。
   　　　　　　　　　　　　　　　　　　　　　　　　　　　　　　　（　　）
   A. 丹尼尔　　　　　　　　　　　B. 布雅夫
   C. 卡普兰　　　　　　　　　　　D. 林顿

二、多选题

1. 海洋特别保护区包含_____。（　　）
   A. 海洋特殊地理条件保护区　　　B. 海洋公园
   C. 海洋生态保护区　　　　　　　D. 海洋资源保护区

2. 卢云亭提出的旅游资源"三三六"评价法，即"三大价值""三大效益""六大条件"评价体系。其中，"三大价值"指旅游资源的_____。（　　）
   A. 历史文化价值　　　　　　　　B. 艺术观赏价值
   C. 科学考察价值　　　　　　　　D. 娱乐度假价值

3. 美感质量评价法是一种对旅游资源美学价值的专业性评价方法，目前公认的主要有四个学派，包括_____。（　　）
   A. 专家学派　　　　　　　　　　B. 心理物理学派
   C. 认知学派　　　　　　　　　　D. 经验学派

4. 《海洋自然保护区管理办法》第七条规定，我国海洋自然保护区分级包括_____。
   　　　　　　　　　　　　　　　　　　　　　　　　　　　　　　　（　　）
   A. 国家级　　　B. 省级　　　C. 地方级　　　D. 地市级

5. 海洋旅游资源图分为海洋旅游资源图和优良级海洋旅游资源图。其中，优良级海洋旅游资源图表现为_____海洋旅游资源单体。（　　）
   A. 二级　　　B. 五级　　　C. 四级　　　D. 三级

三、判断题

1. 一般体验性评价常局限于少数知名度较高的旅游资源开发地，也可以用于一般类

型或尚未开发的旅游资源。（　　）

2. 在海洋旅游资源评价图例中，自然旅游资源主类使用红色图例，人文旅游资源主类使用蓝色图例。（　　）

3. 海洋旅游资源图分为海洋旅游资源图和优良级海洋旅游资源图。（　　）

### 四、简答题

1. 实地调查包括哪几个阶段？

2. 海洋旅游资源的简要开发程序有哪些？

### 五、案例分析题

浩瀚的南海素有"蓝色聚宝盆"之美誉，是我们赖以生存的"蓝色家园"。良好的海洋生态环境是海南的核心竞争力。建设国际旅游岛，必须以保护海洋生态环境为前提。为唤起公众保护海洋环境的意识，海南省国际文化交流中心、海南省无公害农产品协会等单位于2012年11月2日在海口举行南海海洋生态环保研讨会。有关专家在会上呼吁，动员社会各方力量，共同保护南海海洋生态，呵护我们的"蓝色家园"，努力实现人海和谐，助力海南绿色崛起。

来自中国科学院南海海洋研究所、海南师范大学、台湾海洋大学的专家学者，分别就南海海岸带、珊瑚礁、红树林、海洋动植物保护，加强海南和台湾两地海洋生态环保领域的合作等议题展开研讨。专家们认为,南海的生态环境保护状况总体良好,但存在的隐忧也不容忽视,如海岸侵蚀,珊瑚礁、红树林生态系统退化及遭受人为破坏等,危及了海洋生态安全。

中国科学院南海海洋研究所研究员刘胜认为,珊瑚礁对维护海岸稳定、保护海洋生物多样性、保持海水洁净、减轻地球温室效应等具有巨大作用,因而被称为"海上长城"。但眼下,南海珊瑚礁生态系统退化及遭受人为破坏等现象令人担忧,水温持续过高导致珊瑚白化同时,海水遭受污染、长棘海星蚕食、渔民滥采珊瑚、炸鱼及不规范旅游开发等均对珊瑚生态系统造成一定威胁。据了解,西沙群岛、三亚等地的珊瑚礁生态系统呈退化趋势。

结合案例思考问题:中国南海海洋旅游开发与环境保护如何并存?

**参考文献**

[1] 王伟. 旅游资源学:课程思政版 [M]. 武汉:华中科技大学出版社,2023.

## 附录1：国家级海洋自然保护区（33个）

| 序号 | 名称 | 面积/公顷 |
|---|---|---|
| 1 | 丹东鸭绿江口滨海湿地国家级自然保护区 | 101 000.00 |
| 2 | 辽宁蛇岛—老铁山国家级自然保护区 | 14 595.00 |
| 3 | 辽宁双台河口国家级自然保护区 | 128 000.00 |
| 4 | 大连斑海豹国家级自然保护区 | 672 275.00 |
| 5 | 大连城山头国家级自然保护区 | 1 350.00 |
| 6 | 河北昌黎黄金海岸国家级自然保护区 | 30 000.00 |
| 7 | 天津古海岸与湿地国家级自然保护区 | 35 913.00 |
| 8 | 滨州贝壳堤岛与湿地国家级自然保护区 | 43 541.54 |
| 9 | 荣成大天鹅国家级自然保护区 | 10 500.00 |
| 10 | 山东长岛国家级自然保护区 | 5 015.20 |
| 11 | 黄河三角洲国家级自然保护区 | 153 000.00 |
| 12 | 盐城珍稀鸟类国家级自然保护区 | 284 179.00 |
| 13 | 大丰麋鹿国家级自然保护区 | 2 667.00 |
| 14 | 崇明东滩国家级自然保护区 | 24 155.00 |
| 15 | 上海九段沙国家级自然保护区 | 42 020.00 |
| 16 | 南麂列岛国家级海洋自然保护区 | 20 106.00 |
| 17 | 福建深沪湾海底古森林遗迹国家级自然保护区 | 3 100.00 |
| 18 | 厦门海洋珍稀生物国家级自然保护区 | 39 000.00 |
| 19 | 漳江口红树林国家级自然保护区 | 2 360.00 |
| 20 | 惠东港口海龟国家级自然保护区 | 1 800.00 |
| 21 | 广东内伶仃岛—福田国家级自然保护区 | 921.64 |
| 22 | 湛江红树林国家级自然保护区 | 20 279.00 |
| 23 | 珠江口中华白海豚国家级自然保护区 | 46 000.00 |
| 24 | 徐闻珊瑚礁国家级自然保护区 | 14 378.00 |
| 25 | 雷州珍稀海洋生物国家级自然保护区 | 46 865.00 |
| 26 | 广西山口红树林生态国家级自然保护区 | 8 000.00 |
| 27 | 合浦儒艮国家级自然保护区 | 35 000.00 |
| 28 | 广西北仑河口红树林国家级自然保护区 | 3 000.00 |
| 29 | 东寨港红树林国家级自然保护区 | 3 337.00 |
| 30 | 大洲岛海洋生态国家级自然保护区 | 7 000.00 |
| 31 | 三亚珊瑚礁国家级自然保护区 | 5 568.00 |
| 32 | 海南铜鼓岭国家级自然保护区 | 4 400.00 |
| 33 | 象山韭山列岛国家级自然保护区 | 48 478.00 |

# 附录 2：国家级海洋公园（49 个）

**首批**

1. 广东海陵岛国家级海洋公园（2011 年 5 月 19 日），面积 1 927.26 公顷
2. 广东特呈岛国家级海洋公园（2011 年 5 月 19 日），面积 1 893.20 公顷
3. 广西钦州茅尾海国家级海洋公园（2011 年 5 月 19 日），面积 3 482.70 公顷
4. 厦门国家级海洋公园（2011 年 5 月 19 日），面积 2 487.00 公顷
5. 江苏连云港海州湾国家级海洋公园（2011 年 5 月 19 日），面积 51 455.00 公顷
6. 刘公岛国家级海洋公园（2011 年 5 月 19 日），面积 3 828.00 公顷
7. 日照国家级海洋公园（2011 年 5 月 19 日），面积 27 327.00 公顷

**第二批**

1. 山东大乳山国家级海洋公园（2012 年），总面积 4 838.68 公顷
2. 山东长岛国家级海洋公园（2012 年），总面积 1 126.47 公顷
3. 江苏小洋口国家级海洋公园（2012 年），总面积 4 700.29 公顷
4. 浙江洞头国家级海洋公园（2012 年），总面积 31 104.09 公顷
5. 福建福瑶列岛国家级海洋公园（2012 年），总面积 6 783 公顷
6. 福建长乐国家级海洋公园（2012 年），总面积 2 444 公顷
7. 福建湄洲岛国家级海洋公园（2012 年），总面积 6 911 公顷
8. 福建城洲岛国家级海洋公园（2012 年），总面积 225.20 公顷
9. 广东雷州乌石国家级海洋公园（2012 年），总面积 1 671.28 公顷
10. 广西涠洲岛珊瑚礁国家级海洋公园（2012 年），总面积 2 512.92 公顷
11. 江苏海门蛎岈山国家级海洋公园（2012 年），总面积 1 545.91 公顷（江苏海门蛎岈山牡蛎礁海洋特别保护区更名）
12. 浙江渔山列岛国家级海洋公园（2012 年）（象山渔山列岛国家级海洋生态特别保护区加挂国家级海洋公园牌子）

**第三批**

1. 山东烟台山国家级海洋公园（2014 年）
2. 山东蓬莱国家级海洋公园（2014 年）
3. 山东招远砂质黄金海岸国家级海洋公园（2014 年）
4. 山东青岛西海岸国家级海洋公园（2014 年）
5. 山东威海海西头国家级海洋公园（2014 年）
6. 辽宁盘锦鸳鸯沟国家级海洋公园（2014 年）（于 2017 年 2 月更名辽河口红海滩国家级海洋公园）
7. 辽宁绥中碣石国家级海洋公园（2014 年）

8. 辽宁觉华岛国家级海洋公园（2014年）

9. 辽宁大连长山群岛国家级海洋公园（2014年）

10. 辽宁大连金石滩国家级海洋公园（2014年）

11. 广东南澳青澳湾国家级海洋公园（2014年）

第四批

1. 辽宁团山国家级海洋公园（2014年12月1日）

2. 福建崇武国家级海洋公园（2014年12月1日）

3. 浙江嵊泗国家级海洋公园（2014年12月1日）

第五批

1. 辽宁大连仙浴湾国家级海洋公园（2016年8月）

2. 大连星海湾国家级海洋公园（2016年8月）

3. 山东烟台莱山国家级海洋公园（2016年8月）

4. 青岛胶州湾国家级海洋公园（2016年8月）

5. 福建平潭综合实验区海坛湾国家级海洋公园（2016年8月）

6. 广东阳西月亮湾国家级海洋公园（2016年8月）

7. 红海湾遮浪半岛国家级海洋公园（2016年8月）

8. 海南万宁老爷海国家级海洋公园（2016年8月）

9. 昌江棋子湾国家级海洋公园（2016年8月）

第六批

1. 辽宁凌海大凌河口国家级海洋公园（2017年2月）

2. 北戴河国家级海洋公园（2017年2月）

3. 宁波象山花岙岛国家级海洋公园（2017年2月）

4. 玉环国家级海洋公园（2017年2月）

5. 辽河口红海滩国家级海洋公园（盘锦鸳鸯沟国家级海洋公园调整范围并将名称更改）（2017年2月）

6. 锦州大笔架山国家级海洋公园（锦州大笔架山国家级海洋特别保护区调整范围并加挂国家级海洋公园）（2017年2月）

7. 普陀国家级海洋公园（普陀中街山列岛国家级海洋特别保护区加挂）（2017年2月）

# 参考答案

## 项目一　认识海南海洋旅游资源

一、1. B　2. A　3. C　4. B　5. A　6. A　7. B　8. B
二、1. √　2. ×　3. √　4. √　5. √　6. √　7. ×
三、略
四、略

## 项目二　海南海洋天象气候旅游资源及其利用

一、1. A　2. C　3. D　4. B　5. B
二、1. ×　2. ×　3. √　4. √　5. ×
三、略
四、略

## 项目三　海南海洋地貌旅游资源及其利用

一、1. C　2. D　3. D　4. BCD　5. ABCD
二、1. √　2. ×　3. ×　4. ×　5. ×
三、略
四、略

## 项目四　海南海洋水体旅游资源及其利用

一、1. A　2. C　3. D　4. ABCD　5. ABC
二、1. ×　2. √　3. ×　4. √　5. ×
三、略
四、略

## 项目五　海南海洋生物旅游资源及利用

一、1. A　2. C　3. A　4. D　5. B
二、1. √　2. √　3. ×　4. √　5. ×
三、略

## 项目六　海南海洋遗址遗迹旅游资源及其利用

一、(一) 1. B　2. A　3. A　4. A

(二) 1. ABC 2. ABC 3. ABCD 4. ABCD

二、1. √ 2. √ 3. √ 4. ×

三、1.（1）为明确桥山遗址的文化面貌、构建陵水乃至海南地区史前文化的发展演化序列提供重要资料。（2）为探讨和研究海南地区与广西、广东及东南亚地区的文化关系提供重要线索。（3）对桥山遗址开展包括地貌、古环境、古动物、古植物以及体质人类学等多学科综合研究，可以使海南史前人类行为模式、生计模式、海岸线变迁等研究取得突破性进展。（4）对探讨和研究海南地区史前文化与"南岛语族"的关系提供重要资料。（5）桥山遗址的发掘与研究，是"科学研究、妥善保护、合理开发"海南文物资源的具体实践，将有力推动海南地区文物考古研究工作的深入开展，能够更好地提升海南省的文化竞争力。

2.（1）极具历史文化价值；（2）视觉吸引力强；（3）强烈的文化传承；（4）教育价值；（5）科学研究价值；（6）可持续性；（7）体验性强。

3.（1）海洋遗址遗迹旅游资源是吸引游客的重要因素。（2）旅游业促进了海洋旅游资源的保护和传承。（3）为当地社区提供就业和收入。（4）有助于贯彻可持续发展理念。

四、略

## 项目七　海南海洋建筑设施旅游资源及其利用

一、(一) 1. B 2. A 3. B 4. B 5. C

(二) 1. ABC 2. BC 3. ABC

二、1. √ 2. × 3. √ 4. × 5. √

三、1. 多样性、独特性、教育性、娱乐性、文化性、可持续性。

2. 增加旅游体验的丰富性、促进旅游发展、利于旅游目的地形象塑造、推动旅游活动的创新、推动旅游经济的发展。

3. 略

四、1. 略

2. 海南富力海洋欢乐世界是海南省重点文旅项目，因业态独特、高度创新而拥有优秀的市场口碑，其为游客带来的特别体验与为文旅行业创造的特别价值令人期待。海南富力海洋欢乐世界荣获了"最值得期待文旅新项目"奖，被寄望为海南文旅行业高质量发展树立标杆。

## 项目八　海南海洋人文活动旅游资源及其利用

一、1. A 2. A 3. C 4. D 5. A

二、1. × 2. × 3. √ 4. √ 5. ×

三、略

## 项目九　海南海洋旅游商品资源及其利用

一、1. B 2. D 3. B 4. A 5. B

二、1. ABC 2. AB 3. ABCD 4. ABCD

三、1. √ 2. × 3. × 4. √ 5. ×

四、1. 是指依托海洋资源，结合旅游市场需求，经过设计和开发，具有海洋特色和文化内涵的旅游商品。

这些商品不仅具有实用性和纪念性，还能体现海洋的魅力和文化特色，满足游客在旅游过程中对特色商品的购买需求。

2. 海洋性、多样性、地域性、文化性、可持续性。

## 项目十　海洋旅游资源的开发与保护

一、1. A　2. B　3. B　4. A　5. D

二、1. ABCD　2. ABC　3. ABCD　4. AC　5. BCD

三、1. ×　2. ×　3. √

四、1. 包括概查、普查、详查三个阶段。

2. 海洋旅游资源开发程序主要有开发项目的确定、开发项目的可行性研究、旅游规划的编制、项目实施与监控四大步骤。

五、略